编委会

基层供电企业
薪酬激励管理案例精选

主　编　徐汉兵

副主编　王振坤　雷江平　何健强　沈海华

ZHEJIANG UNIVERSITY PRESS
浙江大学出版社
·杭州·

前　言

　　随着内外部环境的发展变化以及新型电力系统建设的转型改革,基层供电企业如何在内部因地制宜建立科学有效的薪酬分配激励机制、提升企业员工的工作成就感和满意度,是当前供电企业适应改革发展、发挥薪酬激励导向作用的重要课题之一。

　　本书聚焦近几年基层供电企业薪酬分配管理的重点亮点工作,包括内部薪酬分配体系建设、工资总额包干薪酬分配制度、不同用工类型的薪酬平衡制度体系、基于激励导向的薪酬分配模型、供电所及班组内部薪酬分配机制等。本书分为供电公司篇、直属单位篇、产业单位篇、基层供电所篇、基层班组篇、新型组织(柔性团队)篇,展示了不同组织机构的薪酬分配制度和激励成果,具有一定的可复制性和推广性,适合企业管理人员及人力资源管理研究人员阅读参考。

　　本书具有较强的针对性、操作性、实务性,在供电企业内部现行薪酬制度规范下,针对供电公司、直属单位、产业单位、基层供电所等不同的组织机构,介绍薪酬分配的做法和成果。作为一本案例精选集,本书更多地介绍薪酬分配的具体实施和操作流程,分享有效的工作经验,更具实践性和操作性,便于管理者学习借鉴。相关案例在具体描述薪酬分配做法前,先简单介绍推行相关做法的背景和内部现状,使案例更加完整真实,更贴近实际,便于读者理解和掌握。

目　录

一、供电公司篇

二、直属单位篇

三、产业单位篇

四、基层供电所篇

五、基层班组篇

六、新型组织（柔性团队）篇

一、供电公司篇

基于全口径用工配置率的绩薪与效薪双联动机制的探索与实践

摘要：A供电公司为适应企业新的发展，在公司内部开展了"全口径用工配置率"的探索，从专业、单位两个维度梳理公司业务外包现状，了解各单位员工工作承载情况，开展人员配置分析，构建薪酬分配模型；深化实践应用，搭建绩薪与效薪双联动新机制，通过完善薪酬分配体系，激发员工工作热情，实现公司人力资源要素的科学、精简、高效配置。

一、目标描述

A供电公司结合公司实际，创新开展"全口径用工配置率"的深化应用，进一步完善薪酬分配体系，在根据人员定额下达包干的基础上，实现绩、效、薪的全方位联动，既体现效率，又保障公平。一方面，将薪酬和业绩挂钩，根据年度考核结果执行行业绩－薪酬（即"绩薪"）联动，体现"做好做差不一样"；另一方面，将薪酬和效率（用工配置率）挂钩，根据全口径用工配置率执行效率－薪酬（即"效薪"）联动，体现"人多人少不一样"。

二、主要做法

用好工资总额的增量，通过绩薪联动、效薪联动的双联动机制，实现薪酬要素向组织绩效更好、人员效率更高的单位和员工配置。

（一）绩薪联动，体现"做好做差不一样"

一是根据年度绩效排名，合理划分次年薪酬盘子。县公司层面，年度绩效结果与县公司工资总额分配挂钩，年度绩效总分排名县公司第一的，次年工资总额在计划值基础上增加 2％；排名第二的，增加 1％。市本级直属单位层面，为增强薪酬分配的自主权,则实行包干制,包干总额约占全年薪酬的三分之一。同一序列中,年度绩效第一名和第二名的单位次年包干总额分别增加 5% 和 3%。

二是根据年度绩效排名,合理分配年度绩效奖。年度绩效奖每年 12 月预发,次年年初兑现,同一序列按照排名先后进行发放,并对序列中绩效排名靠前的单位(部门)予以一定比例的上浮。在个人年度绩效兑现中,县公司领导和市本级单位(部门)负责人的薪酬直接与所在组织的年度绩效结果挂钩;年度绩效考核结果为 A 级的员工,薪酬予以一定比例的上浮。

三是针对在急难险重工作中做出贡献的人员,发放总经理嘉奖。分配过程中不看职位高低,只论贡献大小,做到精准发放、精准激励。以"抗击台风总经理嘉奖"为例,按照向配网单位倾斜、向一线抢修人员倾斜的思路,面向 24 个单位(部门)发放总经理嘉奖共计××①元。各单位根据工作性质、工作时间等因素在下达额度内进行分配,合理拉开差距。根据统计,排名前 10% 的员工的分配平均数是中间 30% 员工的 2.12 倍,是后 10% 员工的 7.27 倍,充分体现了公司各单位平均主义的原有格局正在被打破,按劳分配、按贡献分配的良好氛围正在形成,促进资源向"关键少数"人员倾斜的有效激励机制正趋于完善。

(二)效薪联动,体现"人多人少不一样"

一是核定全口径用工配置率。公司系统内习惯性地将对用工配置率的统计口径限定在全民职工,未将供电服务公司员工、产业单位自聘员工等多种用工类型,以及业务外包等劳动用工全面纳入考量,反映的数据并不全面客观。因此,A 供电公司从理念上创新,从思想上统一,开展了全口径用工配置率分析,即在充分梳理各单位业务外包现状的基础上,构建包含各种用工类型、劳动用工成本的全口径用工配置率模型。

针对公司直属单位,"全口径用工"既包含全民职工,还涵盖公司实际使用的供电服务公司员工、供配电服务公司员工、产业单位其他用工等各类用工类型,以及业务外包折算用工。公司本部虽较少存在其他用工情况,但是挂岗、借用人员较多,因此"全口径用工"包含这类人员的折算数。

二是以全口径用工配置率对照基准配置率,用好增量,实施差异化的缺员激励。各单位各部门效薪联动奖励次年发放,模型分为全民职工配置奖励和全

---

① 本书中以×、××等代表一定的数字、名称等,后不再另做注释。

口径配置奖励两项,奖励基数每年根据实际情况调整,全口径用工配置率以上一年度实际发生用工情况为数据来源进行测算。从下达结果看,公司效薪联动人均奖励最高的单位的奖励数达到了最低单位的6倍。

(三)深化绩薪与效薪双联动奖励的二级分配

公司赋能基层单位,权利与责任并重,推动各单位主动思考、主动作为,深化绩薪联动、效薪联动奖励的二级分配,用好人、用好钱,充分调动员工积极性和能动性,提升人力资源综合利用效率。

下面以A公司B分公司为例,详述绩薪联动奖励的二级分配。为提升"优化营商环境"的业绩指标,B分公司设立了专项奖励,依据该项工作市公司下达的绩薪联动奖励,从单位绩效奖金包干额度中拿出一部分配套,作为该项工作的月度绩薪联动奖励,并根据各班组贡献程度进行分配。具体如下。

1.确定月度奖励额度。根据A公司绩效委员会核定下属各单位加扣分情况,结合B分公司实际人数测算,A公司给B分公司月度绩效加1分相当于奖励××元,分公司再配套2倍的奖励,用作该工作当月的奖励金额。2020年B分公司1—12月该项奖励金额情况如表1所示。

表1　B分公司2020年"优化营商环境"奖励情况(月度)

奖励	1月	2月	3月	4月	5月	6月	7月	8月	9月	10月	11月	12月
绩效加分	0	0	0	××	××	××	××	0	××	××	0	××
市公司绩效奖励/元	0	0	0	××	××	××	××	0	××	××	0	××
分公司配套奖励/元	0	0	0	××	××	××	××	0	××	××	0	××
奖励总额/元	0	0	0	××	××	××	××	0	××	××	0	××

2.根据贡献进行分配。A公司"优化营商环境"共考核22个指标,B分公司结合自身情况,将22个指标归为四大类,分别是客户服务、业扩配套、用户工程、低压业扩,并对应到管辖班组。根据22个指标的占比可以计算出每大类的管辖班组对该项重点工作的贡献度,以此作为各班组间奖励金额分配的依据,然后各班组内部再进行二次分配。具体如表2所示。

表2　B分公司2020年"优化营商环境"奖励情况（按贡献分配）

序号	指标	占比	管辖班组	贡献度
1	高压流程时长	5％	政企客户服务班	28％
2	业扩项目储备库	3％		
3	供电方案当天答复率	5％		
4	验收当天送电率	5％		
5	流程时长达标率	7％		
6	高压档案资料完整性	3％		
7	不停电接入率	6％	高压运检服务班	15％
8	接入方案当天答复率	4％		
9	业扩时长达标率	5％		
10	时长管控度	5％	电建分公司	24％
11	工程时长达标率	4％		
12	随报随接率	4％		
13	一次验收通过率	4％		
14	服务到位率	2％		
15	工程档案资料完整性	3％		
16	代办服务率	2％		
17	低压标杆时长	7％	供电所	15％
18	周转管控到位率	5％		
19	低压档案资料完整性	3％		
20	投诉率	8％	营销室	18％
21	回复工单满意率	6％		
22	亮点工作	4％		

3.各单位在效薪联动奖励的二级分配上更加多元化。例如A公司C分公司为切实体现各专业在普遍缺员情况下的效率效益,做到效薪联动奖励的专项专用,按照专业差异化来进行效薪联动奖励的二次分配,充分考虑各专业之间的缺员差距,调整效薪联动奖金各专业的发放基数。具体是:营销:××元;供电所所长:××元;运检:××元;综合、安监、党建、经营:××元。B分公司则为体现各班组的效率效益,按照班组缺员人数进行效薪联动奖励的二次分配,

按照内部原则测算各班组缺员情况,并以人均××元来核定各个班组的效薪联动奖励。

三、成效与改进

(一)成效分析

绩薪与效薪双联动机制以提高人力资本效益效率为中心,向管理要效益,从内部挖潜力,推进了国企三项制度改革和提质增效改革。绩薪与效薪双联动机制引导薪酬向月度、年度绩效倾斜,向公司重点工作倾斜,向肯干事、能干事的员工倾斜,深化绩效结果和全口径用工配置率在薪酬分配中的应用,激励各单位用好人力资源存量,干事创效争优,使得公司重点工作得到了又好又快的落实。

(二)改进方向

下一步,A公司将进一步优化全口径用工配置率的核定原则。在定编方面,目前的模型尚未考虑各单位员工综合素质因素(如年龄),以及各单位年度新增的临时性重大工作等因素,下一步将充分考虑这些影响因素,优化各单位定编。同时,将进一步制定公开、透明的奖励规则和模型,引导各单位有的放矢,主动作为,提升绩薪与效薪双联动奖励的公开公平性。

优化业务流程　突出业绩导向
构建"两化三挂"县公司工资总额核定机制

摘要:某市级供电公司根据上级文件精神和管理要求,结合公司经营管理实际,构建了一套流程化、体系化,与历史水平、业绩绩效、专项考核挂钩的"两化三挂"县公司工资总额核定机制,有效提升了工资总额管理的科学性和精准性。

一、目标描述

近年来,国家电网有限公司(简称"国网公司")、浙江省电力有限公司相继出台了关于加强工资总额管理制度的办法,要求各单位进一步健全工资总额管理机制,创新优化工资总额核定模型,突出工资总额与企业经营效益、业绩考核等的挂钩力度,推进收入能增能减。某市级供电公司响应要求,构建了一套"两化三挂"县公司工资总额核定机制。目标如下:

1.符合科学性与规范化的管理要求。工资总额的考核与分配要围绕企业发展战略,以提升人力资本效率效益为中心,落实好"放管服"改革要求,承接好上级下放的权限,横向纵向的各部门、单位各司其职、协同有序,从整体流程上、整套体系上、规范化管理上全盘谋划,科学管理。

2.体现兼顾效率性与公平性。发挥好工资总额分配的指挥棒作用,引导企业全力提升业绩绩效水平,激励企业凝聚力量,扎实推进年度重点工作任务的完成,保障工资总额核定有效率。同时,综合考虑企业的所属地域、历史收入水平、承担的社会责任等因素,保障工资总额核定的公平性。

3.推动企业内部分配制度改革。"两化三挂"机制明确了工资总额核定的基本原则,避免工资总额增长与企业绩效考核、专项考核结果不匹配的情况,倒逼相关企业持续深化内部分配制度改革,提升绩效与薪酬的联动效应,调整不合理的收入分配差距,推动员工收入能增能减。

二、主要做法

(一)工资总额核定流程化、体系化

1.纵向沟通、横向协同,提升工作的流程化水平。地市级供电企业在省公司系统管理框架中承担着承上启下的重要作用,年度工资总额考核分配工作时间紧、任务重、信息量大。为了确保工作正确、有序完成,该公司主要在以下两方面做了相关沟通:一是纵向上,积极主动与省公司沟通,了解总额总量与分配细则要求,向下准确传达考核要求、总额核定原则与具体工作要求;二是横向上,提前与运检、营销、建设等专业部门沟通,征询工资总额挂钩要素与考核分配方案,将其纳入工资总额核定整体中,全力做到沟通高效、协同有序。具体流程如图1所示。

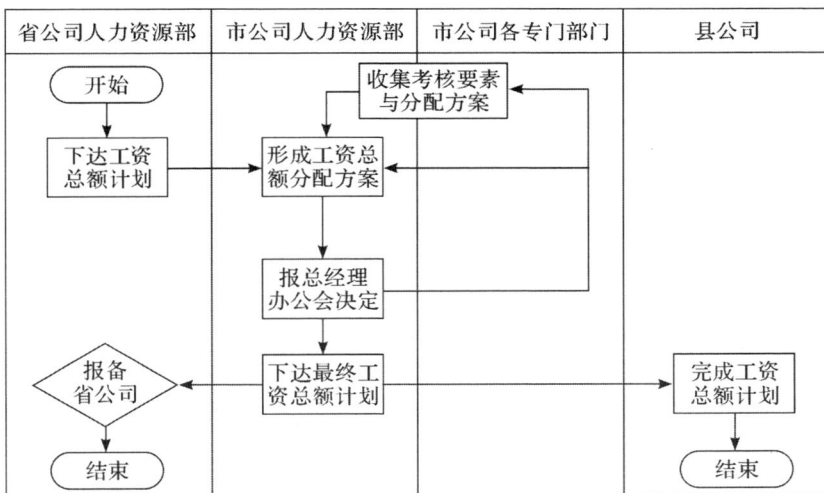

图1　某市级供电公司年度工资总额核定工作流程

2.结构完整、占比合理,确保核定总额构成体系化。工资总额指在一个会计年度内直接支付给某企业全部员工的劳动报酬总额,遵循激励与约束、效率与公平的统一性,并具备一定的保障性作用,因此一个结构完整、占比合理的工资总额构成体系,对于工资总额作用的发挥十分重要。按照省公司工资总额管理办法,工资总额＝基础工资＋增量工资＋专项工资;按照岗位绩效工资管理办法,岗位绩效工资＝岗位薪点工资＋绩效工资＋辅助工资。某市级供电公司结合管理实际,确定年度工资总额体系主要由基础工资、绩效工资、专项工资构

成，其中基础工资总额占比为 40％～60％，绩效工资总额占比为 30％～50％，专项工资总额占比为 5％～10％。

（二）工资总额分配与历史水平、业绩绩效和专项考核挂钩

1. 与历史水平、考核总额等因素挂钩，确定基础工资。在省公司下达县公司工资总额总量的基础上，按照市公司经营管理理念、考核强度要求、考核项目安排等因素，结合地方社会平均工资水平、消费者物价指数（CPI）涨幅等因素，确定用于考核的总量，进而确定基础工资总额，确保各工资总额单元占比科学合理。

基础工资总额＝工资总额－绩效工资总额－专项工资总额

2. 与年度绩效考核挂钩，重奖绩效优异单位。年度绩效考核奖励是指与各单位年度绩效考核结果、年度绩效考核结果排名提升情况相挂钩的奖励总额，包含年度绩效优胜奖励、年度绩效考核排名提升奖励、年度绩效得分奖励三部分。

（1）年度绩效优胜奖励。以年度绩效考核结果为依据，对位列前三名的单位授予"年度绩效考核优胜单位"的称号，并分别给予第一、二、三名××、××、××元的奖励。

（2）年度绩效考核排名提升奖励。设置针对业绩指标考核排名进步的奖励，对于本年度绩效考核排名相比上一年度有所提升的单位，每提升一名奖励××元。

年度绩效考核排名提升奖励＝（上一年度绩效考核排名－本年度绩效考核排名）×每提升一名的奖励金额

（3）年度绩效得分奖励。以各单位年度绩效考核得分为依据，采用相对考核法进行奖励总额分配。

年度绩效得分奖励总额＝年度绩效奖励总额－年度绩效优胜奖励总额－年度绩效考核排名提升奖励总额

市公司年度绩效得分奖励＝年度绩效得分奖励总额/县公司总人数×（市公司绩效考核分数/各县公司绩效考核分数平均值）×市公司员工年平均人数

3. 与重点和专项工作考核挂钩。在安全生产专项奖励、提质增效奖励、重大基建奖励等之外，根据市公司年度主要经营发展方向、重点工作任务安排，聚焦电网发展与建设、优质服务水平提升、内部提质增效要求等方面，设立总经理

特别奖,进一步发挥工资总额的指挥棒作用。

（1）2020年:设立"配网调控e指挥建设总经理特别奖"和"供电所管理提升总经理特别奖",总奖励金额累计达××元。

（2）2021年:设立"配网供电服务能力提升总经理特别奖""优化营商环境管理提升总经理特别奖"和"供电所（城供中心）管理提升总经理特别奖",总奖励金额累计达××元。

三、成效与改进

(一)成效分析

1.切实以考核为依据,合理拉开了工资总额分配差距。通过工资总额"三挂"考核分配,以2020年为例,考核前后对比,各县公司之间人均工资增减级差达到××元/人,让各县公司切实感受到了业绩优秀的"甜"与考核落后的"痛",工资总额分配的指挥棒作用更加明显和深入人心。

2.倒逼各县公司加快内部收入分配制度改革。工资总额核定产生的加与扣,必将体现在每个员工收入的增与减上。提前发布考核细则和奖罚标准,使得各县公司可以以此为契机,深化内部分配制度改革,切实以业绩绩效为依据,推进实现优绩优酬、多劳多得,打破薪酬分配的平均主义与吃大锅饭顽疾。

3.全面优化和完善了工资总额管理业务流程。年底工资总额的考核分配时间紧、任务重,不容许任何差错。通过业务流程的优化,明确上下级、同层级间的权责任务,做到工资总额考核分配工作"有牵头、有协同、有配合",有条不紊、精准下达。

(二)改进方向

1.持续优化工资总额核定模型。对工资总额构成的各单位占比、考核与综合分配模式、重点专业工作挂钩项目等进行相应的调整优化,以适应公司不同经营发展阶段和管理思路变化的需要,确保工资总额激励的有效性和精准度。

2.推进其他各类用工工资总额核定模型的优化。借鉴本案例的工资总额核定实践经验,结合公司经营发展情况、管理理念、用工管理现状等因素,进一步优化和完善产业单位用工工资总额核定管理,突出绩效的激励导向作用,共同推进公司战略目标的实现。

A 公司基于目标考核的进阶式"333"绩效工资分配机制

摘要：A 公司坚持目标导向，充分发挥绩效工资对重点任务、重点工作的推动和支撑作用，建立了基于目标考核的进阶式"333"绩效工资分配机制，以绩取酬、差异分配，实现绩效工资收入与员工业绩贡献度的合理匹配，不断激励企业员工在攻坚克难中积聚新动能，在打造示范窗口的落地实践中展现新作为。

一、目标描述

近年，国家电网有限公司顺应时代潮流，全力推动能源安全新战略和能源互联网建设在电网企业落地实践。面对新形势、新任务，电网企业迫切需要建立一种与改革创新相适应的绩效工资分配机制，全面激发企业员工改革创新创效的活力。

为全面激发企业内生动力，提升绩效工资的激励保障作用，A 公司以战略目标为引领，以"控总量、优结构、提质效"为基本工作原则，探索实施基于目标考核的进阶式"333"绩效工资分配机制。围绕战略目标和重点任务，A 公司科学设计考核模型，构建分类分专业的绩效指标体系，以"目标完成奖＋超额进阶奖"组成绩效工资结构，精准匹配业绩贡献，严格实施精益管控，形成活力机制，不断激励企业员工自我加压，引领企业提质增效。

二、主要做法

(一)科学设计考核模型

围绕战略目标和重点工作，以绩效工资分配为突破口，分类分层精准设定考核关键指标和进阶式目标值，建立基于目标考核的进阶式"333"绩效工资分

配机制,真正体现"业绩是干出来的,工资是挣出来的"。将每项工作分解为若
干个关键指标,围绕每个关键指标分别设定目标考核奖。目标考核奖依据考核
结果和模拟效益贡献核定,以"目标完成奖+超额进阶奖"为基本构架构建绩效
工资分配模型,详见图1。

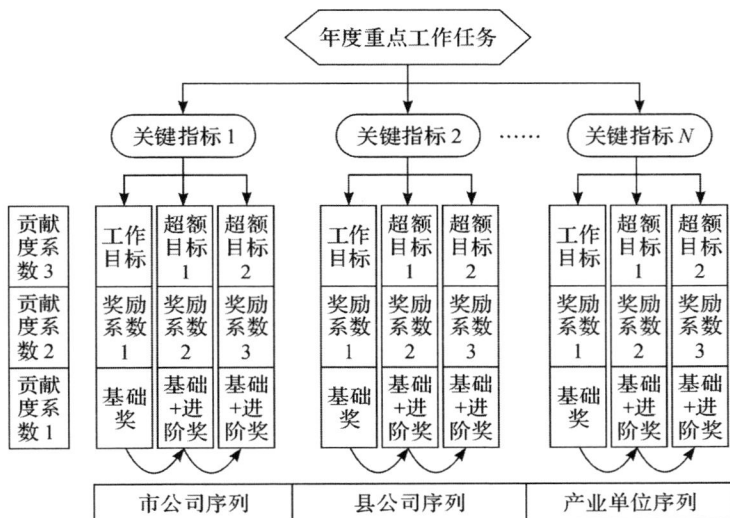

图 1　基于目标考核的进阶式"333"绩效工资分配模型

"3":根据某地市公司的特点,分为市公司、县公司、产业单位3个序列,差
异化设定考核模式。市公司:目标考核奖与关键指标的完成情况、所承担的责
任和风险大小、员工岗位奖金系数挂钩;县公司:目标考核奖与关键指标的完成
情况、员工平均人数挂钩;产业单位:在参考市公司的基础上,结合产业单位的
特点考虑一定的市场化因素。

"3":结合具体关键考核指标,每个指标原则上设置不超过3个层级的工作
目标和奖励系数,第一层级为基本目标,第二、三层级为超额目标,奖励系数与
完成情况紧密挂钩。根据完成目标值或超额完成目标值的情况,进阶式地赋予
相应的奖励系数。

"3":根据组织、个人在具体工作中的贡献度及所承担的责任和风险大小,
分类设定不超过3档的贡献度系数。

(二)精准匹配业绩贡献

参考内部模拟市场考核模式,按照"专业管理、人资平衡"的工作原则,科学

设定各模型参数,精准匹配组织和个人的模拟效益贡献,使组织和个人的模拟效益贡献不仅与创造的价值、承担的责任风险相匹配,同时也与岗位性质进行有机结合。

奖励系数设定:奖励系数用于衡量创造的价值大小,与业绩完成情况紧密挂钩。未完成目标,不予奖励,奖励系数为0;完成基本目标,匹配基础奖励系数;超额完成目标,在基础奖励系数上累加一定的进阶奖励系数,超额累加系数不少于0.3,体现差异化和激励导向,作为超额进阶奖的计奖依据。奖励系数范围一般为0.5~1。

贡献度系数设定:贡献度系数用于衡量组织和个人所承担的责任和风险大小,一般设置3档,分别为3、2、1,最高档一般为归口部门、主要承担单位(部门)及主要负责人员,弱相关单位(部门)及个人为最低档。贡献度系数的分档设定打破了吃大锅饭的分配模式,合理拉开了薪酬差距,体现了多劳多得、不劳不得。

奖励基数核定:在基于目标考核的进阶式"333"绩效工资分配机制下,根据考核总额和分类考核计奖规则,综合考虑奖励系数、贡献度系数,精准测算基于岗位奖金系数的奖励基数,确保各单位(部门)包干核算的奖励基数一致,凸显薪酬分配的公平、公正原则,为员工薪酬与岗位性质、承担的责任风险、创造的价值相匹配提供核算基准值。

(三)严格实施精益管控

组织保障:由人力资源部门统筹,各专业部门归口,分专业推进全员多元量化考核指标体系建设,层层分解下达可量化、可衡量的考核指标和目标值,定期监测通报指标完成情况并实施过程管控,逐级压实工作责任,确保工作有谋划、过程不缺位。设定一票否决项考核。若出现一票否决项,则取消目标考核奖,并依据A公司相关管理规定予以惩处。A公司通过进阶式分配机制的构建,激励员工自我加压,不断创造新的效益增长点。

预算管控:按照工资总额计划,设立总量控制的绩效工资"蓄水池",分解下达各分项额度,核定奖励基数;对部门和基层单位实施包干制,分专业指导各部门和基层单位制定二次考核分配方案;在分项资金分配上给予充分的灵活度,当某分项出现一票否决项或未实现目标时,相应的绩效工资额度可横向调剂至完成业绩比较好的单位或其他分项,让能干事、干成事的组织和个人在薪酬分配上得到更大的倾斜,树立正向激励导向,鼓励和引导员工在改革创新工作中担当作为。

优化调整：进阶式"333"绩效工资分配模型作为 A 公司绩效工资分配的通用模型，适用于综合绩效和专项绩效工资分配。推进过程中，在整体框架相对固定的情况下，由专业部门根据具体工作实际情况进行适应性优化调整。

三、成效与改进

(一)成效分析

一是突出了目标导向，聚焦收入能降能升。目标考核与单位绩效工资总额紧密挂钩，刚柔并济，优化奖惩机制，"目标考核(效益)降(升)、薪酬降(升)"，对出现一票否决项或未完成目标的单位，核减绩效工资总额；对超额完成目标的单位，增加绩效工资总额。2020 年，利用该分配模型，A 公司累计对 8 项重点工作实施了绩效考核和奖励兑现，覆盖单位 37 个。在目标完成的情况下，各单位人均奖励极差达××元；在超目标完成的情况下，各单位人均奖励极差达××元，相较改革前，超额完成目标后人均奖励极差提升了 160 个百分点。

二是突出了结果导向，聚焦业绩持续进位。基于目标考核的进阶式"333"绩效工资分配机制实行后，在 A 公司系统内形成了正向激励导向，系统员工在建示范、推改革、促转型中奋勇争先，在强电网、稳经营、夯基础中积极作为，在战险情、保服务、强党建中彰显价值，承接战略，构建 8 个示范窗口，有序推进不怕台风的电网建设，夯实与补强安全生产基础，有效消化一批老信访件。

三是突出了贡献导向，聚焦队伍活力提升。绩效工资依据考核结果和模拟效益贡献核定，以绩取酬、差异分配，实现了绩效工资收入与员工业绩贡献度的合理匹配，构建了组织绩效与个人收益的捆绑联动机制，不断激发员工改革创新创效的活力。

(二)改进方向

一是推进薪酬管理过程监控常态化。通过对管理过程的监控，预先知晓问题，提早做好应对，及时完成整改，确保目标完成情况和基层单位落地实施到位，避免绩效工资的浪费以及低效率的工作。

二是推进进阶式薪酬管理持续化。充分调动员工积极性，落实岗位职责，开展员工 360 度反馈评价，及时掌握动态调整政策，通过薪酬引导员工爱岗敬业，充分激发员工的责任意识和担当意识。

  三是推进薪酬管理的作用发挥长效化。制定中长期激励管理办法和实施细则,聚焦高质量发展,持续优化改进分配模型,更加突出提质增效、绿色发展、创新驱动、风险防范,充分发挥薪酬的指挥棒作用。

A公司员工职业成长自助式薪酬激励模型

摘要：为进一步加快培养适应企业战略目标的优秀人才队伍，A公司积极构建员工职业成长自助式薪酬激励模型，通过优化员工工资分配结构，激发员工职业成长动力，为企业高质量发展提供坚强的人才保障。

一、目标描述

人才是企业发展的第一资源，国家电网有限公司实施具有中国特色国际领先的能源互联网企业发展战略，浙江省电力有限公司明确"一个主阵地、两个升级、两个生态"的战略落地路径，均对公司人才发展提出了新的要求。

收入分配事关每位员工的切身利益，事关公司实现高质量发展。如何在实践中既保持分配体系的总体稳定，又推动员工职业发展通道建设，不断激发人力资本活力，这考验着管理者的智慧。匹配当前国网公司员工职业成长体系，构建员工职业成长自助式薪酬激励模型，通过菜单式的薪酬项目选择，可以灵活满足员工队伍成长的多样化激励需要，优化收入的初次分配，引导员工立足岗位成长成才，不断激发公司存量人力资本活力，为公司深入推进人才强企战略，持续优化人才队伍结构提供重要的基础保障。

二、主要做法

自助式薪酬是一种交互式薪酬管理模式。A公司通过"三开展"的三步骤，科学构建员工职业成长自助式薪酬激励模型，充分体现薪酬管理的公平性和透明化，适应员工职业成长个体需求的差异性，实现"适当拉开员工工资水平差距，使工资向关键岗位、艰苦岗位以及优秀人才、高端紧缺人才倾斜"的目标。

（一）开展自助式薪酬要素需求调研

目前，国网公司系统已建成覆盖专家人才、职员职级、岗位序列等多通道并行的多元化职业发展通道，为知识型、技能型、创新型员工队伍的发展奠定了基础。公司系统员工基于内部人力资源市场，可根据自己的专长和性格特点自主选择适合自己的职业成长路径（见图1）。

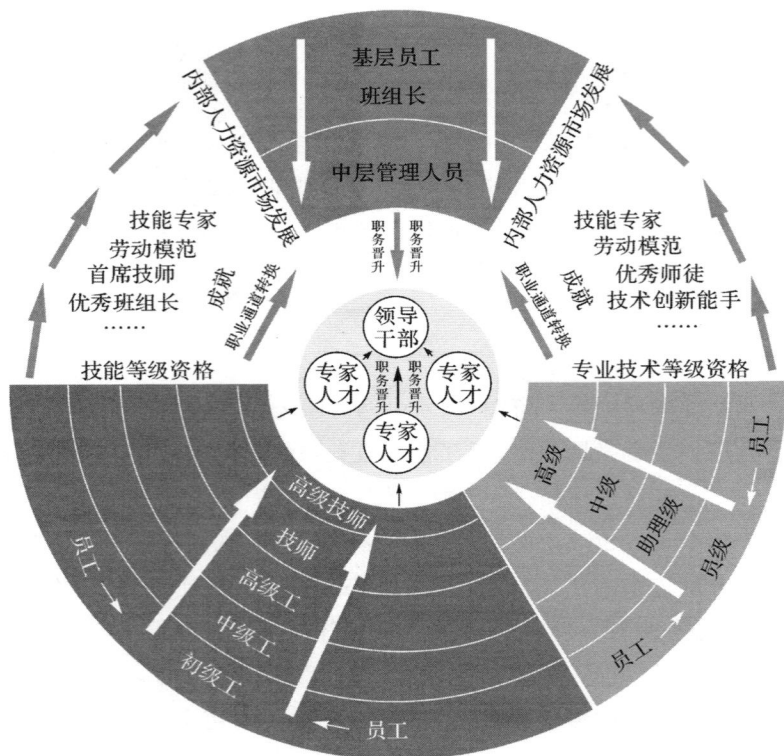

图1　员工职业成长路径

在成长过程中既需要基于小目标的短期激励，也需要立足长远目标的长期激励措施。根据调研，薪酬方面主要涉及技能等级资格、专业技术等级资格、技能竞技、创新创效、专家人才、职员职级及岗位晋升等的激励需求。

（二）开展自助式薪酬激励模型设计

A公司目前的薪酬体系是以岗位绩效工资管理办法为依据，合理安排绩效工资，统筹规划工资总额。岗位绩效工资由岗薪工资、绩效工资、辅助工资等薪酬要素组成。以绩效工资为支点,基本工资和辅助工资固定比例不变,划出一定比例的工资总额,用于构建员工职业成长自助式薪酬激励模型。这个比例要适当,比例太低,员工没有积极性,比例太高,工资总额负担不起。综合 A 公司的人才队伍结构及实际需求测算,员工职业成长自助式薪酬金额占工资总额的比例控制在 1% 左右。

员工职业成长自助式薪酬激励模型公式如下:

工资＝基本工资＋绩效工资＋辅助工资＋自助式薪酬

其中,自助式薪酬涵盖专业技术资格专项津贴、技能等级资格津贴、科技创新奖励、管理创新奖励、群创专利奖励、专家人才津贴、竞赛调考奖励、专利奖等若干菜单项。详见表 1。

表 1　自助式薪酬激励模型菜单

项　　目	具体释义
基本工资	以岗位等级序列(岗级)和薪点等级(薪级)为基础,以薪点数设置工资标准,用点值计算发放额度
绩效工资	根据各单位绩效考核办法和考核结果,按月、季或年度发放
辅助工资	包括劳动积累、福利性补贴等
自助式薪酬	包括专业技术资格专项津贴、技能等级资格津贴、科技创新奖励、管理创新奖励、群创专利奖励、专家人才津贴、竞赛调考奖励、专利奖等

员工自助式薪酬激励模型,在结合企业发展目标的基础上,可以让员工结合自身情况,自主选择其中一项或者是几项来发展职业生涯。

A 公司关于专业技术资格和技能等级资格方面的薪酬激励标准见表 2。

表 2　专业技术资格和技能等级资格的薪酬激励标准

激励项目	薪酬激励标准
取得系统外高级技师资格	××元/月
取得一线岗位"双师"(中级职称和系统内技师)资格	××元/月
取得副高级职称或系统内高级技师资格	××元/月
取得"双高"(副高级职称和系统内高级技师)资格	××元/月

针对产业单位员工,更加注重技能等级的提升,实行岗位工资和技能工资相结合的薪酬体系,奖金标准以岗位工资和技能工资之和的 70% 核定,技能工

资标准见表 3。

表 3 产业单位员工技能工资标准

激励项目	技能工资激励标准
取得中级工资格	××元/月
取得高级工资格	××元/月
取得技师资格	××元/月
取得一线岗位"双师"资格	在以上基础上＋××元/月

（三）开展自助式薪酬激励模型的动态调整

随着经济的飞速发展和企业模式的持续优化调整，薪酬模型的要素不是一成不变的，那些不适应企业发展目标的就要被淘汰。新增薪酬要素采取一年一申报一测算，由公司绩效管理委员会审核，履行民主决策程序后，正式纳入自助式薪酬激励模型。员工通过厂务公开、公文发布等宣传方式，知晓薪酬激励模型的动态调整。该模型体现员工的差异化薪酬，既与绩效挂钩，又与知识、技能、各类科技创新能力挂钩，从而提高员工参与企业管理的意识，实现员工的价值。

三、成效与改进

（一）成效分析

每位员工可以根据自身情况和需求，组合出一套适合自己的薪酬方案，满足不同阶段的需求。例如：

甲员工是刚刚入职的青年员工，擅长科技创新和文案编写，可以通过科技管理活动或者是科技进步奖评选，发展职业生涯。若在省公司比赛中获得一等奖，当年收入可增加××元，还可以继续参加竞赛调考来实现自身价值。

乙员工是一名入职 5 年的员工，刚刚获得中级职称和技师的考试资格。经过几年的工作积累和考前的努力，最终获得一线岗位"双师"资格，每年收入增加××元。计划再经过几年的奋斗和工作积累，获得省公司"优秀人才"称号，使得未来几年内年收入增加××元。

员工职业成长自助式薪酬激励模型的设计，将定性分配与定量分配相结合，体现了薪酬制度公平、效率的有机统一。该模型综合考虑员工职称、技能等级、绩效、各类科技创新等,以保基本为目的,有效避免了吃大锅饭的现象。经过多年实施技能人才待遇提升政策,A公司在收入分配优化、人才当量增长和职业发展通道建设、预防员工流失等方面取得了一定的实际成效。

一是使薪酬向优秀人才和高端人才倾斜。运用自助式薪酬激励模型以来,公司2018年、2019年、2020年专业技术资格和技能等级人员的津贴支出同比增长分别达到了16.5%、21.9%、7.5%。基本实现了优化收入初次分配的目标,构建起了员工职业成长薪酬激励的中长期机制,能够激励员工主动立足岗位成长成才。

二是人才队伍结构持续优化提升。A公司近4年来,在收入分配优化和教育培训投入加大的共同作用下,中级及以上专业技术资格、技师及以上技能等级的评定申报人数和通过率在地市公司序列位居前列。其中,中级及以上技术职称评定平均通过率达80%,高级技师评定平均通过率达30%,技师评定平均通过率达48%,技师及高级技师总人数同比增加50%以上。市公司人才当量密度提升至1.2022,具有中级及以上专业技术资格人员876人,占员工总数的52.02%;具有技师及以上技能等级人员1212人,占员工总数的71.97%。

三是职业发展通道建设稳步推进。截至2021年年底,A公司共完成375名职员(含县公司)的聘任工作,拓宽了员工职业生涯发展通道。通过员工职业成长待遇提升的制度,引导更多的员工具备职员聘任的基本条件,在完善员工职业发展通道建设的同时,为公司优化人才配置提供了更宽广的运作空间。

四是员工流失人数逐年下降。如何预防员工流失一直是人力资源管理关心的问题。近年来,通过连续实施员工职业成长自助式薪酬激励政策,员工流失人数呈现逐年下降的趋势(详见图2)。

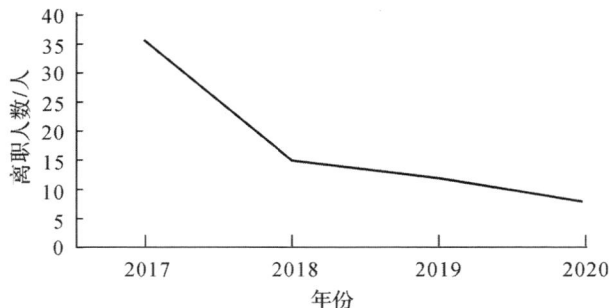

图2 近年员工流失情况

(二)改进方向

通过员工职业成长自助式薪酬激励模型的运用,公司实现了收入分配的优化,激发了广大员工立足岗位成长的积极性和主动性,但在实践中依然发现了一定的短板和不足,需要结合实际持续优化改进。

一是加强结果运用,引领创新发展。要将收入分配优化带来的成果,进一步强化运用在创新驱动发展上,加大创新型人才在创新发展上的作为。将创新型人才在创新发展上取得的成绩,与薪酬发放水平进行横向挂钩,可以在强化员工立足岗位成长成才的同时,进一步强化人才对创新驱动的引领作用。

二是加大激励力度,推进多元化分配改革。以《国企改革三年行动方案》为抓手,进一步完善激励约束机制,探索试点股权激励、项目收益分红等市场化激励手段,丰富和完善多元分配激励机制,持续提升人力资本的效率效益。

A 基层供电公司建立多元化员工薪酬激励机制

摘要:随着经济社会的发展,员工的自我发展、自我价值实现的意识不断提升,如何建立有效的薪酬激励机制,充分发挥企业人力资本价值,从而提升企业经营管理水平,是当前企业发展面临的迫切难题。A 基层供电公司探索实施多元化员工薪酬激励机制,建立覆盖核心环节、突出效益导向的员工薪酬激励机制,推动员工价值、企业发展质量和运营效益的持续提升。

一、目标描述

为进一步激发员工的工作积极性,有效发挥薪酬的激励作用,提升企业经营管理水平,A 基层供电公司着眼于企业战略目标和工作实际,探索实施多元化员工薪酬激励机制。该公司遵循"科学合理、奖惩分明、公平公正"的原则,从安全生产管理、供电可靠管理、优质服务管理、经营效益管理等方面,建立覆盖核心环节、突出效益导向的员工薪酬激励机制,夯实管理基础,关心关爱员工,激发内生动力,提升运营效益,推动企业长期健康发展。

二、主要做法

(一)建立星级工作负责人激励机制

工作负责人是基层工作中的现场安全第一责任人,是班组安全生产的重点,是企业安全工作的基础,工作负责人的表现直接关系到企业全局的安全。为保障班组工作负责人切实履行岗位工作职责、充分发挥安全管控作用,公司建立了星级工作负责人评定与津贴激励机制。

在星级设定方面,工作负责人星级分为一星级、二星级、三星级共三个级别。其中,班组一星级工作负责人人数不得超过班组员工总人数的40%,班组二星级工作负责人人数(含未通过安监部考评批准的由三星级降级为二星级的工作负责人)不得超过班组员工总人数的20%。

在评定原则方面,星级工作负责人每年必须参加安监部组织的"安规"考试,不及格者进行补考,补考及格者降星级使用,补考仍不及格者取消星级工作负责人资格。此外,根据各班组成员岗位调整、安全技能和业务素质能力提升情况,结合当年"安规"考试、现场违章情况、班组年度综合安全考评、工作票考核等,安监部原则上每年组织开展一次星级工作负责人考核调整工作,工作中发生严重违章或不安全事件的直接降星或取消工作负责人资格。

在津贴奖励方面,三星级工作负责人奖励津贴××元/月,二星级工作负责人奖励津贴××元/月,一星级工作负责人无奖励津贴,班组长以上干部担任星级工作负责人并已享受职务津贴的不享受星级工作负责人津贴。

(二)建立供电可靠性激励机制

在市场经济条件下,为用户提供可靠供电是电力企业保证自身经济发展的支柱,供电可靠性直接反映了供电系统对用户供电的能力和服务质量。为满足人们对供电可靠性日益增长的需求,公司立足长远,努力建设健康、灵活、可靠的高弹性电网,同时加强供电可靠性的日常管理,建立了"月度考核＋年度考核＋专项考核"的考核激励机制。

在月度考核方面,公司各供电所当月实际发生总时户数或当月实际发生故障时户数大于相应月度管控值的,每超出10%扣绩效分0.5分(以超限多的为准),3分封顶;当月实际发生总时户数小于月度管控值的,每结余10%加绩效分0.5分,3分封顶;发生人为责任损失时户数事件的,每次扣绩效分1分。由于各供电所运行维护不到位所引起的较大时户数故障,扣罚标准见表1。

表1 运行维护不到位所引起的较大时户数故障扣罚标准

考核标准	扣罚金额
单次故障产生时户数为51～100	扣罚××元/次
单次故障产生时户数为101～200	扣罚××元/次
单次故障产生时户数为201及以上	扣罚××元/次

注:如连续两个月出现重复故障线路,则加倍扣罚。

在年度考核方面,一是根据各供电所配电线路百公里年化故障率进行考核,达到年度预控目标1.5,奖励××元(城区年度预控目标为0.7),超出年度预控目标值的,每增加一次主线故障,扣罚××元;二是根据各供电所年度可靠率排名情况进行考核,排名前三位(且年度指标完成)的分别奖励××元/公里、××元/公里、××元/公里,排名后三位(且年度指标未完成)的分别扣罚××元/公里、××元/公里、××元/公里。

在专项考核方面,年终发生停电时户数控制在××以内,各单位奖励××元;年终发生时户数超过12800,各单位扣罚××元。年终可靠率排名进入公司各县(区)前三名,依名次奖励各单位××元、××元、××元;年终可靠率在公司各县(区)排名最后一名且超过市公司管控值的,扣罚各基层单位××元。

(三)建立业务工单激励机制

随着经济社会的快速发展和人民对美好生活的向往的不断加深,人们对电力企业服务质量、服务标准、服务意识的要求也在不断提高。为规范员工的优质服务理念,强化企业服务质量,减少客户投诉,提升客户满意度,建立严格的考核、激励、监管机制尤为重要。公司以月度和年度绩效考核激励的方式对各供电所的服务质量、业务工单进行监管。

月度考核中,发生服务、营业、停送电、供电质量等投诉的,实行属实有责业务工单考核,具体标准见表2。

表2　属实有责业务工单考核标准

投诉类型	扣罚金额
服务投诉:营业厅人员、抄催人员、计量人员、用电检查人员、勘测人员、车联网人员的服务行为,问题充电抢修到达现场超时限	扣责任人5000元/件
营业投诉:业扩报装超时限、环节处理不当、环节处理问题,抄表、欠费停复电、电价电费、验表、收费规则、充电业务收费规则的问题	扣责任人4000元/件
停送电投诉:停送电信息问题、无故停电、超时限、抢修人员服务行为	扣责任人3000元/件
供电质量投诉:电压质量长时间异常、供电频率长时间异常、频繁停电	扣责任人3000元/件
电网建设投诉:农网改造问题、施工人员服务行为	扣责任人3000元/件

年度绩效考核中,一是公司年度投诉量控制在目标基数及以下的工单管控部门负责人绩效奖励××元,部门95598热线投诉工单管控人奖励××元。按照各所分解管控目标,控制在目标基数及以下的供电所负责人奖励绩效××元,供电所95598热线投诉工单管控人奖励××元,超过目标基数的直接扣负

责人绩效奖××元,扣部门95598热线投诉工单管控人绩效奖××元。二是设立"零投诉、零不满意"服务优胜单位奖励,实现年度"零投诉"的供电所奖励××元;实现年度"零不满意工单"的供电所奖励××元;若某供电所既实现"零投诉"又实现"零不满意",则奖励××元。

(四)建立电费回收考核激励机制

电费回收是供电公司生产全过程的最后环节,也是公司生产经营成果的最终体现。为加大电费回收和催收考核力度,最大限度地控制欠费和经济损失,使公司自身效益得到提高,公司建立了月度工作考核、年度风险金兑现的电费回收考核激励机制。一是设立基数××元/月·人的月度考核奖,电费回收月奖按月奖系数进行季度考核后下发;营销部(副)主任、供电所所长、营业班(不含营业厅)人员、计量班人员月奖系数为1.6,营销部、供电所其他人员月奖系数为0.8。二是当年电费回收率达到100%,按交纳的电费风险金额度予以奖励;年度电费回收在100%以下,按欠费等额扣除电费风险金,直至全部电费风险金扣完;营销部(副)主任、供电所所长、营业班班长、计量班班长的电费风险金为××元,供电所抄表收费员、抄表班人员为××元,营销部、供电所其他人员为××元。

三、成效与改进

(一)成效分析

公司探索实施多元化的薪酬激励机制,为专业技术人才提供更好的机会、条件和发展平台,有利于保障电网安全生产,增强供电可靠性水平,提升优质服务水平,树立良好的品牌形象,让客户用舒心电、交舒心钱,最终有效提高公司的经营效益,持续实现扩大再生产。

1.保障电网安全生产。实施工作负责人星级评定与津贴奖励机制,充分激励了公司广大员工的工作自主性和积极性,进一步增强了员工的工作责任感,充分发挥了生产现场工作负责人的现场安全风险管控作用,从而有效减少或杜绝作业现场违章行为,确保不发生安全事件。

2.增强供电可靠性水平。实施供电可靠性考核激励机制,有效推动了公司的供电可靠性水平不断提升。公司2020年供电可靠性达到99.975%,同比2019年提升了18%,总时户数不破万,其中故障时户数压降30%以上,在省市公司中排名靠前,获 2020 年"供电可靠性先进集体"等荣誉,员工获得感显著增强。

3.提升优质服务水平。实施业务工单考核激励机制,使员工的服务意识更强、服务行为更规范、服务质量更高。此外还提高了员工的专业技能水平,消除了供电服务短板,降低了客户投诉率,实现了"管理、服务双升级"和"群众、政府双满意"。

4.提高企业经营效益。实施电费回收考核激励机制,充分调动了收费人员的积极性,公司电费管理更加精细,实现电费回收始终处于可控、在控、能控的状态,持续保障公司的正常经营。

(二)改进方向

1.优化完善各项激励机制。结合公司实际发展情况,需要动态调整各项激励机制,使员工管理既有激励,又有约束,收入分配既实现公平公正,又合理拉开差距。

2.继续深化多元化精准激励措施。下一步公司将更加聚焦于与公司发展质量效益紧密相关的研发、营销领域,建立健全考核标准更加精准、激励措施更加合理的机制,充分挖掘员工的工作潜能,推动公司长期健康发展。

A基层供电公司建立员工绩效奖金"司级核定—部门分配"的分层管理机制

摘要：当前形势下，电网企业主业单位工作任务不断加重，工作要求不断提高，但薪酬分配模式相对固化，"做多做少一个样"的观念深入人心，不足以支撑部门工作，难以形成团队向心力。为化解这一痼疾，A基层供电公司在保持公平公正的前提下，以按劳分配和按成效分配相结合为基础，强化部门领导团队核心权威，凝聚部门力量，形成工作向心力，建立了绩效奖金"司级核定—部门分配"的分层管理机制。

一、目标描述

在提质增效和深化国企三项制度改革的大背景下，电网企业主业单位工作任务不断加重，工作要求不断提高，员工总量逐年减少，与社会一般劳动强度衡量比较，企业正从劳动力相对富余向劳动力相对平衡过渡。

在总体劳动强度增加的过程中，员工个人的劳动强度提升极不平衡，旧的薪酬分配模式逐渐失去了公平性和公正性。这主要造成了以下几方面的问题：一是不足以维持勤劳员工的工作热情；二是不足以激发其他员工的工作动力；三是不足以支撑领导团队的向心力；四是不足以驱动部门团队的执行力。长此以往，公司各部门领导力涣散、员工工作输出低下等问题会更加严重，影响公司文化氛围。

在绩效奖金超过工资总额50%的现状下，A基层供电公司通过"司级核定—部门分配"的分层管理机制，以公司核定部门绩效奖金总额，部门分配员工绩效奖金金额的方式，重塑团队核心，凝聚部门力量，强化多劳多得、多业绩多得的正面导向，提高绩效奖金与工作付出及成效的紧密度，提升部门战斗力，最终焕发企业活力。

二、主要做法

（一）稳妥推进，宏观调控影响比例

由于电网企业主业单位的员工薪酬主要由岗薪工资、年功工资、绩效奖金等支付项和保险、公积金、税金等扣款项组成，数额相对固定，员工可以自行比较历月实发金额发现变化情况，因此员工对薪酬的增减相对敏感，越是工作量少、工作强度低的员工对薪酬关注度越高。

新的奖金核定分配制度旨在打破分配金额固化、"做多做少一个样"，甚至"多做多错，不如不做"的陈旧观念，通过制度的执行，从小金额、小比例开始将"多劳多得"的观念渗透到每个员工内心，形成薪酬金额与工作量挂钩的思维模式。在长期的执行策略上，一方面逐步完善调整体系，另一方面顺着社会发展、通货膨胀、总额增长的总体节奏，增加按劳分配的力度。

在新制度、新改革初期，主要任务是推动执行，可在原则不变、方向正确的前提下，减少外部阻力，以方便工作顺利开展。按此思路，可以对工资总额的年度增长部分进行重新分配，最终根据工作职责轻重、劳动强度高低等因素，形成维持绝大部分岗位及员工奖金稳定或增加，并同时减少小部分岗位及员工奖金的局面。与奖金减少的员工开展面谈，安抚情绪，避免舆情风险。

工资总额的分配可以通过绩效奖金系数进行调节。以年度工资总额增长3%为例，公司总体绩效奖金系数增加控制在3%以内，核定到各部门重新分配。如公司总体绩效奖金系数为600点，则增加核定的绩效奖金系数不超过18点。实际操作中，制度执行第一年，公司绩效奖金系数增加不到2%。

改革初期，重点不在执行力度，而在树立导向，后期可逐步加大执行力度和奖金系数。

（二）建章立制，细化执行司级核定

修订公司《绩效奖金核定分配管理实施意见》，建立司级绩效奖金系数核定体系，分类考虑岗位职级和职称技能等级，两者就高执行。其中，部分岗位系数小幅提升、职称技能系数拉大差距是总体系数上浮的主要原因。该意见部分内容如下：

一、按岗位、职级核定系数标准

1. 副总师级：×.×；

2. 五级职员：×.×；

3. 五级正职：×.×；

4. 六级职员：×.×；

5. 五级副职：×.×；

6. 七级职员：×.×；

……

二、按职称及技能等级核定系数标准

1. 取得正高级职称的员工，系数可调整为×.×；

2. 取得副高级职称的员工，系数可调整为×.×；

3. 取得电力行业特殊工种高级技师等级的生产一线员工，系数可调整为×.×；

……

编制岗位（工种）奖金系数表，分解各职级岗位绩效奖金系数，详见表1。

表 1   岗位（工种）奖金系数表

岗位（工种）类别、级别	奖金系数	岗位（工种）名称
助理副总师级	×.×	总经理助理、副总工程师、副总经济师等
五级职员	×.×	
五级正职	×.×	
六级职员	×.×	
五级副职	×.×	
七级职员	×.×	
管理类岗位	×.×	职能部门管理专职
技术类核心岗位	×.×	职能部门技术专职 调控分中心运行方式专职、配网停电计划专职、自动化运维专职、继电保护专职 客户服务中心财务岗电费账务专职
⋮	⋮	⋮
主网生产类岗位	×.×	调控运行、变电运维、带电作业工、自动化运维工、继电保护工、变电检修工等
配网、营销类岗位	×.×	电费核算员、电费账务员、检验检测员、客户经理、用电检查员等
其他类岗位	×.×	资产管理员、物资仓储（配送）员、行政事务综合员、机具维护工

(三)双轨执行,下发部门系数总额

根据以上标准,公司人力资源部为每个全民职工核定奖金系数,分部门制作司级绩效奖金系数核定表(见表2),发至各部门主要负责人,作为部门员工系数分配参考依据。

表 2 司级绩效奖金系数核定表

绩效奖金系数核定表(××部门)					
序号	姓名	上月公司核定系数	本月公司核定系数	上月部门分配系数	备注
1	×××	×.×	×.×	×.×	
2	×××	×.×	×.×	×.×	
3	×××	×.×	×.×	×.×	
4	×××	×.×	×.×	×.×	
5	×××	×.×	×.×	×.×	
6	×××	×.×	×.×	×.×	
7	×××	×.×	×.×	×.×	
8	×××	×.×	×.×	×.×	本月调入
⋮	⋮	⋮	⋮	⋮	⋮
合计		××.×	××.×	××.×	

在后续执行中,人力资源部首先根据每月初的人事事件清单、干部任免文件、员工岗位调令等,核对人员调整情况,根据人员变动岗位岗级,核定新的系数,并对人员增减部门的司级绩效奖金系数核定表进行滚动更新,标出人员进出及岗位变动等特殊情况。

分部门制作绩效奖金清单并在每月的滚动更新后,发至部门核算员。因部门所有员工系数需要二次分配,故核算员收到的清单只有部门员工姓名、基准奖金、部门总系数等信息。部门每个人的具体核定系数,由部门领导指导核算员填写(见表3)。

表 3　绩效奖金清单

国网浙江省 A 市 B 区供电有限公司(＿＿＿＿月绩效考核奖)清单

填报部门:××部门(盖章)

编号	姓名	基准奖金	系数	应发	上月绩效奖励	金额	备注
1	×××	××××					主任
2	×××	××××					副主任
3	×××	××××					
4	×××	××××					
5	×××	××××					
6	×××	××××					
7	×××	××××					
8	×××	××××					
⋮	⋮	⋮	⋮	⋮	⋮	⋮	⋮
部门分配合计			××.×	×××××		×××××	
公司核定合计			××.×	×××××	/	/	

审核:　　　　　　　　　　　　　　制表:

(四)依法依规,开展部门系数分配

司级绩效奖金核定系数是公司对部门核定考核奖金的系数标准,不作为各部门内部分配的直接依据。各部门应结合实际,制定本部门的分配制度,并开展员工系数分配工作。按照"裁判员不兼任运动员"的原则,部门分配后,部门负责人系数参照司级核定系数执行或不高于司级核定系数;各部门内各岗位等级、职级职员收入排序总体上应与岗位层级相一致,部门分配突破岗位层级(如部门分配后,班员系数超过副班长等)的应单独说明。

各部门分配制度及员工分配系数应在履行内部民主程序后,报公司人力资源部备案。员工月度绩效奖金少于或多于司级核定金额 50%的,应当向人力资源部详细说明少发或多发的原因。

部门分配的在编人员月度绩效奖金总额不得高于人力资源部下达的该部门司级核定月度绩效奖金总额,原则上应每月结清。因特殊需要,部门当月实发奖金总额少于公司级核定总额的,其差额部分经人力资源部批准可以延期至下次分配,但该年度内必须结清。

三、成效与改进

(一)成效分析

公司通过"司级核定－部门分配"的分层管理机制,主要取得了以下成效:

一是同层级岗位员工的应发绩效奖金离散度比原来提高5％,收入差异进一步扩大。

二是综合评价较好、工作勤快的员工,以及部门骨干力量得到了不同程度的系数上浮,占全民职工总数的6％,另有2％的员工奖金系数有不同程度的下降。这对树立正确导向,提升员工积极性起到了一定的作用。

三是部门主要负责人在回访中反映部门凝聚力和战斗力得到了提升。

(二)改进方向

一是实际变动分配的资金占工资总额比例相对较小,下一步要巩固前期建立的正确导向,加大核定分配的资金占比,强化按劳分配、按绩效分配的文化理念。

二是结合定员定编,试点开展部门奖金包干制,做到"增人不增资,减人不减资"。

A 基层供电公司多层次绩效考核引领薪酬分配

摘要: A 基层供电公司采用绩效引领、多层次考核的方法,将对各部门、各单位的考核与员工个人考核相结合,建立起了一套完整的绩效考核体系。根据员工年度工作、活动情况,设立专项资金,奖励工作业绩突出、活动取得优异成绩的员工,促进薪酬再分配的合理进行。同时,根据考核指标以及供电所缺员情况,对薪酬水平进行切块分配,以各供电所员工的技能水平情况、业务回归量、指标完成情况为基础,对相应员工进行业务考核,建立起了一套自上而下、多层次绩效考核的薪酬分配体系。

一、目标描述

为了完善公司内部的薪酬分配机制,A 基层供电公司通过激励导向、多层次绩效引领的方式,建立起一套完整的薪酬分配体系。该公司通过完善内部绩效考核体系,将绩效考核方法做到实处,采取月度绩效考核与设立年度专项奖相结合的方法,对薪酬进行合理化再分配。其中,月度绩效考核分为多层次、多种方法,对职能部门的考核、对各个生产单位供电所的考核、对员工个人的绩效考核、对业务指标情况的考核等,共同组成每月绩效考核指标,构建相互影响的绩效考核指标体系,最终形成每月的薪酬分配标准。

二、主要做法

(一)层层分级考核

1.职能部门考核

为优化公司绩效考核体系,明确"业绩考核争第一"的目标,A 基层供电公司设立了各职能部门的月度绩效考核标准,优化绩效考核指标方法,并根据实际需要进行动态调整。

月度绩效考核指标由 8 大指标组成,分别是线损率、发展投资率、电网建设任务完成率、营配管理指数、电网运行风险管控率、科技创新与数字化发展指数、获得电力指数、供电服务合规率。通过这 8 大指标的分类考核,最终形成对各责任部门的月度考核评价标准,确保基础分不失,失分项严控,加分项力争,优化了公司职能部门绩效考核的指标体系。

2. 各部门、供电所精益计分考核

在对各部门、各供电所的考核中,综合管理部、党建部、安监部、发建部、运检部、营销部、调控中心等各职能部门根据月度绩效考核评价标准和考核要求,对各部门、各供电所开展常态化月度绩效精益评分。

得分＝100－关键项扣分－普通项扣分＋独立事项加分。

其中,主要考核指标体系根据指标重要性分成关键指标和普通指标两类。关键指标是指直接关系到主要工作目标的实现并适用于各相关部门考核的指标;普通指标主要涉及同业对标指标和其他一些重要的日常工作指标。根据每项指标的权重设置,分类进行考核,其中 80% 的分值作为班组成员的基本考核基数,20% 的分值作为奖励考核基数。

3. 员工个人工作计分制

在对员工个人的考核上,A 基层供电公司主要采用了工作计分制,考评内容包括工作业绩和行为规范两个方面。常规项目共有 5 大项,其中共分成了110 个小项,覆盖大多数日常工作。在这样的基础上,供电所及各生产班组可以根据实际情况,民主建立工作计分标准。

A 基层供电公司 A 供电所在工作计分制的基础上,制定了自己的全员绩效考核方案,设立的基准建立在同一岗位"工作量＋工作难度"相对平衡的基础上。A 供电所对运维工作充分考虑了年龄结构的搭配、地理地形的差异、运行维护的难易等因素,进行了设备梳理和人员重组;对台区网格进行了重新划分,根据公平公开自愿的原则重新竞聘上岗,实现了数量与难度的相对平衡。员工文化及技能水平有高低,影响到了绩效考核岗位负责制的落实,也加大了班组管理难度。在技能提升与绩效管理的过程中,A 供电所通过"点赞表"、技能评估与绩效考核的有机结合,实现了技能、绩效双提升。

4. 年度专项考核

为激发员工工作的创新性、参与各项活动的积极性,A 基层供电公司在年终工资总额中设立了年度专项考核奖项。该奖项主要是为该年度在工作中取得先进成果,在各类比赛中取得优异成绩,为公司发展提出合理化建议的员工设立的。目前该奖项已颁布了 12 批次,奖励了 320 个项目,提升了员工创新工作和参与各项活动的积极性,促进了公司业绩完成情况的进步,并带动了公司与员工的共同发展。

(二)薪酬总额切块倾斜

A 基层供电公司根据定员模型测算各供电所理论应配人数与目前实际人数相比较的情况,对缺员人数较多的供电所例如 B 供电所、C 供电所等,在保持员工薪酬增长比例的前提下,对整体员工薪酬切块,进行有针对性的倾斜。其中,人员相对充足的供电所将其员工增长收入部分切块给人员相对较少的供电所,以实现薪酬总额切块倾斜。供电所负责各自内部绩效考核以及薪酬分配工作。

(三)业务回归激励

A 基层供电公司从生产、营销两个方面建立了核心业务回归后的技能通道。生产方面,搭建蓝领通道,主要对员工技能进行考核,评定技能等级。营销方面,搭建经营通道,主要针对客户经理的综合素质开展。对两方面都具备的全能型人才,则进行综合考虑,由两个业务部门开展相关的技能等级评定。设立技能等级梯队,将各梯队对应相应的技能工资,并根据技能等级评定结果,为员工学习和提升技能、创造收入增长提供相应机会。

1. 人员梳理

公司从生产、营销两个方面建立了核心业务回归后的技能通道。生产方面,目前 28 人具备上杆施工能力。营销方面,目前 43 人具备计量装置新装及更换能力。

2. 激励方法及过程

在对业务回归的激励方法方面,一是让有能力做的人先做,不可等到人人过关、技能全面提升后再实施,这样时间条件上不允许;二是设置专项奖促进公司员工自主施工的积极性,吸引其他不会做的人进一步提升技能;三是形成公司内部员工中有具有施工技能的核心力量队伍,各供电所之间可组团搭配。

3. 激励内容举例

在生产方面,3 月 15 日,A 所第一次自主完成一档一台安装;4 月 28 日,B 所、C 所共同完成六档一台安装。在营销方面,各所计划每月自主完成 10% 以上的计量装置安装。根据这类业务回归内容的完成情况,公司定期进行一定的薪酬激励奖励。

(四)合伙人制度

A基层供电公司的合伙人制度是由职能部门专职人员和供电所建立的"合伙人"关系。各职能部门所有专职人员皆可参与帮扶,不限定专业及帮扶指标数量,由供电所及专职人员之间进行双向选择,每季度可以重新进行选择,设定关键指标,设定阈值。供电所某项指标突破阈值,即可提出申请,由职能部门专职人员对接帮助该所提升指标。供电所和该专职人员均可以享受此目标奖励。

三、成效与改进

(一)成效分析

一是多层次的绩效考核体系,将薪酬分配与各部门、各员工的实际绩效考核成绩相结合,形成了自上而下、覆盖全局的绩效考核体系,使得薪酬分配更加合理。

二是工作计分制的设置,给予了供电所更多的绩效考核管理模式,提高了员工积极性。员工岗位职责清晰,各项管理制度能落到实处,减少了工作上扯皮和出现漏洞的现象,工作流程得以理顺,工作效率和工作质量得以提高,既减轻了绩效管理员计分的压力,又将主要工作业绩和责任分解到个人,有效约束了员工工作行为,扭转了"干多干少一个样"的状况,改变了"干好干差无区别"的局面。

三是肯定了员工贡献,优化了分配体系。各类专项奖的设置,最大限度发挥了奖金杠杆的激励作用,充分调动了员工工作积极性和主动性。将优秀专项工作以及各类获奖情况与薪酬挂钩,加大对优秀员工的奖励力度,优化薪酬分配体系,带动了更多员工积极参与公司发展建设,从而提升了企业发展活力。

四是蓝领通道与合伙人制度的建立,完善了对供电所人员的薪酬分配制度,逐渐建立起按劳分配、多劳多得的分配制度。该制度在激发员工参与供电所业务指标的建设、提高员工技能的同时,也在更优质地促进供电所业务考核指标的完成,为供电所管理"一年提升,三年领先"的工作目标打下了基础。

(二)改进方向

1. 完善计分项目

目前来看,工作计分制存在计分项目未能涵盖供电所全部工作、每日记工分效率低等问题。公司需要动态设立各类计分奖项,采取保底薪酬与专项奖相互结合的方式,在员工完成本身的岗位职责工作后,对其参与的突击性、阶段性工作设立专项奖励。

2. 设立不同的绩效考核方式

对管理型、作业型以及辅助型岗位来说,各岗位的工作目标不同,有些工作存在难以量化的问题,因此不能一概以完全统一的标准来衡量计分绩效,需要进一步完善计分指标体系并根据实际进行动态调整。

3. 以岗位定薪,以能力定薪

A基层供电公司供电所在接下来的"一年提升,三年领先"的目标建设下,坚持"以岗位定薪,以能力定薪",深化国企三项制度改革,探索形成能进能出、能增能减、能上能下的员工成长机制。

一是坚持能进能出。制定最低生活保障工资(含五险一金××元/年),采取员工自愿申请、公司双向选择的形式,清理无效劳动力。

二是坚持能增能减。将供电所员工分成两大类:一类为供电所技能型、管理型、全能型等核心力量员工;另一类为普通网格员工。各供电所按照技能水平加业务量匹配自行分档。通过对供电所人力成本、业务量增长等进行综合分析,完成工资总额测算,切块下发到供电所,实现自主考核、自主分配,收入差距可以拉开2倍之大。

三是坚持能上能下。针对员工分档认定的情况,每年同意组织复评,根据实际工作量和工作质量,建立第一大类和第二大类员工能上能下的循环机制。

绩效薪酬分配多元差异化改革探索与实践

摘要：薪酬分配是影响企业活力与竞争力的一个重要因素，而绩效薪酬分配是现代企业分配制度和人力资源管理的核心内容。科学的绩效考核方式和多元化的薪酬分配制度可以极大提高企业员工的工作效率和工作质量，为企业打造富有竞争力和创造力的员工队伍，是现代企业在市场竞争中脱颖而出的关键。A公司结合公司重点工作任务，建立了动态绩效薪酬分配机制，尤其对绩效薪酬分配进行了具有针对性的设计，充分调动了员工的积极性，提升了员工的工作效率，为企业带来了更多效益。

一、目标描述

人才是企业最宝贵的财富，是企业创新发展的动力源泉，是企业的核心竞争力。受吃大锅饭、平均主义等传统思想的影响，原有的员工绩效薪酬差距较小，继而导致了部分员工工作热情不高、执行力不强的问题。A公司为了适应当前新的发展需求，通过对绩效薪酬分配多元差异化改革进行探索与实践，建立起科学完善的绩效薪酬体系，充分发挥人力资源优势，助力公司高质量发展。

二、主要做法

A公司现执行的岗位薪酬由岗位薪点薪酬（30%～40%）、绩效薪酬（50%左右）、辅助薪酬（不超过15%）三个模块组成。其中，岗位薪点薪酬和辅助薪酬按相关规定发放。而在此之前的绩效薪酬则更多注重保障，仅每月对单位（部门）进行简单的考核与评价，激励制度空洞化，缺少差异化分配，因此难以发挥薪酬激励作用。故A公司从完善绩效薪酬结构、增加绩效薪酬弹性入手，设计实施了多元差异化的薪酬战略，引导各单位（部门）对优秀人才资源的充分利用，规范员工的工作行为，从而提高公司竞争力。

（一）构建多元差异化薪酬体系，分类设计薪酬晋升通道

从岗位管理角度出发，根据岗位分类不同，公司将各岗位人员的工作职责与绩效考核奖金相挂钩，科学设计薪酬晋升通道，分别设定 1.0～1.9 区间的奖金系数，使奖金系数乘以奖金基数等于员工最终绩效薪酬，从而构建起多元差异化薪酬体系。另外，为加大薪酬激励力度，考虑到不同岗位系列人员所起的作用不同，除按从事岗位、担任职务匹配相应奖金系数外，公司还分类设计薪酬激励晋升通道。

1. 为加强企业管理，强化负责人责任担当意识，对于各方面表现比较优秀的具有大学本科以上文化程度、拥有相关专业的中级专业技术职称或技师（省公司发文确认）及以上技能等级、连续两年业绩考核排名在中层领导人员前 50％ 的相关单位（部门）负责人，可将其岗位奖金系数从 1.6 调整至 1.7。

2. 为督促职能部室专职人员个人素质的提升，在管理岗位连续工作三年，具有本科及以上文凭，并取得中级及以上职称或技师（省公司发文确认）及以上资格或国家级注册类执业资格证书的人员，岗位奖金系数从 1.2 调整至 1.3。

3. 为推动产业单位发展，更好地支撑主业工作，提高员工工作积极性，担任主任助理一年及以上，且近三年业绩考核结果累计积分达 5.5 分，各方面表现比较优秀的员工，岗位奖金系数从 1.4 调整至 1.5。

4. 由于供电所地处偏远山区，辖区内自然环境及办公、生活条件艰苦，为鼓励员工积极从事和扎根生产一线岗位的工作，对于各供电所（县城所除外）的一线员工，在其相应岗位的奖金系数上再加上 0.05～0.1 的区域奖金系数。

5. 为留住优秀人才，激励高技能人员充分发挥岗位先锋作用，增强企业的竞争力，对相应岗位取得专业技术资格和技能等级的人员，按照相应等级给予相应的薪酬津贴。

（二）建立多元差异化绩效考核体系，实现个人绩效薪酬差异化

坚持以市场为导向，以效益为中心，以经济责任制为杠杆，建立多元差异化绩效考核体系，使员工绩效薪酬与公司利益紧密挂钩。该考核体系以组织考核奖和供电所对标奖为基础，以安全工作奖、班组建设奖、创新成果专项奖、"三降三年"绩效考核专项奖等与生产经营相关的专项奖为辅助，以表单化考核为手段，层层分解、细化公司年度重点工作任务，将生产经营目标和形势变化层层传递至公司内部各部门、班组、个人，发挥好个人绩效薪酬奖金系数的激励功能，

全面调动广大员工对标挖潜、增产增效、降本增效的积极性和主动性,促进公司全年生产经营目标的顺利完成。

1. 个人绩效薪酬奖金基数组成

(1)组织考核奖。组织考核奖通过实行"年月联动""绩薪联动""管理和一线联动"等方式,将企业的战略目标和重点工作逐级、逐步分解落实到每个基层单位和班组,并贯穿于日常的专业管理和业务流程中。此外,还根据各专业部门指标提升、组织协调、突出贡献等情况,分别设置月度绩效奖、季度排名奖、指标基础奖、排名提升奖、年度目标奖、绩效考核贡献奖、绩效考核优胜奖,每个奖项设置不同额度的奖励金额,而对于完成情况欠佳的,则进行一定的处罚。

(2)供电所对标奖。供电所对标奖是根据各供电所历年排名、服务范围、配网水平等因素,科学制定"一所一策"差异化考核方案和提升目标而设置的,包含供电所同业对标奖、投诉工单考核奖、台区及 10 千伏线损管控考核奖、故障时户数考核奖、配网运营指标考核奖、综合能源贡献奖、市场认可度考核奖等,每个奖项设置不同额度的奖励金额,而对于完成情况欠佳的,则进行一定的处罚。

(3)安全工作奖。安全工作奖实行安全目标管理和以责论处的奖励制度,分别设立季度安全奖、安全贡献奖、浙电安全学习平台积分奖、安全积分奖。奖励金额按照在安全工作中承担的责任、风险程度确定,并向应承担主要安全责任和风险的部门和班组生产一线人员倾斜,奖励基金额度超过公司年度工资总额的 1.5%。

(4)班组建设奖。班组建设奖是为了鼓励各部门积极协助推进班组建设,提升工作,完善并夯实公司班组管理基础,提升班组员工综合能力而设置的。按班组创建等级的难易程度,分别给予××元奖励。同时对班组创建工作中成绩突出,在公司组织的考核中排名首位的班组奖励××元,位列末位的班组扣罚奖金××元。

(5)创新成果专项奖。创新成果专项奖是为了创新驱动,助推公司多元融合高弹性电网建设,提升各单位(部门)的创先争优意识,进一步有效提升鼓励指标这一弱项指标而设置的。在首创成果、重大企业管理创新成果、青年创意创新大赛获得加分的项目,每贡献 0.1 分则奖励××元。

(6)"三降三年"绩效考核专项奖。为贯彻落实市公司降安全事件、降投诉、降信访的"三降三年"工程整体要求,集中消除在安全、稳定、服务、廉政等方面的风险隐患,实现公司系统安全事件、信访、投诉总量明显压降,专业管理基础不断夯实,本质安全水平和依法合规水平明显提升,A公司制定了"三降三年"绩效考核专项奖,每个奖项设置不同额度的奖励金额,而对于完成情况欠佳的,则进行一定的处罚。

2.个人绩效薪酬奖金基数计算

为了发挥绩效薪酬全员激励作用,提高员工工作效率,发掘员工潜能,A公司目前采用工分制,根据指标完成情况来计算个人绩效薪酬奖金基数,通过层层经济责任制考核分解,将组织绩效考核分解到班组,再分解到员工,充分体现"按劳分配、奖惩分明"的原则。主要以网格为单元,将年度重点工作任务和岗位常态化工作进行细化分工,各单位(部门)建立"工分库",再将员工所得工分换算成相应的个人绩效薪酬奖金基数。"工分库"主要包含三类工分:一是"基础工分",将相对较为固定的常态化工作进行细分量化,并设置相应分值,根据岗位职责的履行情况给予相应的工分。二是"动态工分",针对不能量化的一些阶段性、临时性工作,以"不能量化的目标化"为原则,视工作的难易程度和目标完成度设置浮动工分。三是"贡献工分",对于超额完成既定工作任务或协助其他员工完成额外工作任务的,根据超额部分的工作量评估分值,给予奖励性工分。

三、成效与改进

(一)成效分析

一是科学构建了公平合理的薪酬分配体系。为保证绩效薪酬分配的合理性和可行性,A公司为不同级别、不同工作性质的人员制定了分领域、分层次的绩效考核指标,实现了考核与管理的差异化和精细化。并根据不同岗位在公司内的重要性、性质以及特征,明确个人薪酬组成,真正做到了"岗薪相符,按岗定薪,岗变薪变"。科学有效的薪酬分配体系大大帮助了员工正确对待工作岗位和工作目标,加强了员工对工作的参与度和创造性,发挥了薪酬分配的有效作用。

二是有效促进了薪酬分配与人本管理充分融合。绩效薪酬分配多元差异化改革实现了人本化的薪酬激励,大幅度调动了员工的潜能,促进了员工重视和提升自身能力、技能,大大提高了公司的人力资本利用率,有效解决了A公司因地处偏远山区导致骨干人员大量流失的问题,进一步增强了公司的吸引力和凝聚力;同时促使员工与上级更好地进行沟通,创建了一个具有发展潜力和创造力的优秀团队,推动了公司总体战略目标的实现。

三是高效推动了公司的高质量发展。自 2018 年开展绩效薪酬分配多元差异化改革以来,薪酬管理与企业战略实现了实时紧密关联,为公司的发展提供了战略性、前瞻性的支撑。A 公司从 2017 年年度考核排名全市末位提升至 2018 年的第 5 位,截至 2021 年 12 月,其组织绩效在全市 11 家同序列单位中仍连续保持在前 6 位,连续 3 年被评为该县优秀考绩单位。此外,供电所同业对标指标实现稳步提升,2018 年月均排名第 16 位,2019 年月均排名提升至第 12 位,2020 年月均排名提升至第 10 位;2020 年全年投诉 2 件,同比压降 16 件,压降率 88.89%,实现了营业服务零投诉,在全市 11 家同序列单位中排名第 1 位。

(二)改进方向

一是从人力资源系统优化角度出发,加强配套体系建设。绩效薪酬多元差异化分配应始终以公司发展战略为指引,从人力资源系统优化的角度设计公司绩效薪酬策略,加强组织机构优化、人力资源素质提升和结构优化,强化定岗定编和职业发展通道设计、岗位评价和能力模型设计等配套体系建设,避免因绩效薪酬多元差异化分配的不合理而造成核心骨干人才的流失。

二是构建"多通道多序列"薪酬晋升通道,拓宽横向成长空间。目前 A 公司建立的薪酬晋升通道还没有涵盖所有员工,还需进一步完善绩效薪酬体系,科学设计"多通道多序列"薪酬晋升通道。根据工作性质、工作内容、职务层级、任职资格的差异化划分层级,针对不同岗位序列完善相应的薪酬晋升流程,使绩效薪酬体系更具有激励性、公平性。通过建立涵盖公司所有员工的薪酬晋升通道,给予员工相应的绩效薪酬待遇,形成长期激励机制,相信将有效促使单位活力迸发。

A 基层供电公司以"五个精准"
打造基于贡献度的绩效工资管理机制

摘要：县供电公司的职能部门、业务支撑机构和乡镇供电所三个梯队在职责范围、工作内容、指标体系等方面存在巨大的差距，无法直接进行对标。若采用同一个工资总额管理，不同梯队之间的薪酬分配难以做到"效率优先、兼顾公平"，因此急需优化工资总额管理机制，尤其是绩效工资管理机制。A 基层供电公司以"五个精准"打造基于贡献度的绩效工资管理机制，充分发挥绩效薪金"指挥棒"的作用，有效激发企业的创效动力。

一、目标描述

为了进一步激发各职能部门、业务支撑机构和乡镇供电所的创效动力，发挥好薪酬分配的激励和导向作用，提升薪金科学管理水平，A 基层供电公司着眼于企业战略目标与各单位实际，探索以"五个精准"打造基于贡献度的绩效工资管理机制，通过精准定义薪酬类别、精准切块工资总额、精准设置专项考核、精准测算员工工资、精准核算其他用工薪酬，进一步平衡不同梯队之间的薪酬待遇，引导企业持续高质量发展。

二、主要做法

（一）精准定义薪酬类别

全面梳理薪酬类别，在现行工资体系的基础上，将员工工资分为基本工资、Ⅰ类奖金、Ⅱ类奖金。其中，基本工资主要包括薪点工资、劳动积累工资、各类津补贴等非奖金性质的员工月度固定薪酬，可视同为随着员工工龄、技能技术增长积累的工资；Ⅰ类奖金主要包括年度绩效得分兑现、提质增效奖金等根据员工系数发放的奖金,可视同为随着职务晋升、奖金系数增加积累的奖金;Ⅱ类奖金主要包括专项考核奖金、"两票"奖励、安全奖等不根据员工奖金系数、按单位整体核发的奖金,可视同为不区别岗位,只按任务完成情况核定,并结合"放管服"改革,由各单位自主结合员工工作贡献度进行兑现的奖励。其中,专项考核奖金主要针对战略目标落地、企业中心工作推进情况进行考核,在Ⅱ类奖金中占绝大部分,在每年职代会后兑现上一年度考核结果,按单位考核结果核发再进行二次分解,原则上不区别用工性质、工作岗位,只考虑所在单位业绩。

(二)精准切块工资总额

公司按照统一框架、科学实用、合理分级的原则,科学确定、合理调整内部分配关系,适当拉开员工工资水平差距。奖金基数核算是工资总额管理的基础,基数算得准不准,往往是各单位之间最常见的分歧点。A 基层供电公司基于职能部门、业务支撑机构和乡镇供电所员工平均系数,将工资总额分为三块。具体分配方式如下:(1)按月分别核算三个梯队员工平均系数和、基本工资、Ⅰ类奖金、Ⅱ类奖金。(2)县公司工资总额除去企业负责人和副总师级薪酬和全员基本工资后的金额,视为员工总奖金。(3)员工平均奖金为员工总奖金/公司系数和,各梯队奖金总额为所在梯队平均系数×员工平均奖金。按此切块方式,通过年终奖金发放,实现各梯队 1.0 系数员工所对应的平均奖金相同。通过不同梯队互不影响的模式,实现同一梯队内各单位按绩区酬、多劳多得,合理拉开收入差距。

(三)精准设置专项考核

结合职能部门、业务支撑机构和乡镇供电所的实际,差异化设定考核标准,通过对标,真正体现"业绩是干出来的,工资是挣出来的"的理念。在不同梯队层面,对职能部门的考核以其对县公司整体的贡献度为主,考核内容包括组织绩效、同业对标等;对二级机构、乡镇供电所的考核以夯实基层基础和对专业部门支撑力度为主,二级机构考核内容包括组织绩效月度分解、"两票"、安全奖等;乡镇供电所考核内容包括供电所对标奖、台区同期线损管理、工单考核、故障时户数考核、综合能源、违约用电查处、"两票"、安全奖等。在时间维度层面,按月进行差异化的月度绩效考核,职能部门考核贡献度(通常差值在 5 分左右,最大在 15 分以内,1.0 系数按××元/分折算),二级机构、供电所考核支撑力度(正常差值在 10 分以上,1.0 系数按××元/分折算);按半年度兑现"两票"、安全奖和供电所对标奖等;按年度兑现班组建设、星级供电所创建等年度荣誉类奖项。在总额占比层面,在兼顾上级对安全奖等占比的要求之外,职能部门以精神奖励为主,专项考核占比控制在 2% 左右,部门最大差距在××元/人·年左右;二级机构以按劳取酬和安全风险承担激励为主,专项考核占比控制在 2% 以内,单位之间最大差距在××元/人·年左右;供电所以相互间对标和对差异化目标值完成情况为主,专项考核占比控制在 8% 左右,两个单位最大差距在××元/人·年左右。

为激发创新创效、提升人力资本等,在工资总额中专门设立“专项工资”,将公司研发、生产、营销等重大专项奖励,以及特聘专家及高精尖人才等的薪酬,作为特殊事项工资实行单列管理。

(四)精准测算员工工资

按照“既有激励又有约束,既讲效率又讲公平”的原则,通过年终奖金,实现员工收入能增能减,充分调动广大员工的主动性和积极性。

员工全年薪酬=基本工资+Ⅱ类奖金+本人全年平均系数×所在梯队 1.0 系数所对应的Ⅰ类奖金

针对调动的人员,精确到月份灵活调整。如某员工全年有 3 个月在职能部门、6 个月在二级机构、3 个月在乡镇供电所,则:

该员工年终奖=在职能部门时的系数×职能部门 1.0 系数年终奖奖金基数×3/12+在二级机构时的系数×二级机构 1.0 系数年终奖奖金基数×6/12+在乡镇供电所时的系数×乡镇供电所 1.0 系数年终奖奖金基数×3/12

针对特殊薪酬人员(包括当年离退休人员、新进高校毕业生等)的测算方式为:当年离退休人员,根据奖金分块,参考所在梯队的奖金并精确到月,奖金计入所在梯队总额;暂处于培训期未定岗的新进高校毕业生,全部计入专业科室梯队总额。

(五)精准核算其他用工薪酬

针对某供电服务公司管理人员和乡镇供电所存在多种用工的情况,在采用其自身薪酬体系时,遵照“谁管理,谁考核”“什么用工,什么渠道列支”的原则,管理人员参照对应主业部门平均奖金兑现,相关借用人员参照实际工作单位的情况执行。专项考核原则上只凭贡献度对不同用工进行奖罚,不同用工的奖罚从其自身工资总额(或费用)中列支,真正打破"身份决定收入"、吃大锅饭的问题。2020年,专项考核奖金兑现中,部分供电所普通员工奖金较中层领导人员高,外包用工奖金较全民用工高。

原则上,前一年度专项考核在下一年度职代会后进行兑现,通过"供售不同期",年底利用年终奖金核发杠杆,实现不同用工当年度工资总额(或费用)的精准使用。

三、成效与改进

(一)成效分析

一是公平公正原则更加突出。通过工资总额精准切块,有效解决了不同梯队之间不能直接对标的问题,同一梯队之间的考核更加公平公正合理。

二是以绩取酬导向更加突出。通过专项考核,在员工能弹性承受的范围内,同一梯队间进行有效对标,很大程度上激发了员工的工作积极性。

三是主动参与意愿更加突出。通过一年多的尝试,很多"佛系"的员工也主动咨询考核原则,主动参与对标考核。尽管前期会有一些不和谐的声音,但试行一年后,大家也都能接受,并主动参与对标。

(二)改进方向

一是进一步优化动态分配模型。目前,三个梯队间1.0系数员工平均奖金是一样的,无法体现不同梯队间的贡献度差异,因此还需要结合各时期战略目标落地和中心工作,持续优化工资总额切块模型,量化体现不同梯队间的总体差异。

二是进一步强化二级机构考核。因二级机构之间专业差异大,A基层供电公司就有12个不同专业,日常无法进行横向对标,专项奖考核除了"两票"、安全奖外无其他考核,还需要继续探索和增加其他专项考核,加大激励力度。

三是进一步深化特殊人员薪酬。公司绩效工资体系已初步实现精确到部门、精确到月、精确到人,但仍存在部分特殊人员薪酬切块不够精确,尤其是主业和产业单位相互调动的人员,下一步还需要努力实现全面、到个人的精准覆盖。

二、直属单位篇

A公司建立多元融合的科技创新
人才激励机制

摘要：为充分激发科技创新人才的工作热情，促进科技创新成果转化，支撑公司多元融合高弹性电网建设，A公司构建了以岗位绩效工资为基础的多元融合的薪酬激励体系。具体做法包括：建立薪酬等级序列，打造三维通道职业成长模式，鼓励员工立足岗位成长成才；建立收入二次分配机制，按绩取酬，鼓励员工努力提升自身业绩；设立多元专项激励，为员工指引努力方向，促进公司长足发展。

一、目标描述

为支撑公司三维通道体系建设，激发各类人员创新创造活力，A公司积极搭建了多元融合的薪酬激励体系，以畅通员工职业发展道路，打造高素质专家人才队伍，促进公司科技创新成果孵化和转化，推动科研工作再上一个新的台阶。

二、主要做法

（一）设立等级，畅通渠道

A公司以岗位绩效工资为基础，设置了两个不同的待遇等级序列：职务和职员通道共用一个序列，设置L1～L11共11级待遇等级；技术通道设置P1～P14共14级待遇等级。职务设置专职、副班长、班长、专业室负责人、主任助理、四级副职、四级正职和院长助理、副总师等级别，职员设置七至三级职员，专家设置助理专家、高级专家、资深专家和首席专家等层级。

职员和专家通道每个层级的待遇设置都对标职务通道。七级职员（L3）对标班长,六级职员(L4～L5)对标专业室负责人副职到职能部门主任助理,五级职员(L6～L7)对标专业室负责人正职,四级职员(L9)介于四级副职(L8)和四级正职(L10)之间,三级职员(L11)对标院长助理、副总师。专家通道的P1级为技术通道起步级,对标普通专职,助理专家(P2)对标副班长,高级专家(P3～P6)对标专业室负责人副职到正职4个等级,资深专家(P7～P10)对标四级副职到院长助理、副总师4个等级,首席专家(P11～P14)对标三级副职到一级职员4个等级。

每个通道都从思想素质、学历学位、工作年限、年度绩效、专业技术资格或技能等级等方面设置了聘任条件。其中专家通道还设置了技术水平条件,助理专家、高级专家、资深专家和首席专家分别应获得过地市公司级、省公司级、省部级和国家级科技奖、人才称号或综合类表彰等。各层级技术专家的聘任都从对应薪酬等级的最低级开始,按年度实行晋升考核,考核结果优秀的直接在对应层级内晋升一级,考核结果良好的维持原层级,考核结果一般的降低一个层级。

为更好地激励和约束人才,充分挖掘人才潜力,发挥人才价值,五级及以下职员和高级及以上专家实行聘期制,职员聘期3年,专家聘期4年。专家聘期结束后实行聘期考核,考核结果杰出的,直接晋升高一层级技术专家,考核结果称职的续聘原层级并维持原待遇,考核结果基本称职的降低一个层级续聘,考核结果不称职的给予解聘。

三个通道既相互独立又横向联通,员工可以选择在一个通道纵向发展,也可以在不同通道之间根据待遇相近原则进行转任,转任需满足转任的相关任职条件。

(二)二次分配,按绩取酬

建立奖金二次分配机制,鼓励各单位拉大绩效薪金分配差距,做到收入"能增能减"。员工年度收入由组织绩效结果和个人绩效结果共同决定。月度绩效工资由人力资源部根据岗位等级情况和人数按月核定,下发至各单位,由单位领导根据员工绩效表现进行二次分配。年度绩效工资设置组织绩效考核系数,采取当年度预发,次年根据单位和个人绩效考核结果结算的形式进行兑现。组织绩效考核区分职能部门和专业机构,考核系数按照绩效排名等差排列,分别上浮5%～20%。

制定独立的实体化实验室考核办法和薪酬兑现方案。实体化实验室考核结果不参与中心或部门排名,考核系数不设浮动上限,但一般高于中心(部门),收入分配进一步向科研人员倾斜。

(三)专项激励,多元精准

对于部分绩效管理体系未能涵盖的非周期性、非常态性重点工作,做出重大贡献的工作或者超预期完成的年度重点工作任务,在上级单位下达的专项奖励之外,A公司还设置了自己的专项奖励。一是制定A公司科技成果奖励办法。相对于上级给予的奖励,A公司的奖励办法扩大了奖励范围,增加了对论文发表、论著出版、软件著作权和专利获得、标准制定等的奖励,同时还设有获得SCI期刊、EI期刊、中文核心期刊编委资格奖,入选国际、国家、行业、国网公司、团体技术标准委员会奖,获批实验室命名和获得团队称号奖。二是设立安全生产奖,包括安全生产管控奖、安全生产目标奖和安全生产特殊贡献奖等奖励。制定公司管控的典型现场工作项目组奖励办法,对于考核评价得分90分及以上的项目组发放现场安全管控奖。设立A公司级安全生产特殊贡献奖,在上级单位奖励之外给予额外奖励,不就高。三是设立院长奖励,用于奖励取得重大成绩的超常规性工作和任务或高质量完成的、获得院领导高度认可的年度重点工作任务。分A类项目和B类项目,A类项目奖励××元,B类项目奖励××元。院长奖励每年评审一次,各单位自主申报,院党委会最终确定奖励清单。

另外,制定科技成果转化和项目分红激励管理办法,在工资总额外为员工争取更多的激励资金。根据转化类型的不同,按照转化净收益的10%～50%提取激励额度。个人科技成果转化激励额度不影响个人原薪酬额度。

三、成效与改进

(一)成效分析

一是优化了薪酬分配体系,鼓励员工立足岗位成才,持续推动科研创新。通过建立薪酬等级序列,助力A公司三维通道体系建设,打破了职务编制数有限、升薪只能靠升职的局限性。使职业发展通道变得更为畅通,让各类人才都有了自己的发展路径。特别是对于技术专家密集的A公司来说,通过建立技术专家通道,鼓励员工立足岗位成才、专心科研,A公司科技创新得以持续推动。2020年,公司申请专利115件,获省部级科技奖励18项,发布国际电工委员会

(IEC)可公开的技术规范1项,举办10期电力讲坛,编发14期《A公司技术专报》、6期《信息专递》。

二是按劳分配,以绩取酬,促进了员工提高业绩,提升能力。根据绩效结果分配薪酬,体现了按劳分配原则,彰显了公平性,鼓舞员工不断提升自身能力,通过提高业绩来增加收入,有效避免了吃大锅饭、"搭便车"等现象;也促使员工更加关注绩效指标,有力地促进了绩效目标的实现,支撑公司战略落地。

三是多元精准实施了专项奖励,鼓舞员工士气,引导努力方向。2020年,A公司共奖励论文156篇、专著5部、标准32项、专利103个、软件著作权45个、科技成果奖24项、安全生产特殊贡献奖72项、安全管控奖1项、院长奖励8项,极大地鼓舞了员工士气,激励员工干事创业。

(二)改进方向

研究制定重点柔性团队的激励方案。为确保重点生产任务或科研项目的顺利开展,A公司组建了重点柔性团队,团队成员由来自不同专业背景和部门的人员组成。因此,如何激励员工加入重点柔性团队,又如何激励员工在重点柔性团队中发挥应有的作用便成为新的研究课题。

以三维绩效激励为主体的
省管产业单位多元化薪酬激励机制创新

摘要：近年来，随着三项制度改革等国有企业深化改革不断推进，与效益效率关联的工资总额决定机制不断完善，企业深化内部收入分配机制、建立适应各类业务各类岗位特征的多元化分配体系就显得尤为重要。一方面，企业需要深化内部薪酬分配机制，落实"干与不干不一样""干多干少不一样"，调动员工的工作热情。另一方面，企业需要推动薪酬激励机制创新，调动员工围绕战略和高质量发展，凝心聚力，干事创业。某供电企业（设计类）产业单位以三维绩效激励为主体，构建了多元化薪酬激励机制，以支持公司加快发展。

一、目标描述

为支持省管产业单位在日趋激烈的市场化竞争中求发展，更好地释放人才这第一资源的积极性和创造性，在上级公司工资总额管理框架下，某供电企业（设计类）产业单位优化内部薪酬分配体系，健全完善共创共赢的三维绩效激励体系，从业绩激励、成长激励和知识创值激励三个维度设计多元化薪酬激励机制，引导员工与公司战略发展同向而行，牵引设计研发人员积极提升专业技术水平，推动人力资本共享企业发展的成果，从而推动人的价值和公司价值的双提升。

二、主要做法

公司筹划工资总额资源，设计岗位绩效工资体系、岗位资格管理体系及专项奖励机制等机制体系，以业绩激励、成长激励和知识创值激励为主体，构建以员工为中心的激励体系，为员工指明努力方向，其绩效激励体系如图1所示。

以员工为中心的激励体系

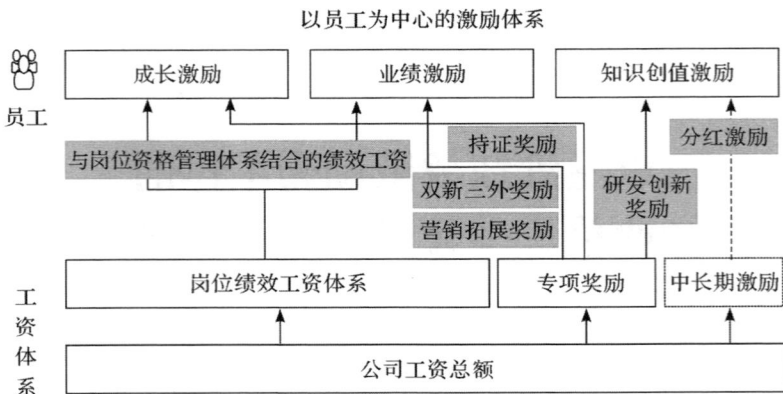

图 1　三维绩效激励体系

注：“双新”指新业务、新市场。“三外”指海外、系统外、省外系统内项目。

(一)服务公司“转型发展”的业绩激励

为支持公司在总体发展的同时实现市场化业务拓展和中高端咨询能力提升,某供电企业(设计类)产业单位以总体业绩目标达成考核为主体、以“双新重大”业绩奖励为补充实施业绩激励,体现发展和转型两手并重。

1. 引入标准工日,量化业绩贡献

公司构建了标准工日统计体系,将之引入业务部门及员工绩效评价与分配过程,通过业绩量化提升绩效激励的公平性。标准工日体系借鉴中国工程建设标准化协会等的设计工日标准,在输电、变电、配电、信息系统、总承包等具体专业中,区分电压等级和项目规模,形成可研、初设、施工设计等各设计阶段的标准工日标准,并形成主任设计师、设总、主设、外协等不同角色的标准工日标准。标准工日体系融合了岗位价值贡献和工作时长,与各部门、各人员产值贡献直接关联,形成可统计、可分析的绩效评价基础。公司将标准工日引入业务部门绩效评价中,将人均标准工日的同比情况和标准工日的目标完成情况等指标作为部门绩效工资分配的依据,推动多劳多得。同时,各部门根据各岗位的标准工日数据,结合对员工工作质量的评价,构成了部门员工绩效工资分配的量化基础,落实优绩优酬,公平公正地拉开绩效薪酬差距。

2. 瞄准“双新重大”,体现精准激励

在业务总体增长的同时,实施“双新”业务、“重大”业务的专项奖励,牵引公司业务结构转型优化。对符合奖励条件的项目实施清单制管理,以自主完成合同额为基础,对具体项目组实施额外奖励,实现对业务转型的精准激励。奖励项目清单体现战略导向,其中,"双新"业务针对"新业务、新市场"实施奖励,本省系统内业务侧重鼓励开展创新型业务,省系统外业务侧重鼓励开拓新市场。"重大"业务面向拳头产品、重大专题、重大工程、试点项目实施奖励,不与"双新"业务重复激励。项目激励体现量化关联,以年度为周期,以项目自主完成合同额为基础,区分合同金额规模,叠加海外项目、系统外项目、省外系统内项目、中高端项目等不同类型项目设置差异化奖励系数,参照公司工资占收比50%的比例实施奖励。项目激励由公司统一核算,由项目组项目经理提供内部分配建议,激励直接分配至项目组,实现专项奖励的穿透落地。

3.重视营销拓展,发挥全员作用

树立全员营销理念,实施营销拓展专项奖励,帮助公司实现市场"走出去"战略目标。一是实施营销超额奖励,激发市场开拓积极性。对全年新签合同总额的超额完成部分实施奖励,即将全年新签合同总额与年度考核指标值相比,对超过指标部分予以分区间的奖励。营销超额奖励根据超额贡献的不同,分配至项目开拓部门(包括市场营销部)、项目实施部门以及项目支撑部门,并重点向项目开拓部门和项目实施部门倾斜,由具体部门对内实施二次分配。二是实施营销信息奖,对在业务推广和市场拓展过程中提供重要营销信息的行为予以奖励。营销信息奖以获取项目信息、成功取得项目关键人拜访机会为标志,根据项目类型、重要性、预算规模等给予一次性奖励,每季度确认发放,直接激励以个人渠道提供营销信息的员工。

(二)助力员工职业发展的成长激励

公司将员工成长作为企业发展的先决条件,构建岗位资格标准体系,实施持证奖励,牵引员工发展方向。

1.设计推动员工成长的岗位资格标准

对于细分专业,设计三层级的岗位资格标准,建立技术技能发展通道,并将之内嵌于岗位薪点工资体系。公司根据业务范围,细分为"变电一次""变电二次""土建"等17个专业,从基本条件、业务能力、业绩表现、综合素养四大维度设置分层次的岗位资格标准,将各专业岗位划分为三个等级层级。岗位资格标准对各层级的业务能力和业绩做出具体描述,牵引员工提升业务水平,并体现对科研的同等重视,获得科技进步奖的员工或发明专利完成人等可以通过积分机制同价替代项目业绩,从而推动设计人员人尽其才。将思想品行、职业素养等综合素养作为技术人员岗位晋升的必备考察条件,塑造公司员工的良好精神风貌和职业态度。能力素质评价由人力资源部组织,专业部门负责,公司领导审核,评价结果与员工岗位等级和薪点工资进行挂钩,一、二、三级岗分别对应不同的级别,这三级岗的基准控制比例分别为部门人员的10%、50%和40%。对组织绩效排名前列的部门,在满足任职资格标准的前提下,提高一级岗人员占比,综合人数情况来看,一级岗人员比例最高不超过20%。部门员工岗位资格等级分布情况同时与部门绩效工资包挂钩,各岗位绩效工资总数与部门绩效考核结果挂钩后,由部门负责人开展基于业绩的二次分配。

2.制度化实施员工持证奖励

为推动公司人才队伍建设,适应公司业务快速发展的要求,公司设置持证专项奖励,对员工参加符合公司业务发展需要的注册类执业资格证书的取证及专业技术资格评定活动予以奖励。以公司资质维护和业务开拓的需要设置资质证书奖励范围,包括注册执业资格证书和高等级专业技术资格证书等,对接社会企业资质人员薪酬水平设置奖励标准,奖励范围和标准由公司每年动态修订。员工成功获取相应证书资质后,可按标准报销取证相应费用,并享受年度奖励,获多项注册类执业资格证书的可重复享受奖励,奖励金额可在年度结算时分摊发放。

(三)完善全程支持的知识创值激励

为进一步推动公司科学技术进步、管理创新发展,公司正积极完善对"研发过程支持—创新成果奖励—知识资本化激励"全程支持的知识创值激励体系。

1.承担重大科研项目的在研奖励

为调动设计研发人员申报和承担重大科研项目的积极性,营造重学术、重科研的氛围,公司以在研津贴的方式对项目承担团队实施奖励。支持的研发项目既包括省部级及以上的重点基础研究项目,也包括符合公司技术储备需要的内部重点研发课题。根据实际到位的经费和项目级别额外给予0.25~0.4倍的配套研发津贴,根据研发进度和成果质量分阶段发放。不能如期完成结题验收的,对研发津贴实行部分扣除或全额扣除,不予奖励。

2.落实创新成果获奖奖励

为奖励在创新工作中做出重要贡献的单位和个人,公司设立了科学技术奖项和管理创新奖项,对获得高等级科研及管理成果相关奖项的团队实施奖励,包括各级各类科学技术奖、专利奖、标准创新奖等,区分国家级、省部级及国网公司级等不同级别,对获奖团队实施一次性奖励。同时获得多个奖项的,就高发放奖金,充分调动员工从事创新工作的积极性和创造性。

3.探索知识资本化的奖励模式

公司正在探索以核心科研技术人员为主体的中长期激励机制,尝试使用分红激励手段,补齐薪酬体系在中长期激励方面的短板,落实技术人员在新产品开发、新业务拓展等推动公司价值增值方面的收益,打造核心技术人员与公司共发展的利益共同体,提升技术人员的长期服务意愿。

三、成效与改进

(一)成效分析

一是推动了国企三项制度改革落地。多元化激励机制切实实现了"干与不干不一样""干多干少不一样",设计研发人员平均绩效薪酬达到了公司全员平均绩效薪酬的 2 倍。设计研发人员绩效薪酬分配以各人标准工日数量和质量完成情况为主要分配依据,同部门员工高低差距可以达到 5~6 倍,员工绩效分配满意度明显提升。

二是有效支撑了公司的战略市场开拓。近年来,公司先后开拓了"一带一路"沿线的多个海外市场,在印度、希腊、尼泊尔、孟加拉国等地代表中国电力设计行业开展咨询规划项目。截至 2021 年年底,海外业务合同额达约××美元,斩获孟加拉国费尼区索纳加济 50 兆瓦光伏电站 EPC 等标志性项目。

三是有力带动了科技创新和转化。目前,公司在三维数字化设计领域已取得几十项实用新型专利证书和软件著作权登记证书,2020 年科技成果转化超过××元。

(二)改进方向

一是进一步优化绩效分配结构。随着业绩、成长、知识创值理念不断深入人心,应继续增大与岗位资格标准关联的绩效工资在整体薪酬组成中的结构,实现占比达 60% 以上。

二是优化整合绩效分配形式。以标准工日体系为底层逻辑,深化项目化的绩效分配基础建设,探索将"双新重大"奖励、营销奖励整合至项目化奖励体系中,加大直接面向项目团队开展绩效分配的力度,实现分配形式的整合和简化。

电厂多措并举,优化生产单位薪酬分配体系

摘要: A厂在机构优化的同时,建立了"核心业务强化保障,市场业务突出效益,全厂员工兼顾公平"的分配激励机制,优化生产单位薪酬分配体系,逐步营造"尊重制度、尊重劳动、尊重创造"的良好氛围,促进企业与员工共同发展。

一、目标描述

薪酬分配体系建设是人力资源管理的重要内容,它不但关系到员工的切身利益,也在企业发展过程中发挥着重要作用。A厂结合实际,持续完善薪酬分配制度,探索在核心业务岗位实施"三纵四横"的薪酬激励制度,在市场业务部门实施市场化考核激励措施,同时兼顾公平效率,设置部门专项奖,逐步推动薪酬分配既公平合理又不乏激励约束,激发员工工作积极性,实现企业与员工共同发展的目的。

二、主要做法

(一)核心业务重保障,探索"三纵四横"的薪酬激励制度

为主动对接现代水电管理模式,实施运维一体,加快水电专业管理转型和能力提升,A厂成立了运维中心,承担全厂发电设备和辅助设备的设备主人职责,全面掌控核心业务。A厂在薪酬设计时以基础性工作为设计依据,适当提高核心业务岗位的薪点等级,加大基本工资在薪金中的占比,突出核心保障作用。一是拓宽岗薪提升空间,纵向设初级运维专职、中级运维专职、高级运维专职和首席运维专职四个岗位,初级运维专职承担辅助设备的设备主人职责,中级运维专职、高级运维专职承担主系统设备主人职责,首席运维专职需具备跨专业诊断分析能力。横向设初级岗、中级岗和高级岗三个岗位等级,初级岗、中

级岗员工承担单个设备系统的设备主人职责,高级岗员工承担全面协调相应层级设备系统工作的职责。根据岗位履职能力要求,每年结合员工岗位变化情况开展岗位聘任考试,考试合格者调整到相应岗位,由此激励员工主动提升业务能力。二是对标主管及以上级别的待遇,首席运维专职待遇直接对标或高于主任助理、主管岗位待遇,高级运维专职、中级运维专职薪酬待遇明显高于一般管理岗位,从而鼓励员工专注专业、扎根技术(详见表1)。

表1 运维中心标准岗位等级设置

序号	部门	岗位名称	岗位等级			
			典型岗位等级/奖金系数	高级岗	中级岗	初级岗
1	运维中心	班长	14/2.4		14	
2	运维中心	副班长(兼职)	13/2.3		13	
3	运维中心	首席运维专职	13/2.3	14	13	12
4	运维中心	高级运维专职	12/2.2	13	12	11
5	运维中心	中级运维专职	11/2.0	12	11	10
6	运维中心	初级运维专职	10/1.9	11	10	9

(二)市场业务强激励,实施市场业务激励考核管理

为充分调动员工的积极性,打造以项目全过程管理为核心、具备市场化竞争实力的区域水电专业检修服务队伍,机电分公司薪酬设计引入了市场激励机制,设立公司年度效益奖,将市场业务营业收入、市场业务的直接成本和降本增效等指标纳入业绩考核范围,员工薪酬与公司经营收入和经济效益挂钩。公司内部员工按其贡献度分层分级实施激励,项目经理、技术负责人、安全负责人、工作负责人、检修人员等不同岗位员工按照岗位责任大小分层设立奖励系数,同一层级员工根据参与项目的次数、参与项目的时长,以及项目的作业环境、地理位置等因素进行积分累计,从而有效激励员工主动履行岗位职责,积极参与公司各项任务。

公司年度效益奖总额=市场业务奖励+降本奖励

市场业务奖励=(市场业务营业收入-市场业务的直接成本)×25%

其中,市场业务的直接成本指项目直接产生的材料费、住宿费、交通费、设备租赁费、外部人工费、营销费用、税费等。

降本奖励=(核定成本-直接成本)×20%

(三)效率公平同兼顾,创新设置部门专项奖

A厂一直沿用"职能管理岗位日常加班不发放加班工资,生产岗位日常加班可选择加班工资或调休"的方式,因此生产部门员工通过加班多分得薪酬"蛋糕"的现象常有发生。特别是近几年物价水平明显上涨后,此类现象愈演愈烈,甚至出现了为获得加班工资而拖工加班等现象,导致部门间的矛盾加剧,员工拖拉散漫、推诿扯皮,工作效率明显降低。为更好地解决这一矛盾,在充分考虑各部门业务差异、加班多少等因素的情况下,厂里创新设置了部门专项奖,赋予各部门奖金分配自主权,鼓励部门根据业务特性,差异化制定分配方案,重点奖励参与重点工作、开展创新创效的员工,激发员工的工作主动性和参与专项工作的积极性。

部门专项奖包括基础奖励以及值班奖励或检修奖励两个部分。基础奖励根据各个部门的业务性质、工作饱和度、人员数量等因素核定。值班奖励根据为保证生产设备安全稳定运行而履行值班职责的人员的值班天数、平均工资和奖励系数等核定。值班奖励主要针对24小时不能离岗的梯调、生产现场值守的人员,仅奖励特定岗位的人员。检修奖励根据为缩短A级检修工期而周末加班的人员的平均工资、加班天数和奖励系数等核定。检修奖励主要针对下半年检修高峰期必须加班而短期不能安排调休的人员,仅奖励特殊时段的特殊人员。根据部门岗位性质分档设置奖励系数,全年无差异值班的部门奖励系数设为0.6,受季节性变化较大的值班部门奖励系数设为0.4,不要求全天在岗值班的部门奖励系数设为0.3,不需要值班的部门奖励系数为0(详见表2)。

部门专项奖总额＝基础奖励＋值班奖励或检修奖励

值班奖励＝上年度末部门员工日平均薪点工资×部门值班岗位人数
×周值班天数×值班周数×工资倍数×奖励系数

检修奖励＝上年度末部门员工日平均薪点工资×A级检修项目组人数×检修工期内周末加班天数×工资倍数×奖励系数

表2 需安排人员值班的部门及相关情况

序号	部门	班组	部门周值班人数	奖励系数
1	运维中心	运维二班	2人	0.6
		运维三班	2人	
2	水工管理中心	水调班	1人	0.3
3	信息通信中心	通信班	1人	0.4

三、成效与改进

（一）成效分析

一是专注专业，显著拓宽了一线员工岗薪提升空间。薪酬制度优化后，运维岗位薪酬等级由原来的甲、乙、丙3个等级增加到"三纵四横"共12个等级，有效地拓宽了一线员工的职业晋升空间。首席运维专职的薪酬水平超过了主管待遇，核心业务运维岗位员工的平均薪酬水平超过了一般管理岗位员工的薪酬水平，从而更好地激励和引导专业技术型员工扎根生产一线，专心钻研专业技术。

二是赋能激效，形成了市场拓展与薪酬激励的联动。市场激励机制的建立，吸引了更多市场开拓能力和业务承接能力强的员工走向市场化业务部门，激励了更多的业务骨干"走出去"抢占市场。2020年，机电分公司的员工人数在增加7人的情况下，人均收入增长率仍比其他职能部门高出40%。合理的薪酬制度不再是简单地对员工的贡献加以承认和回报，而是为了强调员工主动性、协作性和创新性的发挥，满足他们自我成长、追求成就的需要而制定的，并且更能成为企业战略目标和价值观转化的具体行动方案，以及支持员工实施这些行动的管理流程。

三是尊重劳动，引导员工主动参与重点和专项工作。各部门可以结合自己部门的业务特性，差异化制定奖励实施细则，奖项设置直接关联本部门具体业务，员工认可度高，奖励标准由部门员工共同讨论制定，更具有公平性，受到了基层部门的较高评价。专项奖直接与部门重点任务、部门专项工作的贡献程度挂钩，员工参与重点工作、专项工作的积极性和主动性被充分调动。部门专项奖赋予部门负责人更大的考核自主权，部门以此引导员工把工作质量、作业效率作为衡量工作好坏的标尺，有利于提高工作质量和效率。

（二）改进方向

一是进一步提升岗位评价的科学性。员工对现行的薪酬体系的原则和方向总体上是认同的，并且对目前的薪酬水平是基本满意的，但是由于以前一直未进行较为严谨的岗位评价，部分岗位的岗级不能真正体现岗位技能、岗位强度等基本劳动要素，出现了一定程度的内部不公平问题。

二是进一步扩大专项考核的差距。逐年提高年度部门专项奖的额度，明确专项奖发放的最小差距,加大对实行平均主义的部门的考核,更好地发挥部门专项奖的激励引导作用。

三是进一步提升市场业务奖励的占比。更加聚焦于与企业发展质量效益紧密相关的业务量、项目收益、检修质量等方面,实施更为精准的考核激励,促进公司效益提升。

基于"四维法"工时积分考核
在薪酬分配上的应用

摘要：随着运检一体和设备主人制在 A 公司的落地实施，为激励员工自我提升，成为能干会管的多维运检人才，为公司发展、现场生产管理努力工作，A 公司探索实施了一线员工"四维法"工时积分考核，激发员工在能力、业绩、专项、提升四个维度的潜力潜能，将绩效考核工时积分与薪酬分配相结合，提升薪酬激励的精准度和激励效果，提高员工干事创业的热情和积极性。

一、目标描述

为激发员工工作的积极性和潜能，提升生产过程管理水平和安全管理、运检管理、人力资源管理水平，A 公司充分发挥运检一体、设备主人制的特点和优势，探索实施基于"四维法"工时积分考核的薪酬优化机制，通过能力、业绩、专项、提升四个维度进行工时量化考核，辅以岗级竞争机制、核心岗位激励机制、专家人才孵化机制、突出贡献奖励机制以及质量欠缺惩罚机制等产生的工时积分量化指标，开展员工多维度的月度、季度和年度绩效考核，形成同岗级技能人才收入可高可低、不同岗级技能人才收入低岗可赶超高岗员工的绩效考核薪酬分配挂钩方法。

二、主要做法

(一)建立员工"四维法"工时积分

A 公司在 A 中心实行了工时积分考核，工时积分与薪酬分配挂钩时采用同价机制，即采用同一工时计同一价格的薪酬分配机制。为了确保工时积分与薪酬分配挂钩的合理性，A 中心以近 5 年所辖变电站的各项运维、检修等工作的情况建立基础数据库,以部门中级岗员工能较好完成同一类型工作为标准,设立了标准工时积分,合计设置 128 项工时积分的基本指标库。

"四维法"工时积分库设定能力、业绩、专项、提升四个维度(见表 1),明确中心各业务和考核标准工时,同时激励员工按照四个维度,提高自身岗位能力和岗位贡献度,实现能力达标;高质量、高效率完成各项运检业务,实现业绩达标;学习和提高自身统筹管理能力、事务辨识能力等,实现专项目标达标;积极参加培训、调考、竞赛、创新活动等,实现个人提升达标。

表 1　员工绩效考核维度

序号	考核维度	评估内容	评估方式
1	能力	将岗位、工龄、人才当量等作为综合评定指标,并计入实际工作在岗率	根据员工岗位能力素质和岗位贡献情况进行评估
2	业绩	各项运检工作质量和数量	根据业务执行数量和质量量化评估
3	专项	担任项目负责人,开展现场作业安全管控和检查,落实电网风险防控等,评估对安全生产的贡献度	对统筹管理能力、事务辨识能力进行评估
4	提升	参加相关会议、竞赛调考、技能培训,取证、撰写总结和论文,参与科技管理创新等,评估个人能力的提升度	对个人培训成果、个人技能提升进行评估

(二)推行绩效与岗级系数挂钩

目前,A 中心实行全员运检一体模式,在中心构建同质化运检班组,负责所辖变电站的各类运维检修业务。为加大对具备运维和检修复合型技能员工的激励力度,A 中心在绩效分配上采用"宽带"薪酬设置理念,弱化岗位特性,强化岗级概念,将中心班组岗位划分为 10 级、11 级、12 级、13 级、13+级、14 级共 6 级。同时,从职业素养、业务技能水平两个方面,将每一岗级分为预备、基础、普通、职业共 4 档,不同的档位对应不同的绩效系数。上下岗级之间系数存在交叉,下一岗级职业档的系数可达到上一岗级基础档的系数。

为实现岗级适度竞争和档位有序升降,打破现有岗位壁垒,A 中心每年开展员工岗级竞争考试,综合笔试、实操等技能考核方式,对通过者予以岗位岗级调整。岗级档位则根据每年同岗级人员的年度业务总工时进行排名,前 2 名者可提升一档并保持一个年度,下一年度仍为前 2 名者则档位继续提升,从而对不同等级员工的能力及业绩进行精准区分,并激励低岗级档位员工通过自身努力提升岗级档位,拓宽岗位职业通道。

(三)运行核心岗位管理绩效机制

中心综合技术室管理人员、班组核心岗位人员,是各项生产业务有序开展、设备管控有效落地和人员管理提质增效的关键,在核心岗位人员中运行管理绩效机制,可使其有效履行岗位职责,发挥领头雁作用,提高管理水平,组织员工开展好各类工作。

对中心综合技术室管理人员,A 中心建立了管理效能、职责履行和服务意识三个考核维度。管理效能主要对解决基础管理、专业管理、风险控制等管理中存在的突出问题和薄弱环节进行评估;职责履行主要对岗位职责、专业管理等成效进行评估;服务意识主要对生产现场服务能力进行评估。中心综合技术室绩效数据以中心所辖变电站个数为基数,每季度绩效考核一次。

对班组核心岗位人员,建立了安全管控、运检业务、班组管理三个考核维度。安全管控主要对班组现场安全管理能力进行评估;运检业务主要对班组运检业务质量和效率管控进行评估;班组管理主要对员工培训、班组日常管理进行评估。班组绩效数据以班组所辖变电站个数为基数,每季度绩效考核一次。

(四)完善工时积分量化手段

通过"四维法"工时积分库,量化常规工作累积、可拓展技能累积等工时积分,并按月考核和兑现工时积分,进行薪酬分配。能力突出的员工在完成同一类工作时可能会耗时更少,单位时间内可以完成更多工作以提升效率,从而实现能力突出的员工在同岗或低岗的基础上具备薪酬赶超的可能性。同时在年度绩效考核升薪、安全绩点评定、技术技能评价(定)、专家人才考核、先进工作者推优等工作中,全面应用工时积分量化数据,分类挂钩,以达到充分激励的目的。对于不可量化的任务,采取中心绩效考核小组讨论赋分制。

(五)实行绩效经理人和绩效合约制度

A 中心全面实行绩效经理人制度并成立了绩效管理小组,绩效管理小组组长即中心绩效经理人,负责制定中心绩效管理目标和实施计划,切实履行员工绩效的各项管理职责;副组长负责协助组长制订详细的班组绩效管理考核实施计划,并负责落实,定期开展绩效考核核查,做好绩效管理监督工作,协助绩效经理开展绩效沟通和辅导工作。

绩效管理小组成员负责中心绩效及同业对标工作计划的制订和落实、绩效考核系统录入、核算、统计及上报；分析绩效管理对运检中心生产管理、安全生产过程管控带来的成效，并对绩效管理存在的问题提出修正方案。

中心每年12月31日与全员签订年度绩效合约，与员工双向沟通，在员工业绩提升方向上达成共识，实现中心、班组、一线员工层层绩效考核管控，提升一线员工业绩水平，完成年度重点工作任务。

三、成效与改进

(一)成效分析

以A中心2020年包干工资总额发放为例，在月度预算一致的情况下，采用"四维法"工时积分，按照绩效等级等位，对11级和12级人员的薪酬分配情况进行比对，有18.2%的11级运检工月均收入超出了平均线，其中最高收入11级为最低收入12级的1.07倍，超过了5名12级运检工。在11级和12级员工中，同时具备较高运维检修工作技能的员工月均薪酬分别高出了9.25%和16.38%。

上述薪酬分配的实例，一是体现了对于同岗位员工，多劳多得的薪酬分配在实际应用中得到了实证；二是不同岗级上，运检能力突出的员工在同岗或低岗的基础上实现了薪酬赶超，在薪酬分配激励导向与预设目标上达成了一致。

(二)改进方向

一是继续做好绩效工时积分数据库动态调整，充分发挥薪酬、绩效的激励作用。目前公司运检一体业务逐步深入，应当针对公司重点工作任务、中心新开展的工作业务、员工技术技能提升等，结合现场一线班组的实际情况，动态做好绩效工时积分数据库的调整，使基于"四维法"工时积分考核的薪酬优化方案与时俱进，继续在中心安全生产及队伍建设中发挥实际作用。

二是探索绩效工时积分的数字化应用。通过对中心员工的工时积分统计，建立员工绩效及薪酬大数据库，以数据库中细化的月度绩效各维度积分为基础，形成员工业务评价报告、员工发展前景分析、员工技能提升方向规划等，以大数据分析助力绩效工时的深化应用。

全员安全积分激励机制的探索和实践

摘要：A公司借鉴内外部先进经验，结合行业特点，探索制定全员安全积分激励机制，采用"一中心一策"，实施以部门为单位的绩效考核机制，强调全员参与，根据员工岗位特征与职责任务进行科学划分，建立了差异化的考核指标体系，以积分衡量员工的安全工作业绩，实现对员工安全工作业绩客观、公正的评估、考核和激励兑现。

一、目标描述

当前，A公司系统在员工安全生产奖励方面存在吃大锅饭现象，大多采取平摊式、粗放式的发放方式，对员工在安全生产管理工作中的激励作用有限，导致一线员工缺乏参与专业安全生产水平提升的积极性。

为切实量化安全工作绩效考核机制，充分激励和调动员工潜在的工作能力，激励生产一线员工的安全生产工作，进一步提高员工安全工作的积极性和主动性，A公司在系统内外部单位开展广泛调研，分析各项激励制度的优缺点及可行性，在借鉴先进经验的基础上，结合信息通信行业特点，探索制定全员安全积分激励机制。A公司采用"一中心一策"，摒弃传统关键绩效指标（KPI）考核的弊端，借鉴目标与关键成果法（OKR）的优点，实施以部门为单位的绩效考核机制，强调全员参与，根据员工岗位特征与职责任务进行科学划分，颗粒度从公司层面下沉至部门（中心）层面，建立差异化的考核指标体系，打破按所在部门核定系数、平均分摊安全生产奖励的传统。

二、主要做法

1. 建立全员安全积分激励机制

为进一步提升安全生产管理的精益化，有效解决安全生产奖励平均分摊的问题，A公司建立了全员安全积分制，以积分衡量员工的安全工作业绩，实现对员工安全工作业绩客观、公正的评估、考核和激励兑现。

2. 积分制主要原理

积分制以正向激励为主，并对发生的违规行为等不安全因素实行扣分。员工安全积分由实现安全目标基本分、承担安全风险分、安全工作贡献分和不安全因素减扣分四部分组成。

员工季度累计积分是发放员工安全积分奖的依据；员工年度累计积分是年度评选各类安全先进员工的依据。

3. 安全积分的获取

坚持安全工作人人有责，对实现安全目标的生产岗位员工、安全生产管理岗位员工、非一线生产岗位员工分别设立基本分，依据员工安全工作实际，在此基础上进行分值的增减累计。

对于安全工作做出突出贡献的员工可获得额外积分奖励，鼓励一线员工开展反违规自查自纠，加强安全知识、业务技能的学习，积极参加各级技能竞赛、调考。

对于发生违规事件、责任性安全事故，未完成安全目标或安全责任履职不到位、发生重复性验证违规、管理严重失职等的责任人，以及参加各级各类安全知识调考、抽考和培训考试不合格者，根据具体情况酌情扣分。

4. 积分的管理

成立以公司总经理为组长的安全积分管理领导小组，成员由公司部门业务骨干组成。安全积分每季度填报统计一次，积分标准按照部门（中心）、人员在安全工作中承担的责任、风险程度和贡献大小确定，向承担主要安全责任和风险的部门（中心）以及班组生产一线人员倾斜，低风险承担部门安全奖惩系数与高风险承担部门拉开一定的差距。

5. 安全积分的考核

坚持"公平、公正、公开"原则，对各部门（中心）安全积分执行的真实性和正确性进行监督并考核。员工随时可以了解自己的积分情况，如有异议，可提出复核，相关管理人员需要做好反馈和解释。

6. 安全积分奖励的兑现发放

原则上，各部门（中心）安全积分按××元人民币兑现并按季度进行发放。非一线生产岗位员工（人资部、财务部、党建部）发放基本分对应的奖励；生产管理部门、岗位员工（技发部、办公室）对应基本分发放 80% 的额度奖励，对应风险分发放 20% 的额度奖励；实现安全目标的生产岗位员工（安监部及五中心）奖励金额由安全风险分组成并对应发放,具体算法是将季度安全奖发放总额减去基本分发放额后,按照××元/分折算成安全风险标准分值,形成安全风险积分池,人均安全风险标准分值按1:1.2:1.2:1.2:1.2:1.08的比例进行平衡。

三、成效与改进

(一)成效分析

1. 建章立制,形成了长效机制

根据《国家电网有限公司安全工作奖惩规定》和《国网浙江省电力有限公司员工安全积分管理办法(试行)》,编制《A公司员工安全积分管理实施意见》。

2020年6月形成征求意见稿,8月通过决议,10月通过职工代表大会正式发布,进一步完善了公司安全工作奖惩制度,形成了安全积分管理长效机制,将安全风险治理、工作票执行、日常管理、工作宣传、安全考试等作为安全工作贡献加分项,提升了总体奖励力度,激发了干事活力,提高了公司员工参与安全工作的积极性。

2. 试算运行,实现了"两个倾斜"

2020年7月完成试算,通过试运行,实现了"两个倾斜",即管理部门向生产部门倾斜,生产部门内部向承担风险高的员工倾斜。其中,管理部门和生产部门员工安全奖励差距达到64%,中心内部员工安全奖励差距达到58%,打破了吃大锅饭现象,总体达到了预期效果(详见图1)。

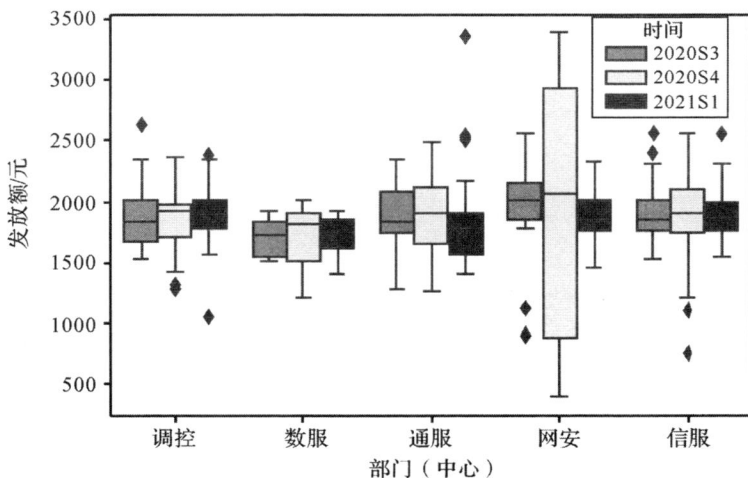

图1 员工安全奖励发放差额对比

3. 创新突破，打造出绩效文化

全员安全积分制的实施既是创新，亦是突破。该机制秉持"公平、公正、公开"原则，正向激励员工进一步提高参与安全工作的积极性、主动性和创造性，创造了良性竞争氛围，鼓励适当竞争，鼓励承担风险责任。根据考核主体的不同建立差异化的考核指标体系，实施差异化的绩效考核激励，打造出差异化的绩效考核文化。

（二）改进方向

进一步细化安全积分扣分标准，明确扣分项目和分值，厘清各级责任主人和相关责任人的责任大小，将扣分落实到具体的岗位和人员上，提高追责的严肃性，加大问责力度，避免均等摊责。

三、产业单位篇

某供电企业设计类产业单位
建立"一司一策"激励方案

摘要: 近年来,某供电企业设计类产业单位随着产业发展,业务领域不断延伸,原有相对单一的薪酬管理机制难以有效激发企业的创效活力,迫切需要优化现有的薪酬管理机制。因此,该企业在综合考虑设计人员特殊性的前提下,将产业单位的产值、利润与工资总额包干,出台了设计类产业单位"一司一策"激励方案,有效激发了员工内生动力,助力企业转型升级。

一、目标描述

薪酬管理是有效辅助企业战略落地的重要人力资源管理手段,薪酬管理的策略应与企业发展目标相匹配。现代化企业的薪酬管理应该摒弃过去单一的分配模式,综合考虑员工及企业长远发展目标,将薪酬管理与企业生产经营管理有机结合起来,促进人力资源管理的高水平发挥,才能有效推动企业经营目标的落地。

效益是企业经营成效的主要表现,将员工薪酬分配与效益效率指标挂钩,可实现企业效益效率目标与员工个人工作目标的一致。通过按绩取酬的分配方式吸引和留住企业需要的优秀员工,才能充分调动员工积极性、创造性,提高员工工作效率。

某供电企业设计类产业单位结合企业实际,多元化实施精准激励,打破身份壁垒,通过合理的效益激励手段,充分激发员工的内生动力。同时建立高效自主的全过程管控环节,突出效益导向的薪酬分配模式,不断提升企业市场竞争力,引导企业持续提升发展质量和运营效益。

二、主要做法

(一)特色化核定激励金额

人才是决定企业发展水平的基础,而薪酬管理中激励金额的核定和发放能够有效地调动员工的积极性,留住人才。某供电企业设计类产业单位依据上级单位工作要求,结合企业实际,通过合理的效益激励手段,使得员工效益和企业效益捆绑;在对年度激励金额核定的过程中特色化地提出以产值、利润、总承包目标指标为基础,超出目标值的部分按计提比例提取激励金额的薪酬奖励方式,激励员工不断向企业经营目标迈进,提升工作热情和激情;同时保证兑现的工资总额增(降)幅不超过核定工资总额的10%,体现稳定、公平、高效的薪酬模式。

(二)差异化分配员工薪酬

某供电企业设计类产业单位以产值考核办法为依据,与企业发展战略相配合,打破用工身份壁垒,制定统一考核标准发放奖金。各类标准充分体现按劳分配、效率优先、兼顾公平的原则,建立按岗取酬、按工作绩效取酬的差异化奖金分配机制。每年1月结合岗位、职称等变动情况,对企业员工绩效考核综合系数进行核定,同时每月会结合绩效考核结果进行动态调整。

某供电企业设计类产业单位结合其日常工作特色,创新化地对月度绩效奖励标准进行调整,有效打破平均主义的分配模式,充分体现公平公正原则。专业部门根据各部门员工的考核方案,按工作业绩,每月将产值量化到个人。部门负责人在开展月度绩效考核时引入互评机制,经公司绩效领导小组讨论通过后,形成月度绩效考核结果并兑现至绩效奖金中。这种将产值量化至个人的考核模式,有效避免了吃大锅饭、平均主义的出现,也从侧面对员工每月的工作情况进行了梳理,对于企业管理和员工自身发展都能起到有效的促进作用,同时也使得月度绩效考核奖励的分配更加公平、透明。

(三)多元化奖励突出贡献

为最大限度地鼓励单位员工参与各类科技创新项目及公司重点任务,公司在薪酬分配中专门设立了特殊产值奖、院长奖励,多元化奖励在各领域做出突出贡献的员工。

在月度绩效奖励中增设特殊产值奖。以员工在科技进步、技术提升、市场开拓、人才培养、精神文明建设、额外工作量等各方面取得的成果为依据,进行考核发放。激励员工在从事设计工作的同时,积极开展科研活动,参加设计竞赛、设计评优,积极参加注册类考试,培养锻炼设计队伍,为开拓市场奠定人才基础。

针对直签员工中的优秀人才,每年设置院长奖励,用于奖励关键设计人员以及表现突出的人员,重点奖励在全年工作中有特殊贡献或表现优异的员工。

(四)激励与约束举措并存,激励业绩优异者,鞭策业绩不足者

根据上级部门的月度绩效考核结果和单位自身过程管控中发现的问题,经绩效会议讨论后,考核至相对应的专业室,同时根据事项性质,进行 $1\sim3$ 倍分值的嘉奖(扣款)兑现,专业室负责人根据员工贡献度再兑现至个人。通过定期有效的激励和鞭策,肯定成绩,指出不足,对达成组织目标有贡献的行为和结果加大力度进行奖励,对不符合组织发展目标的行为和结果进行一定的抑制,有效将企业命运和员工收入紧密联系起来,形成企业与员工休戚与共的利益共同体。这一方面可以避免不必要的风险发生,另一方面可以对员工进行实实在在的考核,促进员工自我开发,提高能力素质,改进工作方法,真正有效发挥绩效考核的激励作用,形成有效的良性循环。

三、成效与改进

(一)成效分析

一是有效提升了企业效益。员工是企业的根本,而符合企业特色的"一司一策"激励方案及配套的薪酬激励体系的建立,有效激发了员工的积极性,全面提升了员工工作热情和创新意识。近三年来,公司产值同比增长了 35.68%。这种将企业效益与员工收入紧密结合的方式让员工真正感受到自身与企业发展是息息相关的,从而激励他们为企业发展不断努力。

二是加快了优秀人才梯队建设。现有的薪酬分配模式能够有效地促进企业员工向更高更好的目标迈进,在努力提升自我的同时,也积极投入各类创新项目,从工作中培养能力,从竞争中提升自我。这对于公司各类员工梯队的建设起到了积极影响。

（二）改进方向

一是充分发挥薪酬激励对企业战略发展的支撑和助力作用。在企业绿色转型的大背景下，将设计业向新能源技术的综合研究智库进行转型作为企业未来发展的战略目标。修订考核激励指标，增加专项奖励用于绿色转型业务激励。在指标设计时，结合容错纠错机制，充分考虑研发及业务拓展阶段的效益效率产出实际，以鼓励员工开拓市场为目标，为肯干能干的人才消除后顾之忧。奖励重点向科研人才和攻关团队倾斜，充分调动公司各岗位人员积极性，鼓励员工投入到转型业务拓展中去。

二是继续深化设计类专业领域激励措施，通过薪酬激励手段激发员工自我本领提升，打造优质人才队伍，提升核心竞争力。设计类产业单位是技术密集、知识密集、人才密集的单位，设计产品的实现要依靠设计人员的知识、智慧、技术和创新思维。要想在同类企业竞争中获得先机，实现跨越式发展，有优秀的人才队伍、出色的设计产品是竞争的关键。如何有效地鼓励员工积极开展科研活动，参加设计竞赛、设计评优对于企业来说是未来急需思考的问题。现有的奖励程度已不能满足日益变化的企业发展情况，应当加大对科技创新、各级各类设计竞赛的奖励力度，鼓励员工持续创新，做专做精。

三是继续完善绩效考核制度。薪酬管理工作与绩效考核制度息息相关，应当不断探索、不断总结，逐步完善绩效考核管理办法，通过实施考核，有效实现对员工的奖惩和工作的推动。在制定绩效指标的过程中，应当细化，尽量避免"一刀切"的做法，对不同职位层、不同性质的岗位考核分类制定标准。下一步，公司将推动各管理部门制定更充分、更科学、更透明的考核评价体系，能够对员工的工作业绩做出更有效、更全面的评价，建立能上能下、能进能出的考核机制，对于业绩表现落后的员工起到警示和鞭策的作用。

四是积极探索有助于开拓外部业务市场的薪酬激励体系。企业随着发展，面临市场化竞争的压力逐渐增大。对于设计类产业单位来说，能否有效拓展外部市场显得愈发重要。未来公司将逐步建立灵活、高效且有针对性的薪酬体系，同时结合企业实际情况，针对市场拓展专门人员、项目团队设立专项奖励和考评机制，鼓励员工积极探索外部市场，尽早开辟新的设计领域，开拓市场占有份额，增强市场竞争力。

A 供电公司产业单位 3A 价值
增量激励体系设计

摘要：根据省公司关于推动省管产业单位建立不同于主业并符合自身实际的市场化薪酬体系的工作要求，A 供电公司产业单位在深入调研的基础上开展了以"3A 价值增量激励体系"为核心、注重员工职业发展的系统激励体系设计，加大了个人收入与企业经营效益的关联程度，建立了与市场经营接轨的考核机制，打破了身份壁垒，让有能力的员工拥有更多机会，进行岗位差异化绩效考核。

一、目标描述

为建立符合市场运营规律，突出效益导向的激励约束体系，公司创新引入了"3A 指标体系"：EVA——经济效益增加量（economic value added）、IVA——创新能力增加量（innovation value added）、MVA——市场比重增加量（market share value added）；以"3A 价值增量激励计划"为核心，通过对单位和个人考核、建立奖金池进行奖励以提高单位和员工的管理创新能力、市场业务能力。同时，还引入"职业能力发展计划"和"荣誉表彰激励计划"为配套机制。"职业能力发展计划"主要是构建职业能力认可的职业发展体系，强化对个人职业生涯的管理。"荣誉表彰激励计划"则是建立有效的荣誉激励体系，宣传和表扬个人对企业和社会所做的贡献，激发下属的集体意识，从而推动公司经营效益、员工满意度稳步提升，促进公司可持续发展。

二、主要做法

(一)实施 3A 价值增量激励计划,提升单位业绩

1. 建立 3A 价值增量考核指标体系
(1)单位层级 3A 考核指标

单位层级 3A 考核指标侧重于各项经济指标、市场拓展及市场占有指标,加上传统考核体系中关键业绩指标、专项考核指标、工作任务完成情况考核,形成新的单位考核体系(详见表1)。

表 1 融合 3A 考核指标的单位考核体系

指标类型	指标项目	指标说明
3A 考核指标	利润增加值	年度完成的实际利润增加量(年度实际利润－年度考核基准利润)
	收入增加值	年度完成实际收入增加量(年实际收入－年度考核基准收入)
	创新成果增加值	拥有专利数、管理创新或技术创新成果数量(实际完成值－考核基准值)
	创新收入增加值	企业主营业务收入中新产品(项目)所占比重增加量(实际完成值－考核基准值)
	区域市场占有量增加值	区域市场和新拓展市场占有率提升(实际完成值－考核基准值)
	用户市场增加量	用户市场占总收入的比重(实际完成值－考核基准值)
关键业绩指标	收入总额	企业当期发生的,以货币形式和非货币形式从各种来源取得的收入,包括主营业务收入和其他业务收入
	利润总额	企业经营收入扣除各种成本消耗及营业税费后的余额,是企业经营成果的综合反映
	资产负债率	资产负债率＝(负债总额/资产总额)×100%
	市场业务收入	指企业从系统外获取的业务收入与上年度相比的增长,鼓励拓展国外、省外、系统外业务
	应收账款回收率	指企业来自系统外业务的应收账款回收情况
	工程安全管理	对工程项目的安全管理情况的评价
	工程质量管理	对工程项目的质量管理情况的评价
	工程进度管理	对工程项目的进度管理情况的评价

续表

指标类型	指标项目	指标说明
专项考核指标	安全质量专项考核	对安全质量工作的评价
	监察审计专项考核	对监察审计工作的评价
	财务管理专项考核	对财务管理工作的评价
	人力资源专项考核	对人力资源工作的评价
	经营管理专项考核	对经营管理工作的评价
	综合管理专项考核	对综合管理工作的评价
	党群管理专项考核	对党群管理工作的评价
工作任务完成情况	工作执行力	对解决工作问题、优化业务流程的评价
	工作主动性	对完成上级工作、配合其他单位工作的评价
	工作服务性	对完成工作、提供服务的评价
	配合协作性	对团队协作、推动整体工作的评价
	业务管理提高	对整合工作资源、提升工作效率的评价

（2）个人层级 3A 考核指标

个人层级 3A 考核指标除衡量个人完成经济指标、创新指标、业务指标外，还侧重考量员工的劳动积累、能力素质等方面。公司将根据考核体系的实际执行情况，建立纯粹与市场接轨的项目制考核、团队二次考核等考核模式，提高对员工个人贡献程度的奖励力度（详见表 2）。

表 2　融合 3A 考核指标的个人考核体系

指标类型	指标项目	指标说明
3A 考核指标	利润增加贡献程度	完成公司实际利润相关业务（辅助工作）达成情况
	收入增加贡献程度	完成公司收入相关业务（辅助工作）达成情况
	创新成果贡献程度	完成公司专利、管理创新或技术创新成果相关业务（辅助工作）达成情况
	创新产品收入贡献程度	完成公司新产品（项目）所占比重增加量的相关业务（辅助工作）达成情况
	区域市场占有量增加贡献程度	拓展用户市场和提高市场占有率的相关业务（辅助工作）达成情况
	用户市场增加量贡献程度	提升用户市场占总收入比重的相关业务（辅助工作）达成情况

续表

指标类型	指标项目	指标说明
劳动积累	工作主动性	积极主动、及时认真完成岗位工作
	工作责任性	服从工作安排,工作一丝不苟,踏实稳重,敢于承担责任,有全局观
	工作协作性	主动配合同事完成工作,帮助其他人员提高业务技术水平
	工作纪律性	自觉遵守公司各项规章制度,组织原则性强
能力素质	学习态度	参加公司安排的培训和学习态度认真、纪律好,培训成绩 80 分以上
	岗位能力	适应本岗位工作,工作质量达到质量目标,工作效率高
	开拓创新	推广和应用新技术得力,知识更新快,业务水平提高效果显著

2. 设立 3A 价值增量奖金池

(1)公司 3A 价值增量奖金池实质

该奖金池实质是以集团员工为核心人力资本,参与新增企业价值剩余收益的分配,由集团和市公司协商从企业额外收益中拿出一定比例作为 3A 奖金总额,用于奖励公司员工为企业经济效益、创新能力和市场增加所做的贡献。根据单位组织绩效结果将奖金池奖金发放到各单位,再由各单位根据员工绩效考评结果将奖金分配到员工个人。

从集团分配到各下属公司的 3A 奖金计算公式为:

$$3A 奖金 = 公司 3A 考核值 × 单位系数 × 集团 3A 薪点价值(元/点)$$

(2)员工个人 3A 奖金分配

根据员工绩效考核情况,结合 3A 奖金池奖金金额进行奖金分配,但考虑到现实情况,不同类别人员的奖金分配比例和占个人收入比重有所区别(详见表 3)。

表 3　员工个人 3A 奖金分配

人员类别	占 3A 奖金总额比例	个人 3A 奖金上限
经营管理人员	20%	不超过个人收入的 30%
行政支撑人员	20%	不封顶
一线业务人员	60%	不封顶

（二）设计 3A 职业能力发展计划，实现员工价值

1.3A 能级体系

将公司所有职位归入两大能级序列，即 3A－管理序列、3A－专业序列，每个序列分 5 级。3A 能力体系与当前学历、专业技术资格、技能等级认定不同，是反映个人为企业经济效益增加、创新能力增加和市场拓展方面所呈现的管理和专业能力等级，不受学历、技能和技术资格、身份限制（详见表 4）。

表 4　3A 能级序列

3A 能级序列	能级	岗位类别
3A－管理序列	1 级	经营类、行政后勤类、综合管理类、审计监察类、策划类、销售类、市场类、公共关系类、人事行政类、财务管理类等
	2 级	
	3 级	
	4 级	
	5 级	
3A－专业序列	1 级	IT 类、计划类、研发类、工程技术类、工艺质量类、生产类、建设规划类、操作类等
	2 级	
	3 级	
	4 级	
	5 级	

2.3A 能级薪酬待遇设计

贯彻执行省公司岗位绩效工资管理办法，出台人才管理和考核办法，按照要求和标准设计 3A 能级薪酬待遇标准（详见表 5）。

表 5　3A 能级薪酬标准

3A 能级序列	能级	月薪酬标准/元
3A－管理序列 3A－专业序列	1 级	××
	2 级	××
	3 级	××
	4 级	××
	5 级	××

3.3A 能级评定流程设计

3A 能级评定作为当前身份和职称变化以外的重要职业发展通道,具有全员适应性。公司成立了 3A 职业能力评审委员会,负责 3A 能力的认定工作。下设办公室在公司人力资源部,负责 3A 能力认定组织、协调及管理等工作。

根据要求,被推荐者根据选拔条件合理申报级别,并提供翔实的工作业绩材料,提交单位负责人审核签字,交由人力资源部审查。审查合格的申报材料由人力资源部提交专业评审组进行资格审查和业绩评审。评审结果由评审委员会讨论决定,以一定方式公示无异议后,统一发放证书。

(三)打造 3A 荣誉表彰激励计划,增强员工归属感

1. 建立多层次荣誉评定渠道

(1)着重鼓励和表彰获得国家级荣誉的员工。包括"全国劳动模范""全国三八红旗手"等国家级专业领域荣誉称号。

(2)加强与省部级(国网公司)荣誉的衔接。包括省部级、省总工会、省电力行业协会等省级有关部门和国家电网有限公司荣誉。

(3)做好与地市级(省公司)荣誉的融合。包括市总工会、市电力行业协会等市有关部门和省公司的荣誉表彰。

(4)有效整合市公司级荣誉。包括市公司组织实施的荣誉,将其纳入单位荣誉体系。

2. 编制全覆盖荣誉目录指引

(1)表彰先进类荣誉项目。包括省市级的"工人先锋号""青年文明号",省公司级、市公司级或者基层级的"先进集体""先进个人"等荣誉。

(2)技术技能类荣誉项目。包括市级及以上的技术比武奖项、市公司级及以上特定规模调考获得的奖项。

(3)思想政治类荣誉项目。包括各级优秀党支部、优秀共产党员、优秀党务工作者等荣誉奖项。

(4)管理创新类荣誉项目。包括管理创新成果发布等荣誉奖项。

(5)其他综合类荣誉项目。包括在各类文化体育活动中所获的荣誉。

3. 构建立体式荣誉宣传平台

(1)传统媒体宣传平台。加大与国家、地方电视台、广播、报纸等传统媒体的合作,对获得荣誉的个人和组织进行广泛的宣传报道。

(2)新媒体宣传平台。加大与新媒体的合作,广泛宣传获得荣誉的个人和

组织。

（3）网站专栏宣传平台。通过国网公司、省公司、市公司和单位网站，实时上传荣誉目录。

（4）集中汇展宣传平台。结合职工代表大会、党员大会等重大会议或活动，通过展板、画册、简报等载体，对个人和组织所获荣誉奖项进行发布。

（5）实体展览展示平台。开辟荣誉版块，陈列个人和组织获得的各级各类荣誉奖项。

（6）发送播报宣传平台。通过网上办公平台有选择地向员工发送荣誉表彰信息。

三、成效与改进

（一）成效分析

1. 考核激励体系不断完善，公司经营业绩稳步提升

公司基于 3A 价值增量激励体系的实践和应用，不断健全公司各项考核制度，完善了省管产业单位考核激励体系。公司制定并实施了绩效管理办法，建立了以集团公司为主体，以经营业绩和市场业务为重点的绩效考核体系；印发了公司人才管理和考核办法，加强了公司各级各类人才的管理与考核。基于 3A 价值增量激励体系的研究与设计，以及年终公司全新考核模式对产业单位自聘员工的考核实践与应用，公司合理分配了奖金池资金，激励并充分调动了各生产单位和单位员工的生产积极性、主动性，企业效率稳步增长，各项经济效益持续提升。截止到 2020 年年底，公司经营指标再创历史佳绩，其中利润总额较前一年同期增长了 16.29%，市场业务收入较前一年同期增长了 37.46%，占收入总额的 76.57%。3A 价值增量激励体系在提升企业经济效益、提高管理效率方面的作用凸显，成效显著，达到了预期目标。

2. 激励体系管理成效显现，市场业务拓展取得突破

通过全新的考核激励体系的应用，公司各级员工积极进取，主动担当，不断拓展市场业务，取得了经济效益和社会效益的双丰收。一是主动对接政府部门，争取政府重点建设项目，对内积极联系主业部门，跟踪关注重大项目、重点平台建设。二是创建了公司经营管理网络，建立了市、县（区）、乡三级的市场信息渠道，主动出击，挖掘潜在市场，做好供电服务及市场拓展工作。三是与城市投资集团公司等签订战略合作协议，达成了多个重大项目电力配套初步合作意向,2020 年市场化项目合同总金额同比增长了 4.1%。四是新型业务不断拓宽,进军新能源领域,主动抢占新兴市场。组织开展配网延伸业务调研,探索为企业提供用电延伸服务。积极开展电动公交充电设施建设,主动服务港口岸电项目建设。推进滨湖站省重点科技项目配套示范项目落地工作;推进新能源汽车及充电基础设施公共创新服务平台资源整合工作,推动新能源汽车与充电基础设施运营及监管平台上升为地市级单位的统一监管平台。深化电动公交充电监控、智慧电务及光伏数据应用分析,探索构建线上线下联动的增值服务机制。

3. 员工潜能不断激发,人才活力大幅提升

全面实施省管产业单位 3A 价值增量激励体系,不断加强全新绩效考核模式的应用和实践,着重奖励在经营、生产、技术进步等方面做出贡献的员工,充分激发和调动了员工的工作积极性与创造性,人员素质持续提升,各类人才不断涌现,各项成果硕果累累。2020 年,公司努力降低新型冠状病毒肺炎疫情带来的不利影响,主动对接客户,积极拓展业务;荣获 16 项国家专利,获得 1 项美国发明专利授权,荣获 3 项计算机软件著作权,多项技术创新成果得以推广应用;建设全国首个分布式潮流控制器(DPFC)示范工程并投运;建设投运浙江省首个秒级可中断负荷接入工程;出色完成国家领导人访问的重大活动保电工作;打造茶叶生产加工全程电气化示范样板;探索成立电动汽车充电桩运营合资公司;积极推进分布式光伏项目开发。1 家单位获"浙江省文明单位"称号;4 家单位获"市文明单位"称号;一下属公司成为市唯一一家中国电力企业联合会信用等级评价为 3A 的企业,公司检验试验中心获中国合格评定国家认可委员会实验室认可证书。荣获全国电力行业协会优秀设计奖、电力行业协会管理创新成果奖、第三届中央企业科技管理小组成果发表赛一等奖、浙江省能源业联合会 2020 年优秀科技管理成果三等奖、市公司科技成果一等奖。公司积极为符合条件的员工创造职称、技能等级申报和评审的条件,最终 22 人被评为中级工,35 人被评为高级工,34 人被评为技师,4 人被评为高级技师,16 人取得中级职称,4 人取得高级职称。此外,1 人取得一级注册结构工程师证书,1 人取得注册电气工程师(发输变电)证书,7 人通过国家注册监理工程师考试。各项成果强化了省管产业单位的员工队伍建设,提升了省管产业单位的核心竞争力,全力支撑了省管产业单位做优做强,为市公司争做"示范窗口""样板地""模范生"提供了坚强支撑。

(二)改进方向

1. 单位考核指标体系进一步更新

目前公司单位层级的 3A 考核指标侧重各项经济指标、市场拓展及市场占有指标,再加上传统考核体系中关键业绩指标、专项考核指标、工作任务完成情况考核指标等,而每年的指标体系可根据主业的考核要求以及产业单位发展新要求、新任务实时更新,从而更突显考核指标的针对性。

2. 员工 3A 奖金分配对象进一步拓展

目前,公司每年年末集中开展自聘员工绩效考核,根据员工最后考核评价结果抽取奖金池资金,兑现员工年度绩效奖励。目前公司员工个人 3A 奖金池的应用范围主要是产业单位自聘员工,在后期条件成熟完善、市公司指导的情况下,范围可逐步扩大至其他各类用工和经营、管理、技术人员。

某基层供电企业开展省管产业单位员工薪酬体系套改探索

摘要：当前，省管产业单位因用工类型多样，各类用工薪酬体系各异，导致月度工资名目、标准、奖金基数和系数各不相同。为深化省管产业改革，优化省管产业各类用工薪酬分配，促进省管产业薪酬体系的相对统一，某基层供电企业以建设营配协同、高低压协同的全能型供电所为契机，试点开展供电服务、供配电员工薪酬套改工作。本次套改从岗薪工资、辅助工资、绩效工资三个方面对两类员工的薪酬体系进行了整合，为加快促进全能型供电所高低压业务融合、加强员工和薪酬的统一管理提供了强有力的支撑。

一、目标描述

建立省管产业单位各类用工统一的薪酬分配体系是今后省管产业单位深化改革的必然要求。当前省管产业单位不同用工实施不同的薪酬体系已经严重影响了薪酬以及员工管理等各项工作的开展。为此，某基层供电企业本着科学实用、合理分级的原则，结合当前全能型供电所建设和发展实际，探索套改供电服务和供配电员工薪酬分配体系，统一岗薪工资、辅助工资、绩效工资标准和分配方式。在效益优先、兼顾公平的前提下，同步优化薪酬结构，理顺分配关系，优化完善绩效考核系数体系，充分调动供电服务、供配电两类员工的积极性、主动性和创造性，逐步深化"业绩是干出来的，工资是挣出来的"的理念，持续增强企业内生动力，同时也为进一步建立省管产业单位一体化薪酬体系提供经验和基础。

二、主要做法

(一)岗薪工资

1.统一岗位等级设置

根据现行岗位等级序列,结合某供电企业集团公司全能型供电所典型岗位名录,补充优化岗位岗级序列,完善供电服务、供配电岗级设置,形成岗位岗级序列表。

2.统一岗薪工资标准

(1)供电服务员工岗薪工资按照某供电企业集团公司岗薪工资标准表套改执行。

(2)供配电员工按照与供电服务员工同层级岗薪工资接近的原则,调整供配电员工原岗位、技能工资,即岗薪工资=岗位工资×0.6+技能工资,同时按照某供电企业集团公司岗薪工资标准表套改执行。

3.统一考核升薪维度

统一考核升薪维度,健全基于员工绩效贡献和能力素质评价结果的岗薪工资上升(下降)机制。把员工学历、绩效考核、技术资格、技能水平、人才等级等多维因素融入其中,实行岗薪工资动态调整积分制,即员工个人当年积分=绩效考核积分+能力素质积分+人才等级积分,积分累计满4分升一个薪级,同时扣减相应积分。员工年度绩效考核不合格的,或者受到纪律处分、经济处罚和组织处理的,绩效考核积分为零且不得上调薪级,同时从考核年度的次年1月起降低1个薪级。

(二)辅助工资

1.统一工龄工资标准

工龄工资按照员工工作年限计算,标准统一参照某供电企业集团公司薪酬管理办法执行,即××元/年,具体情况如表1所示。

表1 工龄工资调整情况

员工类别	原标准	调整后标准
供电服务员工	10年以下,××元/年 10年及以上,××元/年	××元/年
供配电员工	××元/年	

2.统一福利性补贴和标准

整合供电服务、供配电员工三费补贴项目及标准,项目设置通信补贴、交通补贴两项,补贴标准与全民职工统一,即通信补贴为××元/月,交通补贴由××元/月提升至××元/月。具体情况如表2所示。

表 2 福利性补贴标准调整情况

员工类别	原每月补贴标准/元			调整后每月补贴标准/元	
	午餐	通信	交通	通信	交通
供电服务员工	××	××	××	××	××
供配电员工	××	××	××		

3.统一实施加班工资包干

参照供电服务加班工资包干制度,结合供配电一线员工加班工作实际情况,套改优化加班工资分配机制。加班工资包干以企业工作必需为前提,坚持"总额包干、自主分配"的管理原则和"按劳分配、效率优先、兼顾公平"的分配原则,将员工个人工作量与薪酬收入联动,实现多劳多得,进一步发挥薪酬正向激励作用。

(三)绩效工资

1.统一绩效考核系数体系,阶梯式设置绩效系数。某基层供电企业供电服务员工现行月度绩效奖励基数、考核系数体系运转稳定,层级设置较为合理。以此为基础,根据全能型供电所标准岗位的设置及要求,增设高压营配岗位层级系数区间,细化各层级考核系数,同时套改优化供配电各层级考核系数,实现阶梯式绩效系数统一管理,进一步打破绩效工资分配吃大锅饭现象。

2.优化考核系数起点设置,完善考核系数浮动机制。优化设置各层级员工起点系数和岗位浮动系数,浮动系数在岗位起点系数的基础上叠加。同步实施绩效考核二级分配制度,激励二级单位充分发挥绩效考核导向,将薪酬分配向绩效贡献大、工作年限长、岗位责任重、自我提升意愿强的人员倾斜,形成能上能下、能升能降的绩效考核系数动态管理模式。

具体阶梯式绩效考核系数体系及套改情况如表3所示。

表 3　阶梯式绩效考核系数体系及套改情况

人员类别		原系数	套改后系数	备注
正所长级		1.90~2.05	2.00~2.15	任职 2 年为一个档差,每满 2 年提升 0.01
副所长级		1.75~1.90	1.85~2.00	任职 2 年为一个档差,每满 2 年提升 0.01
所长助理、高压供电服务班班长		—	1.65~1.80	任职 3 年为一个档差,每满 3 年提升 0.01
低压供电服务班班长		1.50~1.65	1.60~1.75	任职 3 年为一个档差,每满 3 年提升 0.01
高压供电服务班副班长		—	1.60~1.75	工龄 3 年为一个档差,每满 3 年提升 0.01
专职人员、低压供电服务班副班长		1.45~1.60	1.55~1.70	副班长 1.55~1.70,工龄 3 年为一个档差,每满 3 年提升 0.01。专职人员系数为 1.60
高压供电服务工		—	1.35	入职满 1 年的员工
低压供电服务工	低压营销服务	1.15~1.25	1.30	入职满 1 年的员工
	配电设备运检、内勤	1.10~1.20		

3. 加大安全考核力度,提升安全考核权重。加大安全考核奖惩力度,使安全考核系数与绩效考核系数一致,月度安全考核与年度安全考核相结合,进一步提升安全考核奖惩的权重占比。同时根据安全生产风险程度、控制难度,同步设置月度安全奖励和年度安全目标兑现奖励,奖励基数分别按照三个档次实施。拓宽完善安全考核及奖惩维度,确保两类员工在各项安全考核的维度和安全奖惩力度上达成一致。

三、成效与改进

(一)成效分析

1. 实现了两类员工薪酬分配体系的统一。一是规范了工资发放项目,建立了岗位工资动态调整机制和阶梯式绩效考核系数管理制度,使员工收入以岗位价值为基础,以能力素质和业绩贡献为导向,能增能减。二是统一了岗薪工资、辅助工资和绩效工资标准和分配方式,强化了统一标准管理,使员工收入与工作责任、能力素质和劳动贡献挂钩,促进员工提升个人业务技能,提高效率和业绩。

2.实现了两类员工对应层级收入趋近。一是实施薪酬套改前后,供电服务、供配电员工各层级月度收入增量基本保持一致。二是在供配电员工职业晋升空间受限的情况下,使薪酬分配向高技能水平人员倾斜,使供配电班长收入水平趋近供电服务副所长,供配电副班长收入水平趋近供电服务班长,供配电高压供电服务工收入水平趋近供电服务副班长。

3.实现了两类员工薪酬发放节奏同步。一是在保障员工充分享受年终一次性税率优惠政策的情况下,适当加快薪酬发放节奏,增加了员工劳动输出和薪酬收入获得感。二是合理控制了两类员工月度薪酬发放节奏,以公司年度重点工作为导向,科学设定专项奖励发放计划,使两类员工年度薪酬发放节奏保持同步。

(二)改进方向

1.继续推进完善基于省管产业单位各编制员工的薪酬套改。目前,因个人所得税、岗位属性等多种因素限制,两类员工在安全奖励基数和辅助工资方面仍存在细微差异。下一步该基层供电企业将从员工岗位属性、业务范围、安全生产风险程度、控制难度等多个维度出发,统一安全及各项奖励标准,统一薪酬分配制度,全面完成两类员工的薪酬套改和制度统一。未来,该基层供电企业将继续探索基于省管产业单位各编制员工的薪酬套改工作,统一薪酬发放标准,规范薪酬管理。

2.继续优化薪酬分配体系和激励机制。针对当前存在的局部的吃大锅饭、人员素质与薪酬挂钩不明显、员工职业发展通道狭窄等现象,该基层供电企业将不断深挖人力资源,尤其是高技能水平人才,建立健全高技能人才薪酬激励机制。建立基于能力素质、岗位贡献、工作增量、职业发展等多维度、精细化的薪酬分配机制,加强效薪联动考核,注重效率和公平,充分体现员工"多劳多得,多能多得,优劳多得",发挥薪酬的激励和约束作用,调动员工的积极性、主动性和创造性,进一步推动企业和员工长期持续共同发展。

某基层供电企业产业单位
多元效益导向奖金分配机制

摘要：随着供电企业产业单位外部市场的激烈竞争加剧，企业精益化管理的要求逐年提高，对员工素质要求越来越高，需要建立合理的薪酬分配制度，与市场接轨，优化内部分配，激励员工为企业做出更大贡献。某基层供电企业产业单位探索实行了针对不同性质公司的多元效益导向奖金分配机制，使员工薪酬真正实现具有外部竞争力、内部公平性，从而有效激励员工。

一、目标描述

市场化是中国经济改革发展的必然趋势，电力行业也概莫能外。最近几年，随着市场经济体制的不断完善和电力体制改革的不断深入，供电企业产业单位依附主业生存的空间将越来越小，市场竞争的考验将越来越严峻，在不久的将来，"逐鹿中原、强者生存"或将成为现实。

供电企业产业单位员工普遍存在吃大锅饭的意识，绩效配套不合理，在人员待遇方面存在着平均主义的现象，一部分人员存在心理不平衡以及消极工作的情况。班组优秀员工与平庸员工的收入差距偏小，按劳分配流于形式，不能按能提酬，造成员工不关注业绩成效，平庸化、"贵族化"明显。各公司员工发挥的作用有限，工作积极主动性差，工作效率和管理水平不能满足市场需求。

为了进一步完善薪酬的激励机制，吸引和留住专业、高端人才，激发员工的工作积极性，某基层供电企业产业单位根据不同公司的性质探索实施多元效益导向的奖金分配机制。按照效益优先原则，员工的工作内容、指标要以企业的规划目标分解为导向，员工的奖金设置应与企业盈利目标挂钩。兼顾公平原则，员工的奖金与个人工作业绩、工作质量挂钩，公平公开，差距合理。

效益奖分配模式基于员工工作岗位、工作业绩等，使员工收入水平向岗位价值、人员胜任能力、工作贡献方向倾斜,体现企业效益与员工效益相结合,努力做到"向管理"和"向市场"要效益。

二、主要做法

该基层供电企业产业单位涵盖多个不同类型的公司,有电力工程施工类公司、电力设计类公司、生产制造类公司等,生产模式各不相同,员工的工作内容、工作方式也各不相同。基于不同性质的公司,省管产业单位在管理模式上既要兼顾总体的统一性,又要针对不同的公司性质采取个性化的管理。为有效激励员工工作积极性,提升各个公司整体效益,在基本薪酬管理制度的大框架下,该基层供电企业针对不同公司的性质采取了不同的奖金激励模式。以公司生产效益为导向,以员工工作模式为基础,以合理分配、多劳多得、激励员工为目的,该基层供电企业建立了针对不同性质公司的效益奖金激励制度。

(一)工程全过程管控激励模式

电力工程施工类公司的效益主要由承接、完成的工程量决定,员工效益奖采用工程全过程管控激励模式。依据各班组工作性质、工作结果确定标准基数,按照各班组完成的工程量汇总确定各班组效益奖金。各班组依据工作能力,按照各岗位标准系数实施二级考核。计算公式如下:

$$效益奖金 = \sum(工程标准基数 \times 工程项目数)/班组岗位总系数$$
$$\times 个人岗位系数$$

效益奖金工程标准基数由公司绩效委员会根据上年公司效益、工资总额、市场薪酬水平等因素每年确定一次。

目前执行基数为:Ⅰ级工程(××~××元)、Ⅱ级工程(××~××元)、Ⅲ级工程(××~××元)、迁移工程(小)(××~××元)、迁移工程(大)(××~××元)、小区工程(小)(××~××元)、小区工程(大)(××~××元)、路灯及其他工程(××~××元)。

个人岗位系数根据员工在工程中承担的职责分档设置,体现员工的岗位价值。该系数每年确定一次,鼓励员工的工作承担性,同时对项目负责人起到督促的作用。岗位系数见表1。

表1 岗位系数

序号	岗位	系数
1	项目负责人	2
2	骨干人员	1.5
3	其他人员	1

效益奖金每季度或每半年根据完成工程结算的工程项目落实发放。

(二)设计量提成奖励模式

电力设计类公司的效益主要由完成的设计量决定,公司设计人员的效益奖根据各设计人员每月完成的设计量采用提成奖励模式发放。计算公式如下:

个人月度工作业绩提成＝个人月度工程设计费收入×设计提成百分比(即占工程设计费标准的百分比)

不同工程的提成百分比每年由绩效委员会根据工资总额、市场薪酬水平等因素核定。

目前各类工程的设计提成百分比设定如下:

(1)高供低计及迁移、路灯、低压、光伏等工程为2.5%;

(2)高供高计为2.0%;

(3)小区工程为1.5%;

(4)系统工程可研及初设为1.0%,施工图为3.0%;

(5)担任外包工程项目经理的,提成0.5%。

个人工程设计费收入以个人当月竣工的所有工程设计费为基数进行统计,按月度结算、发放。

(三)计件制考核模式

生产制造类公司效益主要由承接的设备制造量决定,车间组装人员工作模式单一,工作量便于统计,生产产出主要由员工的工作效率决定,效益奖采用计件制考核模式发放。公司根据不同工作的难易程度、需要的工作时间,制定每项工作的定额值。班组长做好每月工作量的记录,根据工作量折算效益奖发放额度,根据工作质量在定额基础上实施考核。员工效益奖根据每月的考核结果按月度发放。

具体每项工作的定额如表2、表3所示。

表 2 钣金类计件定额

序号	产品名称	规格	钣金车间柜壳加工/台	钣金车间电器器配/台	总定额/台
1	电源转接柜（带计量）	800×(450/500)×1800	65	55	120
2	电源转接柜（不带计量）	800×(450/500)×1800	48	48	96
3	电缆分支箱	(1500 以上)×800×350	48	48	96
4	电缆分支箱	(1200 以上)×800×350	48	48	96
5	路灯箱（落地式）	650×500×900	47	55	102
6	路灯箱（杆式）	1000×650×220	30	18	48
7	户外配电箱 E/D 型	1100×900×280	47	55	102
8	户外配电箱 B/C 型	1000×800×280	50	40	90
9	大号壁挂式（200A/400A/630A）	1100×7500×220	30	24	54
10	中号壁挂式	800×700×170	24	12	36
11	不锈钢一表一户	270×460×120	18	12	30
12	单相表箱（嵌入、壁挂）	1~2 位	12	6	18
13	单相表箱（嵌入、壁挂）	3~4 位	14	10	24
14	三相表箱（嵌入、壁挂）	3~4 位	24	18	42
15	三相表箱（嵌入、壁挂）	5~8 位	30	18	48
16	三相表箱（嵌入、壁挂）	9 位以上	42	24	66
17	典设表箱（嵌入、壁挂）	1 位	41	6	47

注：第 1~11 项的规格单位为毫米。

表 3 组装类计件定额

序号	产品名称	型号与用途	单位	定额	备注
1	低压类	GGD 受电柜	台	54	
2		GGD 计量柜	台	72	
3		GGD 总柜	台	129	1600 A 以下
4		GGD 双电源柜	台	140	
5		GGD 馈电柜	台	135	
6		GGD 馈电柜	台	121	分路带计量（××元/路）
7		GGD 电熔柜	台	194	

序号	产品名称	型号与用途		单位	定额	备注
8	低压类	GCS	总柜(联络柜)	台	162	1600 A 以下
9			总柜	台	205	2000 A～2500 A
10		GCK	总柜	台	324	2505 A～4000 A(6300 A/×× 元)
11			馈电柜	台	207	
12		MNS	馈电柜	台	220	分路带计量(××元/路)
13			电熔柜	台	207	
14	高压类	KYN28-12 进、出线柜		台	405	24 kV 每台加××元
15		KYN28-12 计量柜		台	288	
16		KYN28-12 压变柜		台	288	
17		KYN28-12 提升柜		台	162	
18	欧式箱变	YB-12/0.4 kV		套	270	安装变压器、环网柜、低压柜
19	美式箱变	500 kVA/630 kVA		套	313	组装低压柜兼箱体内安装

各项工作的定额标准由公司绩效委员会根据工资总额、公司效益、市场行情的变化定期核定。

三、成效与改进

(一)成效分析

通过在不同供电企业产业单位之间引入多元效益导向的奖金分配机制,薪酬与岗位价值得以紧密结合,薪酬与各公司的发展得以有效结合。根据市场薪资水平,通过效益奖金的调节作用,各公司的薪酬水平具有了一定的市场竞争力,提高了对人才的吸引力。

效益奖金的实施拉开了业绩优、差员工之间的收入差距,使薪酬与员工业绩紧密结合,对员工为公司付出的劳动和做出的业绩给予了合理的回报,充分发挥了薪酬的激励性。在有限的工资总额下,该分配机制充分发挥了薪酬的作用,调动了员工的工作积极性。

(二)改进方向

1.优化薪酬结构,加强效益导向奖金的力度。该基层供电企业产业单位目前的薪酬体系同时执行以绩效为导向的绩效奖金以及以效益为导向的效益奖金分配,实施过程比较烦琐,奖金名目多,但是每项金额体现并不多。因此可以在薪酬结构上做改进,使结构更加清晰、合理,执行以效益奖金为主导,绩效考核结果在效益奖金基础上实行扣、奖。这样既能促进员工工作业绩与奖金挂钩,又能实现绩效考核的引导作用。

2.注重外部公平性原则,优化不同产业单位之间的薪酬平衡性。在做好各产业单位内部奖金公平性的基础上,在不同产业单位之间的薪酬公平性方面做改进。由于效益导向的奖金分配是在原有薪酬体系的基础上做的调整,因此要以原有收入水平作为依据,开展逐步调整的过程,最终达到不同性质产业单位之间的薪酬平衡,从而实现薪酬体现收入的外部公平、内部公平和个人公平。

某基层供电企业产业单位
探索建立设计人员多元化薪酬模式

摘要：为适应勘测设计市场的新形势，充分调动和激励设计人员工作积极性，某基层供电企业产业单位探索设计人员多元化薪酬模式，建立了以价值为导向的薪酬激励机制，助力产业单位持续提升发展质量和运营效益。

一、目标描述

近年来，随着以市场化为方向的电力改革的不断深入，电网企业面临的市场竞争日益激烈，加上受输配电价降低、增量配电与售电侧放开等因素的影响，电网企业利润空间逐步缩减。电力勘测设计作为电力行业中的基础工作，与产业单位发展有密切联系，也面临着严峻挑战和激烈的行业竞争。

为了进一步激发企业发展动能，某基层供电企业产业单位围绕企业发展战略目标，探索建立设计人员多元化薪酬模式，将"共性"薪酬模式与"特性"薪酬模式相结合，构建基于精准工资套改定薪制、全员绩效考核激励制和高效业务量化增值制等多种薪酬模式组合的薪酬分配模型，实现内部公平性与激励有效性的有机结合，形成适应新形势、新发展的薪酬管理机制，助力产业单位持续提升发展质量和运营效益。

二、主要做法

（一）"共性"薪酬模式方面

1. 精准工资套改定薪制

根据上级文件精神和有关工作部署，某基层供电企业产业单位坚持内部公平性原则，坚持效率优先，兼顾合法性与激励性，开展并实施工资套改，引入岗位工资、劳动积累工资、证书奖励、学历工资、技能等级工资等诸多要素,采取激励与考核相结合的方式实现动态调整,达到内部公平性与激励有效性的有机结合。在公平性方面,从技术复杂程度、劳动强度、劳动环境、创新程度等方面综合评价,遵循向一线岗位倾斜的原则,以两年为调整周期,根据岗位对组织的贡献大小精准设定岗位工资等级和岗位系数,实现以岗定薪,岗变薪变。在激励性方面,通过采用累积计分法,以一年为调整周期,将学历、本企业工龄、职业证书和职称、技能等个人能力要素转化为薪酬激励。

2. 全员绩效考核激励制

某基层供电企业产业单位以发展战略为引领,突出重点工作,科学设置全员绩效考核指标,建立了符合市场运营规律、突出效益导向的激励约束机制。为确保个人绩效与单位绩效充分挂钩,某基层供电企业产业单位加强了企业与部门的一级绩效考核、深化部门内部二级绩效考核,并将各部门一级绩效考核结果作为各部门人员月度绩效奖金兑现的重要依据。此外,根据职务层级的不同,分层级进行年终全员绩效评定(A 等、B 等、C 等),结合上年考核结果,动态调整当年年终绩效评定等级占比,确保将考核结果与员工月度绩效奖、员工年终奖挂钩,同时实现分层级的有效激励。其中,员工月度绩效奖=月奖基数×月奖系数,员工年终绩效奖=部门绩效考核系数×岗位系数×年终全员绩效评定系数×年终奖基数。2020 年,某基层供电企业产业单位班组长按 15%占比推优,普通员工按 A 等 15%占比、B 等 70%占比、C 等 15%占比评定,同类岗位实现人均年终绩效 A 等比 B 等多约 10%、A 等比 C 等多约 20%,实现全年绩效奖占工资总额的 62.3%,绩效考核激励效果显著。

(二)"特性"薪酬模式方面

受体制限制,产业单位薪酬机制往往存在不够灵活、激励力度不够精准的问题,电力勘测设计要求设计人员具有较高的专业技术水平、较为丰富的经验积累和较强的创新意识。在新形势下,某基层供电企业产业单位结合电力勘测设计行业特性,变革传统的薪酬管理模式,借助高效业务量化增值制,形成了以效益为导向的企业、员工双赢模式,有效促进了市场占有率的提升和企业利润的提高。

1. 明确总体思路。以加大正向激励力度为有效措施,通过增加电力勘测设计业务量,减少外协设计项目比例,最终实现抢占电力勘测设计市场的占有率。

2. 增值奖励清晰。以产业单位年度施工图项目的预算设计费情况衡量产值大小,设定年度产值保底设计费 M_0,根据产值增值部分分档设定奖励系数 N_x,实现多劳多得,形成个人奖励与企业业务量同步提升的有利局面。

如表 1 所示,设计人员年度完成设计费为 P 元($M_x \leqslant P < M_x + 1$),则增值奖励金额 $S = \sum_1^x (M_x - M_{x-1}) \times N_x + (P - M_x) \times N_{x+1}$。

表 1　增值奖励标准

年度完成设计费 / 元	增值部分设计费 / 元	奖励系数	奖励金额 / 元	备注
第一档(M_0)	0	0	0	保底设计费 M_0
第二档($M_0 \sim M_1$)	$M_1 - M_0$	N_1	$(M_1 - M_0) \times N_1$	
第三档($M_1 \sim M_2$)	$M_2 - M_1$	N_2	$(M_2 - M_1) \times N_2$	
第四档($M_2 \sim M_3$)	$M_3 - M_2$	N_3	$(M_3 - M_2) \times N_3$	
⋮	⋮	⋮	⋮	
第 X 档($M_{x-1} \sim M_x$)	$M_x - M_{x-1}$	N_x	$(M_x - M_{x-1}) \times N_x$	

3. 注重分类激励。针对自有设计项目,员工 100% 享受增值奖励,其中工程设计人员 80%,校核人员 10%,批准人员 10%。针对外协设计项目,员工仅享受增值奖励的 30%,其中项目负责人员 10%,校核人员 10%,批准人员 10%。通过区分自有设计项目和外协设计项目的奖励权益,引导设计人员抢占现有外协项目市场。

4. 区分难度差异。针对配网工程、山区线路工程及电缆排管工程的难易程度,合理设定 0.8~1.2 不等的设计费调整系数,结合实际工作需求,量化线路勘测测量奖励标准。

5. 实施奖罚联动。在加大增值激励的同时制定罚扣标准,一方面,设计人员到年底未完成保底产值的,不足部分按保底产值的 2% 扣罚;另一方面,制定扣罚评分表,严格开展设计质量差错考核、设计时限考核、设计服务及廉政专项考核等。

三、成效与改进

(一)成效分析

一是促进自有队伍建设,增强了企业发展的内部动力。业务量化增值制充分发挥了薪酬激励的导向作用,实现了设计人员利益与产业单位企业发展目标的高度结合,全面激发了设计人员增利创效的主动性,提高了设计人员的薪酬水平,有效激发了设计人员的行业竞争意识,促进了设计人员提升专业水平和成长成才,有效缓解了产业单位设计岗位结构性缺员的问题。

二是激发市场竞争力,提升了企业利润空间。设计人员多元化薪酬模式有利于促进自有设计项目的占比提升,将原有外协费用转换为员工激励,持续提升企业的市场核心竞争力,带动了产业单位的产业升级和利润增长。

以 2020 年某基层供电企业产业单位自有队伍设计费××元、自有队伍市场占有率 50％,支付外协设计项目费用××元(外协项目设计费占总设计费的50％)为基数,业务量化增值激励系数以产业单位自有队伍设计费总额(含外协设计项目增值奖励)的 2％进行测算,增值激励××元,支付外协费用比 2019 年降低了××元,实现企业利润××元。在此基础上,每提升 10％的自有队伍设计费占有率,可节约企业成本××元。若实现自有队伍设计费占有率 100％,可提升企业利润××元。

以某基层供电企业产业单位外协设计费××元、自有队伍设计费占有率45％为例,预测 2020 年市场占有率每提升 10％,将减少支付外协费用××元,增加自有队伍激励金额××元,合计降低企业成本约××元;若实现自有队伍设计费占有率 100％,可提升××元利润空间,大幅度提升企业效益,推广效益巨大。

(二)改进方向

一是拓宽多元化薪酬模式在企业其他专业领域的有效应用。目前多元化薪酬模式仅在设计人员中进行了试点和应用,下一步将更加聚焦于做强做优产业单位的创收创效领域,做深做细、精准推进专项业务量化增值奖励,助推企业效益的提升。

二是找准各专业薪酬激励平衡点。业务量化增值制往往局限于直接产生企业效益的岗位,对部分管理岗位、辅助性内勤岗位人员无法直接适用该模式,因此在确保多元化薪酬模式有效提升企业运营效益的同时,下阶段将重点思考如何平衡好各专业线人员的薪酬激励力度。

探索构建设计类产业单位"三创六化"激励绩效机制

摘要: A 设计类产业单位以"创先、创优、创新"为核心思路,探索构建以"能力＋业绩＋薪酬"为导向的"三创六化"激励绩效新机制,激发员工的工作积极性和能动性,最终实现企业和个人的和谐发展。

一、目标描述

因国内电力市场逐步开放、电力供需关系转变、传统电力设计业务萎缩、设计利润下降等诸多因素,电力设计市场竞争日益激烈。设计承载力超载及不同用工性质员工"同工不同酬"等矛盾逐渐显现,设计企业原有薪酬机制激励作用滞后,迫切需要对原有薪酬结构和分配方式进行调整和优化,构建更加科学合理的员工激励绩效机制。

对知识密集型的电力设计企业来说,高专业素质、具有创新能力的员工是企业的核心人才,也是推动企业技术持续创新的主力军。设计行业的竞争实质上就是人才竞争,培育人才、吸引人才、留住人才,都需要建立一个与人才能力和贡献相匹配的绩效机制。"三创六化"激励绩效机制是打破原有相对平衡平均的分配机制,进一步拉开绩效差距,提出"考核程序分级化、绩效结构差异化、考核指标度量化、激励方式多样化、(业务外包)员工收入动态化、绩效应用示范化",构建更具竞争性和激励性的绩效分配机制,从而实现员工绩效与企业"管理创先、技术创新、队伍创优"的战略发展相适应,员工收入与其个人专业能力和产量业绩、效益贡献相匹配。

二、主要做法

(一)考核程序分级化

由上级单位根据去年生产经营状况和当年各类经济因素,经评估和预测分析后对各子分公司下达一级绩效考核,明确企业年度各项绩效指标。A 设计类产业单位根据上级单位年度下达的各项重点工作任务及自身实际,对下属各科室实施二级考核,并核定科室绩效总额。各科室结合服务态度、产量业绩、工作质量等因素,对员工开展三级考核。实施分级考核可以避免因专业不同导致科室间产值绩效无法合理平衡,同时将责、权、利有效统一,使考核程序更科学合理,也把绩效激励作为提升科室管理效率的一种辅助手段。

(二)绩效结构差异化

国有电力设计企业用工形式多样,为了同步激发每个员工的工作积极性,应针对不同员工群体制定差异化绩效考核细则。制定科室二级绩效考核标准时,根据岗位工作内容的不同,对生产和管理岗位实行差异化考核标准;科室进行员工三级绩效考核时,通过"工作积分制"或"目标任务制"等评价手段,充分体现科室内部按劳取酬的差异化绩效结果,从而打破绩效吃大锅饭现象,力戒平均主义,保护能干者、肯干者的积极性。

(三)考核指标度量化

分别以组织绩效和个人绩效为考核主体,不仅考核员工产值、质量、效益等硬指标,也考核科室内部管理、服务态度、工作协作和企业文化等综合软实力。组织绩效包括科室管理、工作业绩、队伍建设、安全生产、教育培训等指标,实行量化计分;个人绩效综合考虑员工工作业绩、工作能力、工作质量等因素,采用设计产值比例或设计工日等核算标准实行绩效分配。通过考核指标度量化,将个人绩效与员工产量业绩合理挂钩,组织绩效与任务指标完成情况紧密联系,企业绩效和生产经营状况有效结合,形成"多劳多得、优绩厚酬"的良好工作氛围,倡导"劳动光荣"和责任担当。

(四)激励方式多样化

打破原有单一薪酬的构成,根据员工和团队对企业做出的工作业绩和突出贡献,分别设立"设计项目经理奖""特殊贡献奖""季度之星""年度优秀员工"等奖项,以及竞赛评优、创优创新和新闻报道等专项奖励,采取素质激励、发放注册执业津贴、颁发项目成果奖等激励措施,既关注员工业绩增长,也关心员工职业追求。做到短期激励与长期激励相结合,物质激励与精神激励相结合,使员工薪酬增长实现与自身能力和贡献提升成正比,充分激发员工争先创新意识,营造创优氛围。

(五)员工收入动态化

一位独立设计人员的成长成熟期为 2～4 年,相比社会民营企业,当前国有电力设计院的业务外包员工普遍存在低薪资、无福利和无职业发展等现象,从而缺乏归属感,流动性很大。

A 设计类产业单位针对从事专业设计的新进业务外包员工,设置了一年实习期和一年实践期。连续两年考评良好者,经本人申请并且院内综合评估专业能力和工作态度良好,可转入产值绩效考核体系。产值绩效考核体系对专业设计人员设定年度基础项目产值,超出的业绩产值按照专业类别、项目设计阶段分别设定不同的超产比例,计算业绩产值奖励;对设计人员原因引起的质量和进度延误等问题按照程度和后果执行扣罚,使其收入与产值效益动态挂钩。

对从事经营管理的业务外包员工,设立市场拓展、欠款回收、突出贡献等专项提成奖励,按照对企业管理、发展或创收等做出的额外贡献度给予一定比例的奖励。在鼓励个人业务能力成长成熟、提高人力资源质量的同时,培育其对企业的认同感和归属感,实现个人和企业营收的双增长。

(六)绩效应用示范化

督促员工加强对设计质量的把控,把设计质量作为科室绩效和员工绩效的重要考核指标和约束条件。对绩效考核不合格、工作态度消极、管理和工作绩效评估长期落后的科室负责人,实施诫勉谈话、暂停职务及免职等惩处,对未有效完成工作任务、因质量原因延误建设进度、对企业带来较大负面影响或个人绩效等级落后的员工实施扣发、停发绩效或待岗停岗等惩处。绩效奖惩结果不定期以 OA 邮件、公告栏消息、群信息等形式公告公示,起到示范警示作用。以双向激励措施,鼓励多数员工保持积极稳定的工作状态,追求"质""量"齐高的业绩成果,改变原有"干好干坏一个样"的不良局面,促进企业管理和发展的良性循环。

三、成效与改进

(一)成效分析

A 设计类产业单位通过探索构建"三创六化"激励绩效机制,以业绩产值为导向,以个人能力为抓手,以薪酬分配为手段,将员工激励绩效与企业"管理创先、技术创新、队伍创优"的战略发展核心价值观相结合,充分发挥考核的激励、约束和导向作用,实现了差异化绩效考核。深挖内部人力资源潜力,激发了员工工作主动性和积极性,持续增强员工在事业上的获得感和成就感,从而将员工个人的职业生涯与企业发展目标深度关联,最终实现企业和个人的和谐发展。

一是企业效益显著提升。2020 年企业经营业绩大幅增长,全年总营收同比上升 1.38%,累计利润同比增长 188.40%。企业资质创新突破,取得"AAA 企业社会信用等级""AAA 信贷市场信用等级"和"AAA 电力勘测设计行业企业信用评价等级"三个"AAA 证明",顺利实现咨询、监理资质升甲,成功晋级甲级电力设计院,稳居当地行业榜首。自有高端技术竞争力不断加强,参编国家标准、行业标准各一项,获评该市建设工程"括苍杯"奖以及"省建筑工程标化工地""省公司流动红旗竞赛优胜工程"等多项荣誉。

二是实体化队伍建设不断加强。通过采取产值绩效考核、设立注册执业津贴和素质激励等措施,大大增强了员工提高职称技能和个人能力的热情,提升了企业人才吸引力。2020 年企业新聘用直签员工 1 人、业务外包员工 9 人;新增各类注册师 3 人;新增高级职称 3 人、中级职称 3 人、初级职称 1 人。在促进个人业务能力成长成熟的同时,切实提高了人力资源质量,加速了企业高端技术人才和高端技术竞争力的自主培养。

三是员工个人价值突出体现。加大了对业务能手、优秀人才、核心骨干的薪酬激励力度。2020 年全年完成发放"竞赛评优奖励""专利奖励""优秀员工"等 15 个专项激励,累计奖励 130 人次,大大提升了员工的工作能动性和创造性。员工全年共取得国际发明专利 1 项、国家发明及实用新型专利各 2 项,申报国际发明专利 1 项,进一步盘活人力资源。

四是业务外包员工归属感明显提升。2020 年起有 1 名业务外包设计员工顺利转入产值绩效考核体系,其个人收入超过××元,较非产值考核期上涨了130%。技术能力强、贡献大的员工与普通员工间的薪酬差距拉大,提升了前者的满意度和认同感,同时强化了员工的组织忠诚度和归属感,降低了业务外包员工的流失率(2020 年业务外包员工离职数量为 0),有效缓解了企业招人难、留人难的问题,实现了个人和企业营收的双增长。未来预计也将有业务外包员工陆续转入产值绩效考核体系。

（二）改进方向

一是进一步扩大激励绩效范围，拉开差距。拟学习国内先进民营企业管理思路，按照"同岗不同级"的设想思路，综合考虑各级人员工龄、任职时间、工作能力、年度考核结果等因素，从普通员工到正股级科室主任，设置 P1～P7 共 7 个绩效等级。如同为科室主任，将结合任职时间、专业特性、个人能力及资历等不同要素综合评判，设立不同的绩效等级。对于高端人才、核心骨干则进一步加大绩效分配倾斜力度，进一步激发员工工作热情、挖掘内部工作潜力。

二是进一步加快实体化人才队伍建设。根据产业发展规划和企业发展需求，逐步建立起以全民职工为核心，扩大直聘人员实体化队伍规模并辅以劳务外包，不同用工性质共同组成与产业提升、产业转型相配套的多元复合型设计团队。结合设计院工作实际和社会市场变化，着重培养专业设计、基础管理和市场开拓三支不同特长的人才队伍，打造企业战略实施的坚强支撑力量。

四、基层供电所篇

薪酬包干制助力供电所提质增效

摘要:近年来,社会发展对供电要求不断提升,同时,数字化趋势也使得员工的业务和成绩逐步可量化。长期吃大锅饭导致绩效指挥难度较大,在补员赶不上减员的速度时,减员部分和新型业务的工作量分配需要企业在落实战略上采取更为有效的措施。某基层供电企业打破传统的供电所人力资源管理方式,建立了供电所薪酬包干制,全方位唤醒供电所人力资源价值存量,推动供电所精益管理和赋能增效。

一、目标描述

供电所是供电企业与社会大众的紧密联系者,是优质服务理念在广大农村地区的传递者和践行者,对企业改革发展发挥着至关重要的作用。随着电力体制改革的不断深入,电网建设进程不断提速,客户对优质服务的期望值越来越高,复杂多变的内外部形势对供电所提出了全新的、更高的要求。

一些供电所的人力资源呈现出结构性冗员和结构性缺员并存的配置。在面对急难险重任务时,基层供电所员工是能够克服困难、齐心协力、攻坚克难的。但在日常的常态化工作中,由于社会发展对供电要求的提升和员工素质普遍偏低的矛盾、长期吃大锅饭导致绩效指挥难度较大、近几年数字化趋势使得员工的业务和成绩逐步可量化等因素,在补员赶不上减员的速度时,减员部分和新型业务的工作量分配需要企业在落实战略上采取更为有效的措施。但同时这也说明供电所的人力资源不是绝对"缺乏",而是部分陷入了"沉睡"。有效唤醒这部分"沉睡"的人力资源,是实现供电所管理提升的关键节点。

供电所薪酬包干制设置地理环境、设备运维、营销业务及客户服务等3个维度,以及地理面积、配电变压器台数、营业户数等8个参数,赋值相应权重,核定各供电所实际工作量,关联工资总额,使人员增减不影响包干薪酬总额,真正实现"增人不增资,减人不减资"。各供电所负责人根据所内人员工作态度、急难险重任务、指标完成情况等因素,自主拟定内部差异化奖金分配方案,按月核发,实现多劳多得。

二、主要做法

为发挥绩效薪酬激励约束作用,提高员工工作积极性,提升人力资源效率效益,某基层供电企业按照"本部核定薪酬总额、供电所自主实施二次考核分配、员工多劳多得"的原则,试点建立供电所薪酬包干制,加强供电所绩效薪酬考核分配权,鼓励"减人不减资",体现奖优罚劣、奖勤罚懒。

(一)本部核定薪酬总额

综合考虑队伍稳定和薪酬激励等因素,某基层供电企业建立了以各供电所工作总量为核心的薪酬包干分配体系,从员工工资总额中提取若干万元纳入薪酬包干。

一是核定各所工作量系数。该企业综合运检部、营销部以及各供电所负责人意见,制定工作量系数测算规则,以各供电所辖区地理环境(包括地理面积、供电面积)、设备运维(包括高压线路、低压线路、配电站所个数、配电变压器台数)、营销业务及客户服务(包括售电量、营业户数)等 3 个维度 8 个参数,对供电所工作量系数进行测算,得出各供电所年度工作量系数,直观反映供电所工作量的区别。该系数由营销部牵头测算,每年根据实际情况,进行动态调整。

二是核定供电所分配总额。该企业在自聘员工中开展了调研工作,发现月度奖金增加值在××元以上,自聘员工愿意主动承担更多的工作量。为实现"增人不增资,减人不减资"及维护队伍稳定,该企业将薪酬包干分为核定基础奖金和差异化奖金。核定基础奖金由本部直接决定,并与组织绩效、全员绩效成绩挂钩。对差异化奖金的测算,按照供电所内××元/人左右核定额度。确保出现减员时,供电所负责人在分配"多出来"的工作时,能自主分配"多出来"的奖金。因此,该企业从本部层面,将供电服务公司自聘员工工资总额中的若干万元纳入差异化奖金分配。

三是进行差异化匹配计算。按照测算规则(供电所差异化奖金＝分配总额×工作量系数),计算各供电所差异化奖金,有效解决供电所之间"干多干少一个样""人越多越好"的问题。

比如,以 2020 年 12 月 31 日的数据测算,得出五大供电所工作量系数分别为：A 所 17.34％，B 所 21.43％，C 所 22.45％，D 所 16.33％，E 所 22.45％。
2020 年度，供电所差异化奖金分配情况如表 1 所示。

表 1　供电所差异化奖金分配情况

单位	工作量系数	差异化奖金分配/元	月度核定额度/元	实际人均额度/元
A 所	17.34％	××	××	××
B 所	21.43％	××	××	××
C 所	22.45％	××	××	××
D 所	16.33％	××	××	××
E 所	22.45％	××	××	××
合计	100.00％	××	××	××

根据工作量测算，工作量最大的 E 所和 C 所每月有差异化奖金总额××
元，比工作量最小的 D 所高 37.5％。但两个所人数不一样，同样的工作，C 所
63 人完成（2020 年 12 月测算时人数），E 所 55 人完成（2020 年 12 月测算时人
数），因此，E 所人均××元，比 C 所的××元高 14.6％。而 B 所虽然工作量不
是最多，但人数最少，因此人均××元，比最低的 D 所（人均××元）高 49％。

(二)供电所实施二次考核分配

按照以绩效定薪酬的原则，进行供电所内部二次考核分配，即：供电所员工
奖金＝核定基础奖金＋差异化奖金。

一是核定基础奖金。核定基础奖金由组织绩效和全员绩效两类绩效成绩
决定。组织绩效：解决供电所之间"干好干坏一个样"的问题，各供电所的组织
绩效考核结果直接核算为薪酬兑现金额，由各供电所负责人直接按考核项目逐
项落实于员工，兑现到具体事项、具体责任人。全员绩效：解决员工之间"干多
干少一个样"的问题，对员工实行"工作积分制"，对其所从事的工作数量和工作
质量完成情况进行量化评价，在员工间实现多劳多得，奖勤罚懒。

二是开展差异化奖金分配。差异化奖金由各供电所负责人根据所内人员
工作态度、急难险重任务、指标完成情况等因素，自主拟定内部差异化奖金分配
方案，组织所内员工对方案履行民主程序，报送人力资源部和营销部备案，并严
格执行。在执行过程中，人力资源部加强监督，要求供电所充分体现公平、公
正、公开的原则，增加工作透明度，严禁进行人均分配，内部分配表应公示张贴，

接受员工监督。

三、成效与改进

（一）成效分析

一是激发了供电所的内生动力。供电所薪酬包干制完全打破了传统的按人头发放工资奖金的惯例，极大地激发了员工的干事热情。充分调动了员工的主动性、积极性和创造性，真正实现了"多干活就多赚钱，干得好就多赚钱"。

二是激发了供电所之间的相互比拼。供电所薪酬包干分配与各供电所的工作量系数成正比，与人员实际配置数成反比，平衡了超员、缺员供电所的工作量和奖励额度，实现了"增人不增资，减人不减资"，工作量系数不变，人越少收入就越高；而在人员不变的情况下，通过提高工作量系数也能增加分配额度，有效激发了各供电所之间的相互比拼，向人力资源部要人的现象也逐渐减少了。2020 年以来，该企业供电所相同岗位的自聘员工的收入差距达 30%，充分体现了"三个人干五个人的活儿拿四个人的钱"的工作思路。

三是助力供电所提质增效。供电所薪酬包干制进一步加强了供电所绩效薪酬考核分配权，真正实现了"一级管一级，一级对一级负责"的绩效考核及薪酬分配机制，扩大了各供电所的管理自主性，增强了基层供电所管理人员的绩效薪酬分配权，有效解决了供电所所长指挥棒不够管用、员工干劲不足的问题，促进了供电所的提质增效。

（二）改进方向

从 2018 年至 2020 年，薪酬包干制在该企业试行了 3 年，供电所员工已走出平均主义和吃大锅饭的传统想法，逐步适应了考核分配、能增能减的绩效环境。下一步，一是要加大薪酬包干实行力度，进一步增加其中差异化部分的奖金额度，加大供电所负责人对直属员工的直接薪酬分配权，充分唤醒供电所人力资源价值存量，激发员工的作战力。二是要完善薪酬分配机制，结合供电所同业对标，以"强管理、提效率"为引领，紧密衔接营商环境优化、安全管控等主题主线，细化完善工作量核定细则，提升薪酬包干的精细度和导向性。三是要融入数字化转型，紧抓数智型供电所建设契机，基于现有平台探索薪酬包干与绩效管控挂钩的应用模块，实现工作量、工资总额、员工薪酬的线上精准核定及匹配，精准衡量业绩贡献。

某基层供电企业"三定二挂一调整"薪酬包干管理体系构建

摘要： 某基层供电企业建立了"三定二挂一调整"薪酬包干管理体系，在员工面临大面积退休的背景下，赋能供电所自主管理权限，以"干多干少不一样，干好干坏不一样"为原则，调动基层员工工作积极性，激发员工干事创业的主动性，唤醒供电所沉睡资源，助力企业提质增效。

一、目标描述

国网公司提出建设"具有中国特色国际领先的能源互联网企业"的战略发展目标后，浙江省电力有限公司积极响应该战略，提出了"三大理念"，并以"走在前，作示范，打造具有中国特色国际领先的能源互联网企业的示范窗口"为战略目标。为适应电力体制改革需要，践行浙江省电力有限公司"三大理念"，解决基层供电所的痛点难点问题，某基层供电企业以唤醒供电所人力资源为导向，通过建立基层用工"三定二挂一调整"薪酬包干管理体系，践行"多劳多得、多管多得"理念，一方面挖掘沉睡的人力资源，减轻结构性缺员带来的一系列问题，另一方面增强员工获得感，为奋斗者谋幸福。

二、主要做法

(一)引入先进理念，明确改革主线

"划小核算单元"概念源自日本阿米巴经营模式，是指将整个企业分割成多个独立的(准)利润中心，对收入、业务量、成本、效益等进行独立核算，帮助各独立中心按照自主经营的方式管理运营。某基层供电企业应用"划小核算单元"概念，以权限下放、自主经营为机制改革创新主线，充分赋予供电所在总包范围

下的自主管理权限,下放人事任免权、内部考核分配权和外包用工的淘汰建议权,充分给予供电所对外包业务的考核权,鼓励供电所以业绩和技能为导向,推动绩效薪酬更加科学公平地分配。

(二)供电所"三定",明确薪酬基础包干额度

1.依据定员标准,初核定员数量

某基层供电企业以浙江省电力有限公司供电企业劳动定员定额标准为依据,结合各供电所实际规模、用户数量、管理辖区、线路长度、设备台数等多方面因素,初步核定各供电所定员数量。

2.引入调节因素,科学修正定员

由于国网定员标准为满足全国范围内的普适性而采用松紧适中的配置标准,同时国网定员标准未考虑造成供电所生产劳动效率差异的内外部条件因素,导致用工配置不均衡、实际工作不均等现象,亟待结合定员影响因素对定员测算进行修正。考虑到指标数据的可得性,在国网定员结果的基础上,某基层供电企业使用区域因素和人员素质因素进行了再调节。

具体计算公式如下:

$$R_{i1} = R_{i0} \times \gamma \times f(x) \times g(y)$$

其中:R_{i1} 表示供电所修正后的全口径定员数。

R_{i0} 表示供电所根据国网标准测算的定员标准值。

$\gamma = \dfrac{\alpha}{\beta}$,$\alpha$ 为所有供电所实际在岗用工人数合计,β 为所有供电所定员标准值合计值,γ 为在一定程度上修正定员标准标尺。

$f(x)$ 为人员素质因素调节函数,使用工作体能、工作经验、工作能力、教育背景、性别五大要素作为衡量指标,各供电所五大要素与标杆值比较赋值,得分加权平均计算。

$g(y)$ 为区域因素调节函数,使用供电服务半径车程作为供电服务面积的衡量因素。

考虑到不同供电所的服务区域面积的不同,带来了各供电所在维护工作、抢修工作时长方面的差异,因此为达到相同服务质量的用工需求也存在差异。此外,不同区域的人口密度不同,导致单位行程内供电所服务的工作效率不一,对用工需求也存在差异。鉴于乡镇级颗粒度上的最新的常住人口数较难获取,某基层供电企业使用供电服务半径车程作为供电服务面积的衡量因素,对劳动定员进行调节。

3.结合用工实际,核定包干基础额

根据历年工资发放实际,筛除工资总额中不适合用于包干的相关内容,如月度工资、在职工资总额预留、安全奖及各类先进奖励等,确定供电所绩效薪酬包干额度占总额的50%左右。

(三)强化激励引导,与绩效考核增薪挂钩

以组织绩效贡献为重点,突出效益,注重实绩,实施各供电所月度、年度组织绩效考核结果与月度绩效薪酬包干兑现进行挂钩。此外,为杜绝供电所内吃大锅饭、平均分配奖金等情况出现,各所二级绩效考核情况也与薪酬包干总额挂钩。设置供电所月度一级绩效考核奖励,根据各供电所月度绩效考核得分情况,每月另行核增(减)绩效奖至各供电所包干总额,核定数额计算公式为:

各供电所月度核增额=(供电所当月组织绩效得分-100)×核定基数(元/分)×供电所用工核定人数

开展年度业绩考核奖励,根据各供电所年度业绩考核得分情况(折算成百分制后),另行核增(减)年度业绩考核奖至各供电所包干总额,核定数额计算公式为:

各供电所年度业绩考核增(减)额=(供电所年度业绩考核得分-100)×核定基数(元/分)×供电所用工核定人数

(四)考虑到业务发展,与劳动效率增薪挂钩

供电所供区内业务量逐年增长,为实现绩效包干额适应业务规模动态变化,鼓励基层主动担当,某基层供电企业建立了与业务增量挂钩的薪酬包干核增(减)模型,提升劳动效率。

从调研分析数据可见,营业户数逐年增加直接导致供电所营业服务、线路运维等相关业务量逐年增加。为强化经济效益与优绩优酬导向,该企业以2018年1月各供电所营业户数为基准计算增加量,设置了业务增量基础奖励和业务增量按所考核奖励两项内容,营业户数增量额=业务增量基础奖励+业务增量按所考核奖励-外包业务增量奖励。因部分供电所涉及业务外包相关业务,需在此基础上核减外包业务增量奖励。

(五)减员增效、适应调动,完善动态调整机制

设置减员增效奖励。以各供电所修正定员的人员数量为基准,若当年实际

用工人数较基准定员人数有所减少,则每减少一人,核增当年人均绩效包干基数的 100％至所包干额;若当年实际用工人数较基准定员人数有所增加,也不再另行核增绩效包干基数,严格实行"减人不减资,增人不增资",引导员工从"要我干事"向"我要干事"转变。针对内部岗位竞聘、岗位交流情况,以及所与所之间人员频繁调动、职务晋升等情况,企业人力资源部每月动态跟踪人员升职以及部门调动情况,相关人员的薪酬包干基数根据变动月份动态调整至对应供电所;员工职务晋升系数发生变化,则次月按企业发文任免情况对各所职务系数调整的人员重新核算并进行包干额补差。

三、成效与改进

（一）成效分析

一是首创业务外包人工成本纳入包干范畴,打破了工资按人头分配的方式,实现"增人不增资,减人不减资",以绩效包干、效率激励为牵引,推动绩效薪酬等资源向经营效益更优的单位倾斜,通过将用人权和分配权赋予供电所,实现基层赋能。

二是通过引入"划小核算单元"概念,调动了基层经营单位的积极性和灵活性,使各供电所更加关注业务的运营质量、组织的健康发展,并积极通过精简岗位、考核优化、外包管控等内部管理机制和优化手段推进供电所优化分工、整合资源、削减冗员,提高资源投入产出效率。

三是调动了供电所全体员工的工作积极性,供电所申请不补人、台区经理"抢"台区、内勤主动申请到外勤等现象增多,冗员逐步减少。在供电所之间,人均包干总额差距达到××元,体现了"干多干少不一样";在供电所内部,下放自主管理权限,对员工的考核结果进行"数字化"呈现,员工月度奖金的最大差距在××元以上,体现了"干好干坏不一样"。

（二）改进方向

采用先进管理程序,统一管理薪酬包干日常统计工作。目前企业下设 8 个供电所,每月均通过 Excel 表格下发一级绩效考核情况以及供电所包干额实际使用情况,相对比较费时费力而且容易出错,下阶段可相应研发管理程序,简化日常信息数据传递问题。

供电所"一定二挂"绩效薪酬
包干机制的实践应用

摘要： 浙江省电力有限公司深入贯彻国网公司"放管服"和国企三项制度改革要求，结合全能型供电所建设，在供电所全面推广实施"一定二挂"绩效薪酬包干机制，供电所绩效工资总额依据劳动定员（一定）、劳动效率及绩效考核（二挂）结果测算，实行年初预算、年底兑现、总额包干。包干的绩效工资总额的分配权下放给供电所，由供电所依据员工工作量和绩效积分分配，充分体现"多劳多得，少劳少得，不劳不得"的绩效激励导向作用，激发供电所员工"强工单，抢工单，挣工分"的积极性。

一、目标描述

浙江省电力有限公司深入推进国企三项制度改革，改变吃大锅饭现象，推广供电所薪酬"一定二挂"总额包干，供电所绩效工资总额与劳动定员、劳动效率和绩效考核挂钩，同时由供电所按照员工的工作量、工作积分自主分配绩效工资，从而一方面培育了供电所的团队绩效文化，另一方面也激发了供电所内部员工工作积极性，解决了人员供需矛盾。"一定二挂"模型如图1所示。

二、主要做法

在全能型供电所实行绩效薪酬包干机制，创新完善"划小核算单元—组织绩效联动—下放分配权限—包干核定工分计酬"模式，解决企业内部不同组织单元之间薪酬分配不均衡、组织与个人绩效联动难的问题；通过给予供电所自主分配权，实施精准激励，提升激励效用。

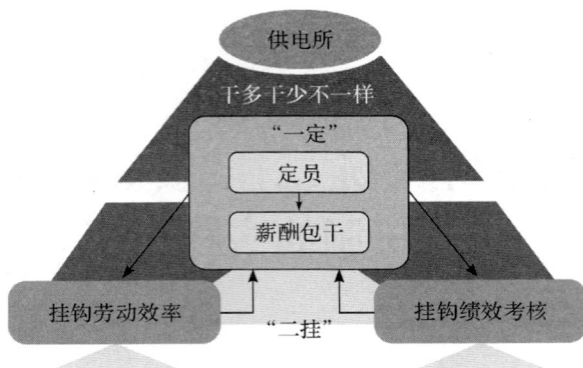

图 1 "一定二挂"模型

（一）实施供电所"一定"薪酬包干

以劳动定员标准为依据，按照供电所管辖的设备和用户数量等测算各供电所实际定员，结合实际用工现状，确定薪酬包干总量。一方面将各类用工与供区业务量相关的生产服务绩效奖金纳入供电所绩效薪酬包干范围内，另一方面将与业务外包公司约定的业务外包人员部分人工成本纳入"一定二挂"薪酬包干范围，实现增人不增资，减人不减资，如图 2 所示。

结合分类用工需求数量和直接用工人均绩效工资水平及业务外包标准人工成本水平计算薪酬总包，并将总包下达给各供电所。总包下达后，在管理模式、管辖面积等没有发生大幅变化的基础上，原则上年度薪酬总包保持 3 年不变（详见图 2）。

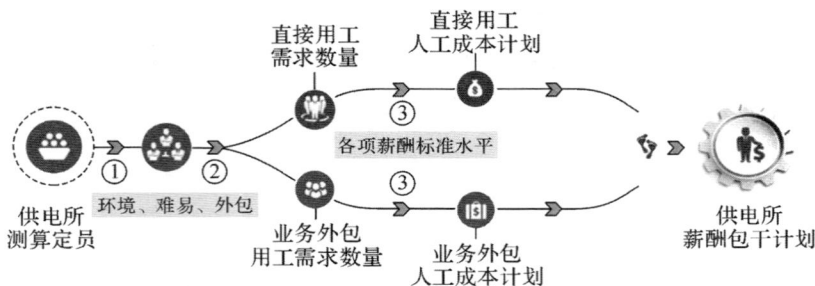

图 2 "一定"薪酬包干

（二）实施"二挂"，效率绩效联动

1. 与劳动效率挂钩

工资总额包干增减与"劳动效率"和"绩效考核"紧密挂钩，劳动效率提升以典型业务增（减）量进行衡量，研究建立与业务增量挂钩的薪酬包干核增（减）模型，牵引劳动效率的提升。通过回归分析和相关性分析，最终选择营业总户数和线路总里长作为与业务增量挂钩的关键指标，建立增量核定模型年底结算，给予各供电所因承担更多工作而分享的更多的绩效薪酬（具体详见图3）。

营业户数增量奖励额＝户均奖励单价×净增户数

配网增量奖励额＝线路回长奖励单价×净增配电线路回长

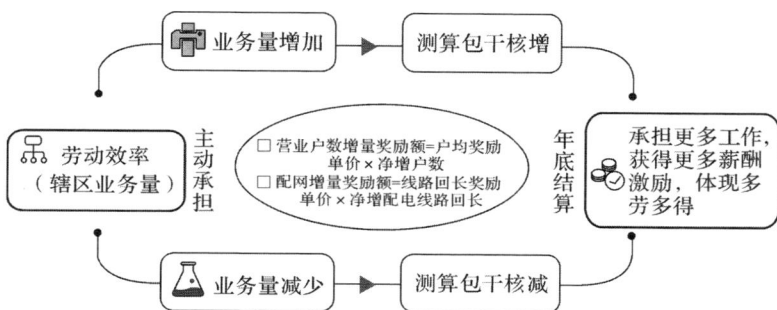

图3　工资总额包干增减与劳动效率挂钩

2. 与绩效考核挂钩

供电企业与供电所签订《供电所绩效考核承包责任书》，建立绩效考核结果与包干额的挂钩机制。各供电所月度绩效薪酬实施月度预发，与月度组织绩效考核结果挂钩后在年底进行增（减）结算。年度使用多维质效评价结果对年度绩效奖进行增（减）结算。

各供电所月度绩效薪酬核增（减）额（结算）＝（∑该供电所月度绩效考核得分－100×月份数）×单位绩效得分奖励单价×供电所核定用工数

各供电所年度绩效薪酬核增（减）额（结算）＝（供电所年度绩效考核得分－100）×单位绩效得分奖励单价×供电所核定用工数

对于业务外包人员，参考供电绩效薪酬核增（减）结算规则，依据业务外包考核评价情况，与业务外包公司结算（具体详见图4）。

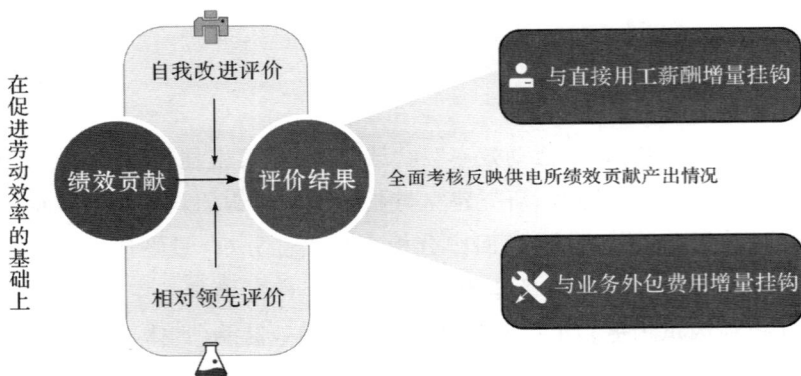

图 4　绩效薪酬核增（减）与绩效考核挂钩

（三）优化供电所内部组织员工激励双联动

为支撑绩效薪酬包干机制的有效落地，推动组织考核与员工考核的联动，形成压力的精准传递，一是将供电所所长和技术人员的绩效奖金与供电所考核结果直接挂钩，二是指导供电所优化班组人员工时积分激励机制，指导各供电所根据工作时间、技术要求、安全风险、艰苦程度等用定额分值的形式，对供电所主要工作任务进行量化计分。积极推行积分"晾晒"，每周公布积分，每月公开绩效考核结果，推动考核过程公开透明。提升月度绩效在年度考核中的占比，要求与工时积分挂钩的供电所人员绩效奖金占比达到 60％以上，并与员工培训、评优评先等直接挂钩。

三、成效与改进

（一）成效分析

在供电所之间，通过绩效工资总额分配包干，体现了"干多干少不一样"；在供电所内部，员工参与绩效积分和绩效考核办法的制定，可以"自我称重"，促进员工不断自我提升；对员工的量化考核结果将员工的工作能力和工作成果"数字化"，拉开了奖金差距，提高了员工的工作积极性。

以基层供电企业某公司为例，2019 年供电所之间人均包干总额的差距达到了××元，供电所内员工月度奖金的最大差距在××元以上。近 3 年该企业供电所农网配电营业工等退出共 10 人，仅补充了 2 人，而近 3 年辖区内的工作量（用户数、配网设备数、线路长度）却增加了 9.4％。

（二）改进方向

下一步将结合"一定二挂"绩效薪酬包干机制实践，进一步将财务标准成本应用于供电所绩效考核评价和人工成本等管控，总体思路是将标准成本与供电所运营效率挂钩考核，统筹考虑设立人员配置率（实际在岗人数与业务外包人数之和/定编人数）和成本节约率（本年度实际运维成本/上年度实际成本、本年度实际运维成本/标准成本）两个考核指标，与绩效、薪酬分配挂钩，引导供电所主动降本增效，提升管理效率效益。

构建全能型供电所多元化薪酬激励机制

摘要： 为推进多元融合、高弹性电网建设，结合国企三项制度改革，A 公司全力推动全能型供电所的改革创新建设，实现营配业务融合。面对新的业务管理模式、新的人员结构，原有的薪酬体系难以有效激发全能型供电所的创效活力，薪酬激励机制亟待创新。A 公司构建了"强化自主二次分配，拓展职业发展通道，精准激励争先创优"的多元化薪酬激励机制，激发员工的主观能动性，最大限度地发挥员工潜能，推进全能型供电所提质增效。

一、目标描述

为进一步激发全能型供电所的创效动力，A 公司以"强化自主二次分配，争先创优提质增效"为效益导向，强化绩效管理，拓展职业通道，激励专业提升，构建多元化薪酬激励体系，激发员工主观能动性，提升工作效率，持续增强供电所内生动力，提升全能型供电所精益化管理水平，全面提高全能型供电所服务地方经济的能力水平，实现企业与员工的共赢。

二、主要做法

（一）强化自主二次分配，推行绩效奖金包干制

为强化供电所绩效管理，深化供电所"放管服"工作，A 公司以供电所定员为基础，以"减人不减资，增人不增资"为原则，制定了《全能型供电所月度绩效奖金包干管理实施意见》，推行全能型供电所员工绩效奖金包干制。

1.绩效奖金包干额度测算

根据公司年度经营目标、绩效指标目标、年度重点工作任务，确定各供电所年度目标，同时结合定员预测各供电所超缺员情况，合理测算供电所薪酬包干

额度,包干总额占工资总额 40％以上。绩效奖金包干范围主要包括绩薪联动奖励、月度奖金、加班工资、效薪联动奖励、人员流失奖励。各供电所根据自身工作特点和年度工作任务安排,制定包干奖金部门二次分配方案,公司负责监督、指导各供电所包干奖金额度的使用,并根据执行情况进行总结、评估、考核,进一步完善相关制度和分包计算模型。

2.月度绩效奖金包干额度的计算模型

月度绩效奖金包干额度的计算模型的相关因子主要有五个维度:供电所上年度业绩指标、当年度月度业绩指标、加班工作情况、超缺员情况、人员流失情况。

上年度业绩指标:绩薪联动奖励针对的是取得上年度绩效优胜的供电所,给予其绩效浮动奖励,奖励幅度按该供电所全年奖金基数的 3％测算,由供电所根据员工绩效贡献度自行分配。

当年度月度业绩指标:月度奖金在年初根据部门系数、奖金基数以及供电所所属员工的绩效系数总和进行预下达,在年末根据当年度月度业绩指标完成情况进行结算。

加班工作情况:根据上级相关规定、历史加班记录情况,并结合各供电所规模及工作任务等情况核定加班包干额度。

超缺员情况:结合售电量、营业户数、线路长度、开闭所数量、营销业务流程数等各项数据综合测算各供电所定员,结合供电所规模和人员配置情况,按照"缺员奖励,不缺员不奖励"的原则,确定各供电所效薪联动包干总额。

人员流失情况:针对当年度退休员工流失未及时补员的情况,发放减员专项奖励,奖励标准按照月度奖基数及当年度缺员时间确定。退休人员流失奖励金额＝奖金基数×缺员月份×人数×折算系数。

3.月度绩效包干奖金的发放和结算

月度绩效奖金包干总额采取"年初核定、年内调整、年底结算"的结算方式。坚持二次分配的原则,包干额度由各供电所在核定的总额内自主分配,合理安排发放进度,提高了供电所绩效薪酬分配权,打通了供电所各类产业单位编制人员之间的"薪酬墙",做到考核更精准,激励更及时。同时供电所以"精益计分"为核心,以员工的工作数量、工作质量、工作态度、综合表现、指标完成率等作为依据进行考核分配,倡导多劳多得、绩优多得,实现"干多干少不一样""干好干差不一样""会干不会干不一样",合理拉开员工绩效薪酬分配差距,充分发挥绩效指挥棒的作用。

（二）拓展职业发展通道，建立"工匠"聘任制

为拓展各类编制人员的职业发展通道，进一步调动全能型供电所各类编制人员的工作积极性，A公司推出了工匠型员工等级序列聘任制，于2018年制定了"工匠"聘任管理办法，开展了第一届"工匠"员工的聘任，2019年进一步完善优化，重新修订了文件，并开展了第二届"工匠"员工的聘任。"工匠"聘期3年，分"钻石匠""金匠""银匠"3个等级。聘任资格从思想素质、绩效结果、学历、专业技术资格或技能等级、任职条件和工作年限6个方面核定。"工匠"产生的聘任程序，坚持公开公正透明，由员工自我推荐报名，经所在部门投票推荐等民主程序形成部门推荐意见，确定部门推荐名单，在征求安监、纪检等部门意见后，履行公示程序。整个聘任程序公开透明，确保把群众信服、领导认可、素质过硬、技术拔尖的人才聘任上来。聘任为"工匠"的员工待遇按照对应的层级按季发放，按年考核。

（三）精准激励争先创优，提升员工专业能力

全能型供电所业务融合对员工技能水平提出了更高的要求。为建设一专多能的员工队伍，切实提高基层站所供电服务能力，A公司以"技能提升、业务融合"为核心，推出了多项精准激励政策，鼓励员工争先创优，全面成才。一是加大全能型供电所营配融合、高低压融合技能培训，通过人人过关、技能比武等活动检验和巩固培训成效，同时鼓励员工参加各级各类竞赛调考，并加大奖励力度，形成"比、学、赶、超"的浓厚氛围；二是加大对技能、技术人员的奖励力度，对获得专业技术资格、技能资格、注册类资格的产业单位的员工根据证书等级给予一次性奖励；三是大力选树典型，开展"安全之星""员工之星"等各类先进评选活动，以点带面促进班组活力提升，同时组建兼职教师库，提升专业培训能力；四是开展产业单位编制青年骨干、青年员工培养选拔工作，通过民主推荐方式，在供电所选拔优秀青年，做好供电所人才梯队储备，加快供电所青年员工成长成才。

三、成效与改进

（一）成效分析

一是强化二次绩效自主考核，激发了全能型供电所内生动力。健全了绩效

考核结果应用机制,以贡献度决定绩效考核结果,通过公平公正灵活的自主二次分配形成正向激励,提升了员工的责任意识与自主意识,做到既有激励又有约束,既讲效率又讲公平,激发了员工能动性,让想干事、能干事、干成事的人才脱颖而出,持续增强全能型供电所内生动力,各项指标完成情况有了显著提升。所辖四个供电所在市公司 2020 年度供电所精益化排名中包揽了前三名和第五名,A 供电所被评为国网公司五星级供电所,所在党支部被评为国网公司先锋党支部,B 供电所被评为地市级先进集体、省公司四星级供电所,C 供电所和 D 供电所被评为省公司五星级供电所。

二是引导人才成就自我价值,提升了全能型供电所管理效能。"工匠"聘任制的设立,有助于各类编制员工拓展个人职业发展通道。自 2018 年"工匠"聘任制开展以来,A 公司已聘任"工匠"13 名,其中"钻石匠"2 名、"金匠"3 名、"银匠"8 名,主要分布在高压运检、高压营销等一线岗位上,截止到 2020 年年末已累计发放各级"工匠"奖励××元。实现各类产业单位编制员工职业发展通道的动态管理及持续优化,有效形成了"比、学、赶、超"的学习氛围,人员队伍活力得到有效提升,在全能型供电所建设和产业单位年度评比中成效显著,A 公司在所属地市区域中率先完成了深化全能型供电所建设全覆盖,高压业务一步到位全部下放,前端服务能力和效率进一步得到了提升。

(二)改进方向

一是着力推进不同身份用工的薪酬一体化体系建设。不同身份用工的原有薪酬体系各自独立,工资结构差异化程度大,收入水平高低不平衡。需要设计覆盖员工的统一的薪酬体系,逐步平衡不同身份用工的收入差异,规避同工不同酬的用工风险,构建和谐的劳动关系,促进全能型供电所和谐发展。

二是继续深化多元化实施精准激励措施。注重员工个性化发展和需求,给予具有管理才能的人才充分的发展空间,给予具有出色的技术专业能力的人才足够的前进空间和动力,最大限度地挖掘员工潜能,放大专项奖励精准激励,助推全能型供电所提质增效。

全能型供电所二级绩效薪酬分配体系

摘要:在深入推进全能型供电所建设,实现供电所高低压营销、生产业务四象限深度融合的背景下,某基层供电企业建立和完善了全能型供电所的组织绩效考核和所内员工薪酬再分配的二级绩效薪酬分配体系,通过绩效导向鼓励业务能力升级,优化供电所员工结构,全面建成基础更牢固、协同更顺畅、管理更科学、员工更多能、服务更高效的供电服务强前端。

一、目标描述

为充分适应服务内容的延伸和服务方式的转变,为推进全能型样本供电所建设提供借鉴,某基层供电企业积极探索全能型供电所二级绩效薪酬分配体系,在组织绩效层面,打破专业壁垒,建立各专业一体化考核模式,实行供电所薪酬总盘减员核增和工作量核增机制,提高年度绩效考核的挂钩深度;在供电所层面,创新构建员工星级绩效薪酬管理体系,实现员工技能、工作业绩、个人工作量、安全考核、团队建设等五个维度的量化考核,真正体现多劳多得,多能多得,干好多得,进一步推进全能型供电所高低压业务融合,提高员工工作积极性和主动性。

二、主要做法

(一)一级绩效切块精益化

在供电所组织绩效层面,打破了专业壁垒,实现各专业一体化考核,充分体现了考核体系的综合性和公平合理性;建立了供电所薪酬总额的核增机制,彻底解决干多干少、干好干坏一个样的问题。一体化考核主导总额切块。供电所执行独立的月度绩效考核体系,主要由营销专业月度精益化考核、运检专业月度精益化考核和综合专项考核组成一体化考核体系。供电所月度精益化绩效得分＝营销专业精益化得分×40％＋运检专业精益化得分×40％＋综合专项考核得分×20％。营销专业精益化得分和运检专业精益化得分分别由市场营销部和运维检修部根据全能型供电所评价体系得分计算，综合专项考核得分由其他专业部门根据各专业专项考核办法提出考核意见，专项核增补足分配缺口。在常规月度绩效奖包干的基础上，为了进一步调动供电所员工的工作积极性，实现效率、效益变革，企业在包干基础上核增以下包干奖金：

（1）"干好多得"核增：组织年度绩效奖励，三个供电所作为单独序列进行年度考核排名。排名第一，年度绩效奖励×1.1；排名第二，年度绩效奖励×1.0；排名第三，年度绩效奖励×0.9。

（2）"减员不减薪"核增：各供电所退休（或人员调整）等原因造成减员的，按减员人数按月补贴薪酬奖，核增标准为每人每月按月度绩效奖基数的80％计算。供电所新增人员按岗位系数核定总额，当新增人员数大于等于减员数时，取消减员部分核增总额。

（3）"多劳多得"核增：

$$核增额＝（当年设备量指数－上年设备量指数）/上年人均设备量指数×K$$

其中，K 为当年岗位平均系数。

$$设备量指数＝\sum（影响设备量因素权重×供电所设备量占全县比重）$$

$$上年人均设备量指数＝上年设备量指数/上年平均人数$$

（二）二次薪酬分配差异化

供电所按照五星绩效考核模式完成月度星级评定以及薪酬二次分配。五星绩效考核按照员工技能、设备承载量、工作质量、安全责任承担、精神文明（团队）建设五个维度，分别实行技能星、设备星、业绩星、安全星、团队星星级考核。

五星绩效考评实现了工作内容、工作质量等全覆盖的量化考核，各个维度星级考核内容及评价标准的修订由班组或供电所提出具体修改方案，经由供电所管理层讨论确定后，报绩效管理办公室审批，由人力资源部负责归口备案。系统支持各供电所"私人定制"设备星因素权重和业绩星指标池，实现不同供电所、不同岗位差异化指标科目、权重设置，提高了考核的针对性和有效性，真正体现了多劳多得，多能多得，干好多得。

1.技能星考核是将员工技能水平纳入考核，强化技能培训结果应用，采用"基础评定＋鼓励提升"的方式进行技能星的评定，提升员工培训积极性，驱动员工自主提升技能水平。技能星基础星级是以员工技能等级或职称等级和员工所在岗位必备证书为要求评定的基础星级。假设确定低压电工证和高压电工证为员工必备证书,判定星级时以技能等级或职称等级为优先条件。例如技能星四星需要同时具备技师或工程师资格＋低压电工证＋高压电工证,如果缺少高压电工证(或低压电工证),则评为三星。技能星设置升星通道,参加竞赛调考表现优异也可获得技能升星。

2.设备星考核主要以员工在管辖范围内所承担的设备数、线路数、用户数等为因素评估员工的基础工作量,未直接承担设备管理的员工以工作管理关系和层级管理关系设置连责系数进行评估。设备分计算时需要确定工作量影响因素:各供电所根据服务地区业务特点确定本供电所工作量大小的影响因素并赋予权重,确定设备分计算基础,以各因素所占比例与该因素的权重进行加权求和即各网格员的设备分。

某网格员的高压、低压设备承担情况如表1、表2所示。

表1　高压设备承担情况

影响因素	高压用户数	高压线路长度	高压开关	环网柜间隔	开闭所	配变台数
权重	10%	10%	10%	5%	5%	5%
员工承担数	59	126.62 千米	150 个	42 个	0	0
占全所比重	5.82%	11.68%	7.89%	3.63%	0%	0%

表2　低压设备承担情况

影响因素	低压用户数	总保数	低压线路长度
权重	25%	20%	10%
员工承担数	0	0	0
占全所比重	0%	0%	0%

根据表1、表2,可以计算该网格员设备分＝$\sum$(占全所比重×影响因素权重)×1000

3.业绩星考核以"管得多也要管得好"为原则将指标考核落实到具体责任人,激励员工提升工作质量表现和承担更多额外工作。根据上级单位管理要求,建立考核指标库,各供电所可根据自身管理要求确定本供电所员工考核指标,并根据重要程度赋予权重。根据具体指标考核要求,可采取分档评分、发生制扣分等评分标准,各所根据实际指标管控情况,对Ⅰ、Ⅱ、Ⅲ型网格员和综合班班员制定差异化指标对标体系。

4.安全星考核根据岗位安全责任清单,综合考虑员工担任工作负责人次数、作业现场安全规范、安全管控平台使用率等因素,区分员工安全责任承担大小,以员工"安全责任承担多,安全工作做得好,安全绩效星级高"为原则进行评价。

5.团队星判定包括6个方面:行为规范、精神文明、工作纪律、班组建设、企业文化、党建考评。默认五星基准,实行扣分制,满分100分,扣分依据为《国家电网有限公司员工奖惩规定》和基层供电企业《月度绩效考核细则》。扣分标准分两类,一种为一般过错,扣2分/次,另一种为重大过错,扣10分/次,根据分数区间确定星级(表3)。

表3　各星级对应的分数区间

星级	一星	二星	三星	四星	五星
分数	90~92	93~94	95~96	97~98	99~100

将员工个人绩效划分为5个部分,分别对应5个维度的绩效薪酬,以员工平均绩效薪酬为基础标准进行划分,其中技能星、安全星、团队星根据星级直接核算星资,设备星和业绩星以考核分数划分星级和核定薪酬,划分标准如表4所示。

表4　各维度权重与相应标准

项目	技能星	设备星	业绩星	安全星	团队星
权重	5%	30%	50%	10%	5%
标准	四星	总分对设备总包	总分对业绩总包	三星	五星

三、成效与改进

(一)成效分析

一是强化了组织绩效薪酬应用。从指标考核发力,突出指标引领,结果导向,梳理建立网格关键指标评价体系,从优质服务水平、供电能力水平、综合管理水平3个维度,梳理一级指标3个、二级指标11个,实现了基层供电企业一供电所一网格指标贯通和信息传导。区分城区和乡村差异化禀赋,构建基于供电所和网格责任区的两级指标看板和绩效看板,推进供电所之间、同类网格之间对标管理,考核结果与供电所薪酬直接挂钩联动,激发基层工作潜能和活力。

二是绩效驱动赋能,强化了个人薪酬激励。通过差异化权重设置和积分规则,个性化定制岗位对应的五星考核机制,提高了员工考核的量化程度和精细度,在权重设置上充分考虑业务融合程度,同岗位根据参与业务内容的不同,薪酬差额可达××元。员工月度五星考评直接与绩效薪酬挂钩,综合星级评定结果和各个维度的星级绩效综合表现优异者可优先参与评优评先。年度考核时,企业根据实际情况进行激励,其管理体系适用于高低压融合后的全能型供电所发挥绩效指挥棒、助推器作用,形成"推先进,带后进,大家一起跑"的动车组模式,优化全能Ⅰ、Ⅱ、Ⅲ型员工配置,推动形成"橄榄形"的用工结构,打造全能型供电所建设样板。

(二)改进方向

一是进一步完善薪酬激励措施。加强与基层供电所的信息交互,掌握、分析五星绩效考核机制的执行效益,充分考虑基层供电所的年度重点工作,在专项核增上进一步体现绩薪联动奖励、效薪联动奖励。

二是加快数智系统支撑。目前上线使用的五星绩效系统功能还不足以支撑数智化供电所建设需求,接下来,企业将以五星绩效框架为基础,融入"数智化"工单绩效核心点,实现绩效数字化、自动化,更好支撑全能型供电所建设。

"数智化"供电所绩效薪酬激励机制研究

摘要: 近年来,供电所工资总额增幅与员工预期间的矛盾、缺员与业务需求增加的矛盾日益凸显。某基层供电企业就实现组织与个人绩效的双向联动、绩效与薪酬的关联应用进行了研究,建立了一套适用于供电所的绩效多维量化薪酬分配的新模式,并取得了良好效果。

一、目标描述

国家电网有限公司建设具有中国特色国际领先的能源互联网企业战略目标的确立,是习近平新时代中国特色社会主义思想在国网公司的战略实践。人力资源是企业的第一资源,科学的绩效薪酬管理体系对于激励优秀员工,推动公司战略目标的实现至关重要。当前传统的绩效管理存在主观性评价过重、实施过程和结果展现透明度不够等问题。根据省公司决策部署,围绕"数字转型、提质增效、基层减负、素质提升、融合融通"理念,某基层供电企业构建和实施"数智化"供电所绩效薪酬激励机制,依托业务平台,实现数字绩效化,使绩效考核更精准、分配更合理、激励更及时,形成多劳多得、多能多得、优劳多得的激励导向,从而有效助推"数智化"供电所建设。

二、主要做法

(一)建立组织绩效量化核定模型

某基层供电企业以供电所业务为抓手,兼顾战略定位,通过打破传统基于员工人头数量的薪酬分配模式,结合各供电所实际规模、业务密度、员工数量、地理地形等多方面因素,搭建了基于"专业＋战略"双维的组织绩效分配模型,实现了按劳分配,为供电所绩效量化提供了科学依据,从源头体现了市场化激励机制。

1.通过对供电所现场调研、发放问卷调研、专家讨论等方式,确定工作项。以一般技术水平的供电所在一般情况下完成该工作项所消耗的工时为判断标准,假设1工时=1工分。同时通过专家经验和历史工作记录数据进行验证与修正,提升基础工分的精准度,最终确定专业线条量化指标的基础工分。

2.根据年度重点工作、季度重点工作和月度重点工作分解出的主要指标项,从创新成果、重点工作、绩效考核和安全工作四个维度梳理绩效考核战略维度积分库(视实际情况调整),设置各项战略指标量化积分。

3.核定组织绩效

考虑到各供电所存在地理因素差异,设置模型的调整因子 k(取值 $1 \sim 1.1$,山区、用户稀疏的供电所为1.1,其他均为标准值1)。

由此得到供电所绩效得分=(业务线条得分×A%+战略线条得分×B%)×k,$A+B=100$;再按照各所得分占总分比,以百分制核定各所绩效包=$\dfrac{X_i}{\sum\limits_{i=1}^{6} X_i} \times 6 \times 100$,$X_i$ 为供电所绩效得分。

4.下放考核权限

深化供电所"放管服"工作,绩效薪酬总额核定后,与各供电所签订《供电所绩效考核承包责任书》,同时充分赋予供电所负责人考核和一定比例的绩效薪酬分配权,进一步加强供电所自主管理权限,建立优胜劣汰、奖勤罚懒的竞争机制,提高整体人员素质和有效推动各项管理工作。

(二)搭建个人绩效数据分析模型

供电所员工是公司面向客户的第一窗口,工作量和服务质量的量化衡量一直是基层考核的"第一痛点"。某基层供电企业基于"业务工单化、工单数字化、数字绩效化",通过科学提炼供电所各类员工的主营业务特点和工种差异性,创新差异化、多元化工作计分考核维度,构建了供电所"安全积分+基础工作积分+增量工作积分+工作质量积分+技能积分"的五维量化精益积分考核评价模式;同时借助绩效云平台进行绩效测算,实现所—班组—员工多层级维度可视化绩效结果呈现,丰富和细化现有供电所画像、员工画像内容,实现PC端、移动端多终端展现,丰富考核工具,实施分类考核,凸显全面量化,实现"以分计酬"。

1.明确积分标准与规则

在全能型供电所建设中,随着高压营销业务下移、运检营销业务末端融合、综合能源、优质服务水平要求逐步提高,供电所工作现行的标准有效覆盖了全业务考核。企业从安全工作、技能等级、基础工作、增量工作、质量工作五大方面构建了量化积分库,如图1所示。

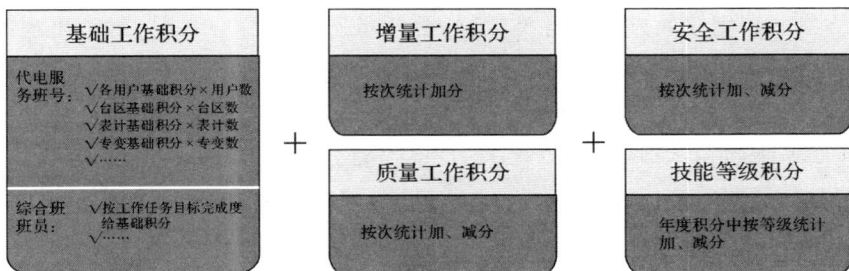

基础工作积分		增量工作积分		安全工作积分
代电服务班号: √各用户基础积分×用户数 √台区基础积分×台区数 √表计基础积分×表计数 √专变基础积分×专变数 √…… 综合班班员: √按工作任务目标完成度给基础积分 √……	+	按次统计加分 质量工作积分 按次统计加、减分	+	按次统计加、减分 技能等级积分 年度积分中按等级统计加、减分

图1　五大积分库

员工工作积分统计核算方法:

(1)月度积分核算

　　月度积分=基础积分×A%+增量积分×B%+质量积分×C%
　　　　+安全积分×D%,A+B+C+D=100

(2)年度积分核算

　　年度积分=(∑月度积分)/12×Q1+技能积分×Q2

其中,A、B、C、D、Q1、Q2根据实际供电所自身业务及规模调整变化。

2.应用"数智化"移动平台,深入挖掘绩效数据

某基层供电企业深化"数智化"绩效考评工作模式,通过"绩效app"工分登记云平台支持班组全员一体化绩效管理,以工分登记为基础,量化员工工作内容,支持工作派单与抢单,实时上传现场作业场景、工作状态、地理位置和作业结果,打造供电所以量化精益积分为基础的多样化绩效管理模式,实现供电所班组员工积分随手记、作业过程随手管、积分结果与个人发展联动、管理分析"数智化"等目标。

(三)拓宽绩效考核双向沟通渠道

1.大力推动绩效薪酬管理目标持续优化

常态化进行组织和个人绩效目标进展"回头看",评价实现目标的各种资源使用情况;评价目标实现是否还存在弹性空间;评价所实现的目标在推动和促进企业可持续发展中的作用发挥情况;同时对组织和个人绩效与目标的差别进行评审,查找绩效差距,定期总结思考,制定提升对策,实现从目标评价到目标

更新的过程,并将已完成的目标成果作为新的目标管理的开始。

2.积极开展频繁和实时的沟通反馈

通过该机制能够深入了解员工工作状态,提供更为精准有效的评价及改进指导方案。利用绩效云平台各类数据,分析员工当前身心状况,对于出现问题的员工进行谈话、开导,解决员工自身产生的问题,确保人才利用率;利用中、长期数据,了解员工自身的长处与短处,挖掘员工自身的闪光点,判断其发展方向,确保全能型、专家型人才的养成,不断完善人员构成和人才储备,为可持续发展和决策提供助力。

(四)落实薪酬分配刚性应用

优化完善多维度激励机制,促进企业与员工的活力提升。着眼于营造以人为本、干事创业的良好氛围,某基层供电企业以员工成长发展需求为出发点,深度挖掘、分析激励机制,通过借助绩效移动平台大数据分析功能,多种激励机制合理刚性应用,全面提升绩效激励效果,从根本上激发员工工作热情、工作创造力。

供电所员工绩效工资占比不低于70%,与所在组织、本人绩效考核结果挂钩,撬动激励杠杆,"上不封顶",合理拉开收入分配差距。以员工年度绩效工分为依据,供电所员工绩效等级实行强制分布,年度绩效考核结果按一定比例划分为 A(2 分)、B(1.5 分)、C(1 分)、D(0 分)四个等级,绩效等级严格与绩效工资成正比。同时员工岗位薪点工资随绩效等级累计积分实现薪档动态晋升,真正做到业绩升、薪酬升,业绩降、薪酬降。

三、成效与改进

(一)成效分析

某基层供电企业以"数智化"供电所绩效薪酬激励机制打破了传统绩效管理模式,充分体现了薪酬的激励约束作用。

一是以往按人头分配奖金的吃大锅饭模式得到了真正改变,该机制实施后供电所员工绩效工资最大差距由原来的 15% 扩大为 40%,薪酬收入与实际工作量的匹配度进一步提高,员工绩效工资差距逐步拉大,充分营造了"减员增效"的浓厚氛围。供电所人员转变思想观念,明确角色定位,员工普遍实现了从"要我工作"到"我要工作"的转变。

二是员工的绩效得分普遍上升了 5%~10%，员工在技能、管理等方面得到了全面发展，2020 年中级及以上技能、职称人才同比增加了 43%，结构性缺员问题得到了有效缓解。通过工作绩效数据分析，及时调整工作分配，合理均衡安排工作、学习，该机制最大限度地发挥了员工的个人价值，做到量才适用。

三是员工对绩效管理的满意度显著提升。问卷调查结果显示，供电所员工满意度较之前的 70.13% 提升到了 87.52%，实现了员工队伍的和谐稳定。

(二)改进方向

一是通过绩效云平台进行数据融合共享，实现原始工单数据自动获取，工单数据与绩效分数自动转化，减少大量手工录入、维护工作，实现基层班组减负增效，提升绩效管理的精准性、时效性。

二是组织绩效包的核定进一步通过多元量化实现更精准的考核，战略线条需要再补充完善。

A公司建立结果导向型的
供电所管理提升薪酬分配制度

摘要：为激发公司广大员工的创效动力，以供电所管理为突破口，打造山区生态能源互联网建设示范窗口的前沿阵地，实现供电所管理水平全面向好向优，A公司在月度供电所同业对标考核的基础上，加设供电所管理提升专项奖金，促成供电所提高全市对标成效，并在供电所层面实行绩优化的二次绩效考核分配，构建与公司发展要求相匹配的供电所薪酬分配制度。

一、目标描述

为了进一步激发供电所员工的创效动力，A公司在月度供电所同业对标考核的基础上，加设供电所管理提升专项奖金，加大供电所考核力度，奖励与问责更加清晰，可操作性更强，有效地奖励先进，鞭策后进；坚持以供电所排名为依据，实施结果导向型的薪酬分配制度，差异化实施精准激励，实现供电所管理水平全面向好向优。

二、主要做法

（一）制定年度供电所对标排名目标

考核体系由月度对标考核与专项绩效考核组成。整个体系以上年度供电所对标排名为基础，制定本年度目标，分别以得分和排名进行测算分解。以A公司2021年度目标"保五争三"为例，考虑到该年全市各供电所得分均会较前一年有所提升，故将前一年全市第3名的基层供电企业得分设定为该年"保五"的目标值，将前一年全市第1名和第2名的平均得分设定为该年"争三"的目标值，将分值分解至各供电所，找准排名。

（二）将年度目标分解为月度目标

指标分值分解时考虑指标提升的难度系数，排名靠前的供电所分值提升幅度相对较小，排名靠后的供电所分值提升幅度相对较大。

以 A 公司 2021 年度目标分解为例：若取得全市年度第 5 名，月均得分应不低于 96.18 分；若取得全市年度第 3 名，月均得分应不低于 97.23 分。表 1 测定的是 A 公司取得全市年度第 5 名时分解后的各供电所月均得分和月均基准排名。

表 1　各供电所月均得分和月均基准排名

供电所	A 供电所	B 供电所	C 供电所	D 供电所	E 供电所	F 供电所
2020 年度月均得分	87.554	89.634	87.918	88.866	89.634	93.100
2020 年度月均基准排名	46	40	43	42	35	8
2021 年度月均得分	93.674	95.764	94.048	94.996	96.484	96.762
2021 年度月均基准排名	29	15	27	21	10	8
月度差异化考核	第 1 名得 5 分，2～10 名得 4 分，11～20 名得 3 分，21～29 名得 2 分，30～35 名得 0 分；36～40 名扣 2 分，41～46 名扣 3 分	第 1 名得 5 分，2～5 名得 4 分，6～10 名得 3 分，11～15 名得 2 分，16～25 名得 0 分；26～36 名扣 2 分，37～46 名扣 3 分	第 1 名得 5 分，2～10 名得 4 分，11～20 名得 3 分，21～27 名得 2 分，28～33 名得 0 分；34～40 名扣 2 分，41～46 名扣 3 分	第 1 名得 5 分，2～8 名得 4 分，9～16 名得 3 分，17～21 名得 2 分，22～30 名得 0 分；31～40 名扣 2 分，41～46 名扣 3 分	第 1 名得 5 分，2～5 名得 4 分，6～10 名得 3 分，11～20 名得 0 分；21～36 名扣 2 分，37～46 名扣 3 分	第 1 名得 5 分，2～5 名得 4 分，6～8 名得 3 分，9～20 名得 0 分；21～36 名扣 2 分，37～46 名扣 3 分

表 1 设定的年度指标月均得分是各供电所月均得分下限的管控值，排名也是月均管控下限的阈值，各供电所需严格按照指标得分值和排名进行提升和双重管控。人力资源部将根据公司月度绩效考核基数和各供电所加扣分情况发放月度对标考核奖金。

（三）设置专项绩效考核奖

以上级供电公司公布的年中、年度供电所同业对标结果为准，根据评选条件设置专项绩效考核奖,并执行一票否决制。

1. 对标标杆奖:选取进入上级供电公司供电所同业对标年中、年度排名前10名的供电所,授予其"标杆供电所"称号。原则上如有多于3个供电所入围,则取前3名。

2. 对标先进奖:将上年度供电所对标的排名设为基准排名,计算本年度奖励名次。若A公司本年度奖励名次为21名,则授予年中、年度供电所对标排名21名内的供电所该奖项(含21名)。

3. 对标进步奖:供电所排名较上年度提升15名以上并符合管理先进单位指标算法的,则授予其对标进步奖。

4. 对标贡献奖:在创先争优上获得国网、省市公司及县级地方政府以上级别的荣誉的单位,授予其对标贡献奖,以获奖文件或证书等为准。

(四)奖金设置

1. 对标标杆奖奖金设置

本项奖金的奖励名额原则上设定为3名。应奖励名额为3名或多于3名的,按名次向第1名、第2名、第3名依次进行奖励;如奖励名额出现超过3名的情况,则在公司绩效考核领导小组确定后由人力资源部予以兑现(详见表2)。

表2 对标标杆奖奖金设置情况

类别	第一名	第二名	第三名	增加名额
年中	××元/次	××元/次	××元/次	待定
年度	××元/次	××元/次	××元/次	待定

2. 对标先进奖奖金设置

本项奖励不设名额限制,对在年中、年度供电所对标排名21名内的供电所进行奖励(含21名),各年度名次标准根据实际情况动态调整(详见表3)。

表3 对标先进奖奖金设置情况

类别	第一档 (前10名)	第二档 (11~15名)	第三档 (16~21名)
年中	××元/次	××元/次	××元/次
年度	××元/次	××元/次	××元/次

3.对标进步奖奖金设置

以上级供电公司发布的供电所同业对标评价得分为依据,取半年、年度两次对标排名数据中较上年度排名进步超过(含)15名的,根据以下公式计算得分并排名,取前3名(详见表4)。

$$进步得分 = \sqrt{(上年度名次 - 当年名次)^2 + (供电所总数 - 当年名次)^2}$$

表4　对标进步奖奖金设置情况

类别	第一名	第二名	第三名
年中	××元/次	××元/次	××元/次
年度	××元/次	××元/次	××元/次

4.对标贡献奖奖金设置

本项奖励以实际获取的集体荣誉对应奖励,按照获奖奖项级别给予奖励,名额不做限制(详见表5)。

表5　对标贡献奖奖金设置

国家级	国网系统			地方政府		
	国家电网级	省公司级	市公司级	省政府级	市政府级	县政府级
××元/次	××元/次	××元/次	××元/次	××元/次	××次	××元/次

5.对标落后处罚设定

本项处罚措施是根据公司当年同业对标目标设定的,针对供电所对标落后单位给予相应的绩效处罚,促进供电所自身提升潜力的发挥力度,逐步缩小差距,迎头赶上。A公司2021年对标落后处罚设定如表6所示。

表6　对标落后处罚设定情况

第一档 (后2名)	第二档 (40~44名)	第三档 (37~39名)
××元/次	××元/次	××元/次

(五)一票否决条件

发生国网、省公司、市公司重大问题通报、恶性违章通报、人员违规违纪等情况,经公司确认后,取消对标标杆奖、对标先进奖、对标进步奖、对标贡献奖的评选资格。

三、成效与改进

(一)成效分析

A 公司通过实施结果导向型的供电所管理提升薪酬分配制度,充分发挥出薪酬的激励作用,推动了公司绩效各项指标稳步提升。2020 年度公司绩效考核排名较 2019 年提升 1 位。2020 年 A 供电所入选省公司"十佳"业主项目部,成功创建为省五星级供电所、省五星级建设。B 供电所工单管控成效显著,实现全年零投诉,获上级供电公司供电所管理提升三等奖。

(二)改进方向

一是需要根据实际考核情况,每年一次对各供电所年度排名目标进行动态调整,使目标设置能够更科学合理地产生激励效果,避免出现目标设置不合理、难以达成,从而对员工积极性造成影响的情况出现,提升员工对考核结果的认可度。

二是建立全过程管控机制,实时监测各供电所月度得分数据,与上一月和前一年同期进行比较。及时发现问题,进行科学诊断,有效进行反馈和改进,提高全过程管控能力。及时准确地进行奖惩,进一步调动员工的争先意识,确保年度供电所对标任务顺利完成。

基于"全员赛马＋台区经理制"的
供电所薪酬分配机制

摘要：某基层供电企业建立了以"全员赛马＋台区经理制"为核心的供电所薪酬一、二次分配机制，构建了涵盖安全生产、故障抢修、运行维护、营销业务等多个维度的评价体系，以综合评价结果作为站所间以及站所内的薪酬分配依据，实现"多劳多得、绩优酬优"，进一步激发员工的主观能动性。

一、目标描述

为进一步提升供电所台区安全运行、营销服务水平，某基层供电企业探索开展以"全员赛马＋台区经理制"为核心的供电所薪酬一、二次分配机制，通过站所间"赛马"差异化一次分配，站所内包干落实二次考核，实现"所所有目标、人人有指标"，助力全能型供电所创建，为建设成电网坚强、资产优良、服务优质、业绩优秀的现代企业打下扎实基础。

二、主要做法

(一)站所间"赛马"，以业绩导向差异化进行一次分配

一是四大赛道全覆盖，业绩提升有抓手。通过编制实施《基层站所"赛马"体系实施方案》，以"一图""一码""一指数"为抓手，设立"快办电、少停电、用好电、服好务"四大赛道，将关键指标(key result)放入赛道进行"全员赛马"，用 K(key)指数衡量"赛马"结果，以标示辖区地图、"黄绿红"码呈现"赛马"进度的方式，定期在"一会一栏一群一站"上"晾晒"。

"一图"是指基层站所"赛马"图，以标识辖区地图的方式呈现"赛马"结果；"一码"是指亮码目标管控，对排名在目标区间内的基层站所亮绿码，对排名偏离目标区间50％以内的亮黄码并考核，对排名偏离目标区间50％～100％的亮

红码警示并重罚。"一指数"是指四大赛道下营销、运检、供指等专业部门授权考核的关键 K 指数,以及根据阶段性重点工作安排滚动修订的附加 K_n 指数,从而形成 $K + K_n$ 的 K 指数体系,如图 1 所示。

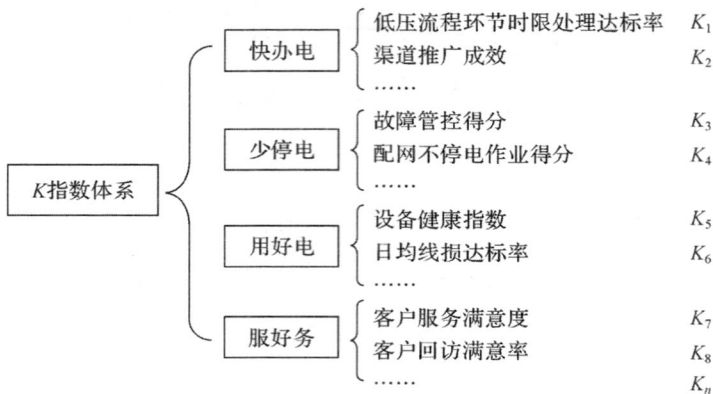

图 1 K 指数体系

其中每一项 K_n 指数的基准分为零分。采取目标管控法,根据各供电所超出(偏离)目标值的程度进行相应的加(扣)分。

二是薪酬分配强关联,优绩优酬导向明。各供电所月度薪酬总额由固定总额、绩效总额两部分组成。固定总额包含所内员工的岗位工资、技能工资、津补贴等,绩效薪酬直接与供电所每月的 K 指数结果相挂钩:

$$K \text{ 指数} = 1 + \sum_{n=1}^{n} k_n/20$$

$$\text{绩效薪酬} = \text{绩效工资基数} \times \text{所内人数} \times K \text{ 指数}$$

其中,绩效工资基数每年核定一次。通过将 K 指数与薪酬紧密挂钩,企业树立了鲜明的业绩导向,营造了你追我赶的工作氛围,增强了员工的紧迫感和责任感。

(二)站所内包干,以台区经理制落实二次考核

在各供电所内部建立起"台区经理制"的二次分配机制,通过合理划分台区、科学设置积分、差异薪酬分配,将工作落实到个人,实现工作成果可量化、责任包干可追溯、薪酬激励有依据。

1. 合理划分台区,夯实评价基础

以辖区内的台区数、配变数、用户数、线路长度、离所(站)距离、台区表计年度安装数(近三年)、台区现状(包括采集覆盖率、线损率等关键指标)等因素作

为评估要素,结合运检、营销等专业部门评估意见,将现有的台区划分成若干个台区经理责任区,通过"竞标"的方式进行责任台区认定,原则上一人不少于一个片区,不超过两个片区。责任台区实行责任包干制,台区经理对责任区内的安全生产、运维检修、营销服务等工作全面负责。

2.科学设置积分,量化评价结果

台区经理积分由工作量积分、指标积分、鼓励项积分三部分组成。

(1)工作量积分。工作量积分是体现员工付出努力与时间的积分单元,工作量积分=责任区积分+值班积分+现场工作积分。

工作量积分采用直接赋分法。其中,责任区积分为固定值5分/个;值班积分值为1.5分/班×值班次数;现场工作积分主要体现为外勤工作量,如抢修任务等,作业次数分按0.5分/半天计,作业内容分按登高作业0.75分、地面工作0.5分计,如半天内参加多项工作的,取计分值高的记录。值班人员值班期间原则上不参与外勤工作,特殊情况下参与工作的,除当天的值班积分外,外勤积分另计入现场工作积分。

(2)指标积分。指标积分是体现员工业绩水平的积分单元,以责任区内各项指标完成情况为评价依据,主要分为安全指标、运行指标、营销服务指标以及阶段性重点工作四类。其中,安全指标包括不发生电力生产人身伤害事故、不发生负有责任的农村触电伤害事故、不发生责任性异常和障碍、不发生用户自发电向系统电网倒送电责任性事故等;运行指标包括智能总保护安装率、投运率、低压线路完好率、低压配电装置完好率、设备巡视率、消缺率等;营销服务指标包括当月电费回收率、分类电价执行率、电费差错率、合同签订率、准确率、责任区抄表正确率、见面率等;阶段性重点工作内容根据各所的实际情况进行个性化编制、滚动修订。

指标积分采用目标管控法,超过(偏离)目标值者进行一定幅度的加(扣)分。

(3)鼓励项积分。鼓励项积分是对员工取得本职工作以外的成绩进行奖励的积分单元,包括稿件发表、合理化建议采纳、竞赛比武获奖、科技创新等内容,旨在通过鼓励项积分的设置鼓励员工不断进行自我突破。

鼓励项积分采用直接赋分法,根据成果级别、推广应用效果等评价因素赋予相应分值。

3.差异薪酬分配,激发队伍活力

供电所员工个人的薪酬结构由岗位技能工资、辅助工资以及绩效工资三部分组成,其中岗位技能工资与工龄、技能等级、岗位相对价值挂钩,占比50%;辅助工资包括工龄工资、津补贴等,占比15%;绩效工资与台区经理积分挂钩,占比35%,计算公式如下:

个人绩效工资＝绩效工资基数×个人积分

绩效工资基数＝供电所绩效薪酬总额/所内台区经理总分

其中,供电所绩效薪酬总额即为与"赛马"结果相对应的一次分配结果,个人绩效工资由所内二次分配。通过台区经理制的实行,该基层供电企业实现了供电所一、二级薪酬分配的精准接轨,促进了薪酬激励机制向末端的进一步延伸。

三、成效与改进

(一)成效分析

一是分配机制更公允。通过将业绩指标、工作量、创新创效成果等结果与薪酬分配紧密挂钩,鼓励"多劳多得、绩优酬优",打破了以往供电所员工"干多干少一个样"的平均主义,解决了以往所长"派工难"的难题,实现了供电所业绩提升与员工收入增长的双赢局面。

二是薪酬激励更精准。通过一、二级薪酬分配模式的建立,全量分解工作任务、层层压实各级责任,各站所策马扬鞭马蹄急,铆足干劲发愤图强变"黑马",争先恐后当"骏马"。通过业绩与绩效薪金进行强关联,收入差距合理拉开,员工之间绩效薪金倍比(最高/最低)可达1.6,从而在供电所内部形成了全员"跳起来摘桃子"的积极氛围,业绩得到了大幅提升,其中A供电所全市同业对标排名由第41名跃升至第7名,B供电所由第33名上升至第9名并入选"全国线损管理百强所"。

(二)改进方向

由于供电所的日常工作种类繁多、繁简不一、难度不同,制定需要完全"一碗水"端平的考核评价标准以及薪酬分配机制存在一定的困难,对于员工工作质量的监督检查难以全面覆盖。下一步,该企业拟将针对现有的供电所薪酬分配机制建立起相应评估体系,通过PDCA(即绩效目标设定、实行、优化、提升)循环法对现有薪酬体系进行评估、改善,全面提升薪酬分配体系的公平性与科学性,充分发挥绩效管理的杠杆作用,坚持"多劳多得、优绩优酬"的分配原则,有效促进供电所各项工作再上新台阶。

A公司基于正向激励理论的供电所
绩效薪酬联动管理实践

摘要：供电所管理人力资源效能提升工作千头万绪，A公司力求抓根本、抓主要矛盾，紧密围绕供电所人力资源用工效益效率提升这条主线，推行基于正向激励理论的供电所绩效薪酬联动管理。公司推进供电所"一年提升、三年领先"计划的实施，加大供电所薪酬分配自主权，扩大自主分配占比（不小于70％）；因地制宜推进全员绩效考核，推行精益积分、设备定额、任务竞标、目标任务四种典型考核模式；加大供电所考核激励，设置供电所专项奖励。通过关键指标的设置和亮相，公司营造了"你追我赶"的指标提升氛围，助推供电服务保障能力和工作效率效益的全面提升。

一、目标描述

供电所是服务地方社会经济发展的重要部门和窗口，是供电公司服务客户的最前端，同时也是各专业管理的落脚点、各类问题的交汇点。对内，供电所在内部运转效率、基础管理、配网建设管理等方面依然存在不平衡、不充分的情况；对外，供电所的优质服务水平与当前优化电力营商环境、综合能源市场化竞争要求也有不相匹配的地方。近年来，A公司按照国网公司"放管服"工作要求，紧密围绕供电所人力资源用工效益效率提升这条主线，基于正向激励理论，坚持"量化考核、精准激励"的原则，推进供电所"一年提升、三年领先"计划实施，旨在全面唤醒供电所人力资源潜能，深化提质增效改革工作要求，缓解公司结构性缺员的现状，不断提升供电所综合服务质量、工作效率效益和员工技能水平，全面赋能供电所组织队伍结构新活力。

二、主要做法

(一)选取供电所十大关键指标

A 公司优化供电所考核指标,选取贴合供电所实际管理水平的十大关键指标,科学设置权重比例算法,建立自适应指数模型,得出供电所综合得分。具体指标如表 1 所示。

表 1 供电所十大关键指标

类型	指标名称	定义和计算方法	数据来源
业务指标	安全生产指数	安全生产指数=市公司违章查到率(50%)+综合安全管理(50%)	安全风控系统+检查情况
	故障停电指数	故障停电指数=故障停电时户数完成值和目标值比较+超 2 小时停电占比+95598 报修率	供电服务指挥平台
	频繁停电指数	频繁停电指数=频繁停电台区数/台区总数×100%	供电服务指挥平台
	线损管理指数	线损管理指数=分线线损管理水平+台区线损管理水平	国网线损一体化系统
	客户满意指数	客户满意指数=客户投诉率(50%)+计划停电通知到户率(20%)+非计划停电通知率(25%)	95598 系统+供电服务指挥平台
	获得电力指数	获得电力指数=业扩时长达标率+环节时限达标率+业扩不停电接火率	营销系统+回访检查情况
	财务绩效指数	财务绩效指数=单位配网资产售电量得分+单位电量运维成本得分+人员经营贡献度得分	财务 ERP 系统
	供电所绩效管理指数	供电所绩效管理指数=季度考核覆盖达标率×20%+季度人均工分条数达标率×20%+季度考核极差达标率×60%	人力资源专业系统
党建指标	党建标准指数	党建标准指数=党建系统检查评分+党建荣誉分	党建信息化综合管理系统
	廉洁风险指数	廉洁风险指数=行风及信访举报等廉洁类问题属实性评价(70%)+供电所廉洁风险预警评价(30%)	智慧监督预警平台+人工核查

依托以上各专业管理关键指标,为部分受供电所电网规模、地域特点影响的指标设置分类基准值,并换算成标幺值,可以使指标更加客观;再利用极差公式平衡每个指标极差,可以避免级差分过大的指标成为关键指标;然后把各指标统一折算成 10 分制,最后代入权重计算公式得出总指数。大部分指标数据依靠系统取数,减少人工干预,摒弃主观指标,使总指数能较为客观、准确地反映基层供电所管理水平。

(二)创建"五色地图"系统平台

依据十个指标的目标值,设置供电所优秀、较好、中等、稍差、落后五个等级固定分数线。以行政区划地图为基础,搭建 60 家供电所(含城区)"五色地图"系统平台,依据各自指数在各供电所管辖区域依次显示红色、橙色、蓝色、绿色、黄色五种颜色。

"五色地图"系统平台结合公司数字化转型建设,兼具供电所全景展示、管理数据分析工具、党建价值成绩展示功能,同时通过与公司"四个平台"中智慧配电物联网等平台的内嵌融合,自动获取业务指标数据,实现颜色动态调整、数据实时更新。"五色地图"系统平台运用视觉冲击,通过每月五种颜色"亮一亮"的方式,正向激励供电所不断提高管理水平,提升指标排名。

(三)提炼供电所四种典型考核模式

A 公司在总结各供电所绩效考核情况的基础上,提炼出四种典型考核模式,指导各供电所根据具体情况,使用一种或多种模式,并根据实际需要对具体的实施规则进行调整。各模式的主要做法和典型案例如下:

1.精益积分制。作为应用广泛的一线员工绩效考核方案,其核心是精益积分标准的制定、现场作业积分数据的采集。其中,精益积分标准项目由专业部门统一制定或班组内部民主讨论确定,根据绩效运行过程中存在的问题或不同阶段的管理工作导向,不断修订积分标准,形成不断趋向合理的精益积分标准。如应用该模式的 A 供电所,聚焦供电所结构性缺员、技能水平较低、员工工作积极性不高等问题,实施班组工分制考核,考核后员工月度绩效奖金极差平均达到××元,实现"多劳多得、优劳优得"。

2.设备定额制。按照供电所网格划分情况,充分尊重员工岗位工作特征差异,根据员工所管辖的用户数、变电台数、线路长度等数据,设计工作量核算模型,计算员工的基础工作量。区分设备主人和台区经理,根据其岗位工作性质不同,采取差异工分核算机制,高压线路人员采取设备主人制,低压线路人员采取台区经理制;充分考虑高压线路长度不同、运维难度不一、低压客户数量不等的情况,分别制定固定工分核算模型公式,为供电所绩效管理工作减负。如应用该模式的 B 供电所建立了"基本工分＋增量工分＋质量规范工分"的模式,并引入技能培训提升激励保障,将 15 项高压技能和 18 项低压技能纳入必须掌握的项目范围,在"人人过关"考核中不过关的人员将被扣减绩效奖金。

3. 任务竞标制。基于作业任务竞标的绩效考核模式,主要用于考核供电所新增业务、无法用精益积分实现工分管理的工作,促使员工主动参与到此类工作中。其核心是区分岗位基本履职工作和梳理竞标任务清单,通过竞标模式,让原本人人都不想接受的新增工作任务变成抢手的"香饽饽",从而使得员工主动参与到本身履职工作以外的工作中,力争获得更多的积分,得到更多的激励。如应用该模式的 C 供电所推行低压台区竞标承包制,以低压台区为最小单元,通过竞标承包,消化新增台区及老员工退休后遗留的台区,确定激励"管理费"。

4. 目标任务制。以供电所关键绩效指标和重点任务考核为重点,自上而下通过指标任务逐级分解落实的方式,形成"单位—供电所—班组—员工"四级穿透考核模式,通过四级 KPI 的逐级分解落实,形成人人身上"背指标、担任务"的供电所管理工作局面,确保各项指标和任务责任到人,强化责任落实,保障供电所关键业绩的稳定提升和全面完成。如应用该模式的 D 供电所以解决实际问题为导向,通过三级绩效分解、目标任务布置及关键事件评价三大主要手段,实现了供电所内部的全员绩效考核,发挥了绩效指挥棒的作用,激励员工产生内生动力。

(四)采取相应的薪酬策略

为实现薪酬的正向激励作用,A 公司主要采取了以下三种薪酬策略:

1. 加大供电所薪酬分配自主权。提高绩效工资在员工月度收入中的占比,扩大供电所薪酬自主分配占比(不小于 70％),鼓励供电所加大绩效考核力度,合理控制员工薪酬差距。

2. 实施供电所全口径"绩效奖金池"动态浮动。以五家直属供电公司为试点,建立全口径"绩效奖金池",设置薪酬总额月度±15％、年度±25％的动态浮动高限,按月建立资金台账,进行过程管控,允许各类用工薪酬总额横向核增减,突破用工身份壁垒,实现薪酬横向贯通、能增能减。

3. 设置供电所专项奖励。根据供电所规模,将全市 60 个供电所分为 A 类

(24 个)、B 类(18 个)、C 类(18 个),遵循"聚焦关键指标,强化激励导向,公开公平公正"原则,设置供电所专项奖励,充分赋予供电所所长分配权。奖励标准如表 2 所示。

表 2　专项奖励标准

奖项名称	总数	A 段	B 段	C 段	奖励标准
先进奖	10 名	前 4 名	前 3 名	前 3 名	共 190000 元
(1)先进奖Ⅰ	(1)3 名	(1)第 1 名	(1)第 1 名	(1)第 1 名	(1)80000 元
(2)先进奖Ⅱ	(2)4 名	(2)第 2 名、第 3 名	(2)第 2 名	(2)第 2 名	(2)60000 元
(3)先进奖Ⅲ	(3)3 名	(3)第 4 名	(3)第 3 名	(3)第 3 名	(3)50000 元
进步奖	6 名	前 2 名	前 2 名	前 2 名	共 30000 元

三、成效与改进

(一)成效分析

A 公司推行基于正向激励理论的供电所绩效薪酬联动管理一年以来,成效显著。根据 2020 年"五色地图"系统平台的数据分析,就阶段性成效而言,6 月班组绩效指数提升了 11.6%、安全生产指数提升了 10.2%,7 月故障停电指数提升了 25.6%、客户满意指数提升了 14.5%,9 月廉政风险指数提升了 2.0%、获得电力指数提升了 1.2%。就总体成效而言,3 月红色供电所占比 8.33%,12 月红色供电所占比 65%,红色供电所占比有了大幅提升;全口径指标提升了 7.15%,其中频繁停电指数、班组绩效指数、故障停电指数、线损管理指数成效最显著,分别提升了 22.09%、10.27%、9.84%、4.28%。

2021 年年初,专业部门根据《国网 A 供电公司专项奖励管理实施意见》以及《国网 A 供电公司供电所专项奖励考核实施方案》,对 2020 年供电所关键指标完成情况进行了统计排名,评选出 2020 年度先进供电所 10 家、进步供电所 6 家,共计奖励金额××元,其中县公司列支××元。

供电所管理人力资源效能提升工作千头万绪,A 公司力求抓根本,抓主要矛盾,充分发挥绩效薪酬指挥棒作用,让员工既有干头又有盼头,既有荣誉又有待遇。通过加强月度组织绩效考核力度,强行拉开供电所之间的分差,落实考核结果兑现到月度绩效奖金;通过设置供电所专项奖励,进一步提升了各供电所提升指标的积极性;通过关键指标的设置和亮相,营造"你追我赶"的指标提升氛围,助推供电服务保障能力和工作效率效益的全面提升。

(二)改进方向

基于正向激励理论的供电所绩效薪酬联动管理,虽取得了较好的成效,但在工作推进过程中依然存在一些问题,这也是下阶段该项工作的改进方向。

一是优化指标体系。聚焦公司供电所管理"一年提升、三年领先"的实施方案,突出数字化供电所要求,动态更新下一年度供电所关键指标。

二是深化融合举措。坚持问题导向,加强专业管理部门对指标落后的供电所的帮扶,通过专业指标分析,逐一梳理存在的薄弱点,按常态化、阶段性及持续提升三个维度,制定提升措施和目标。

三是拓宽激励外延。丰富员工多元激励,开展新型业务融合模式下的分配机制探索,鼓励按创造价值和业绩贡献取薪;创建非货币激励体系,采取高弹性福利、"菜单式"培训等多种方式,拓宽薪酬激励外延。

D 基层供电公司:构建以"绩效工单"驱动的供电所薪酬分配激励机制

摘要:为全面激发员工潜能,充分调动员工工作积极性和有效性,D 基层供电公司通过构建"绩效工单化"的薪酬分配激励机制,打破传统的员工薪酬收入结构,引导供电所员工良性竞争,形成"多劳多得、不劳不得"的供电所激励管理新格局,在全面优化薪酬分配模式的同时,加速了公司供电所全业务融合进程,提升了公司整体的供电服务水平。

一、目标描述

供电所作为供电公司提供优质服务的最前端,是感知市场需求、客户服务满意情况的前站哨所,是公司"战区"和"特区"战略落地的基层组织单元,在当前优化营商环境、振兴美丽乡村等重要工作中承担着不可或缺的作用。因此,为进一步激发公司供电所各级员工工作服务热情,全面提升配网精益化管理能力水平,加快公司数字转型进程,D 基层供电公司突破原有的岗位工资制度,以"绩效工单"为抓手,通过创新"绩效工单化"的薪酬分配激励机制,引导供电所员工主动参与、主动竞争以获取更多工单;建立以工单统计数据为基础的薪酬分配模式,打破传统的薪酬分配吃大锅饭现象,倒逼供电所员工主动提升工作技能,做出更多业绩工单成绩,创造更多薪酬激励收入,不断提升供电所整体人力资源用工效率。

二、主要做法

(一)梳理供电所"工单化"任务项目清单

一是各专业部门结合专业重点工作安排、专业考核指标提升要求等内容,按照年度、季度、月度的任务分解关系,梳理形成供电所"工单化"的任务项目清单。二是量化制定任务清单项目管控要求、测算标准工作时长,引导员工按照工单标准进行作业,并开展工作量核算。三是依托乡镇供电所管理平台和供电服务指挥平台全面开展"工单化"作业信息化管理,实现工单业务数据的数字化运营管理。

(二)优化组织岗位配置,设计基本薪酬计算系数

根据梳理的供电所"工单化"项目任务清单,一是结合当前营配贯通、高低压融合、管理融合等管理要求,优化现有的供电所岗位组织设置,建立岗位分类设置原则和人员配置标准。二是按照各项任务所占工作时长的比例大小,将供电所工作任务总体分为设备巡视、抄表催费、业务推广和其他工作四大类,明确不同岗位基本履职的工作内容和职责范围。三是根据岗位基本任务清单,明确不同岗位基本薪酬的兑现系数标准。不同岗位的具体情况详见表1。

表1 不同岗位的任务清单、薪酬系数及考核内容

岗位	工作任务清单	岗位类别薪酬对应系数	工分考核内容构成
班组长	业务管理、指标管控、用户沟通、工作分派、计划(方案)编制等	1.2	按目标责任制+服务工单工分+个人行为规范加扣分+加值班工分计算绩效工分
技术内勤	指标分析、规划查勘、图数治理、数据处理、工单处理、用户沟通、稽查处理、合同拟稿等	1.1	
台区经理	抄表催费、台区巡视、现场检查、装表接电、线路拆搭、工作许可、客户信息收集、用电检查、反窃查违、合同签订、故障轮换、消缺更换、采集异常现场处理等	1.0	按工单工分+工作质量加扣分+个人行为规范加扣分+加值班工分计算绩效工分
普通内勤	仓库保管、物料领用、物资整理、资料整理、档案管理、信息核对、客户联系告知、通知等	0.9	按任务清单+工作质量加扣分+个人行为规范加扣分+加值班工分计算绩效工分
综合柜员	营业窗口及客户服务相关业务	1.0	
辅助人员	辅助各岗位做好相关工作	0.9	按任务清单+工作质量加扣分+个人行为规范加扣分计算绩效工分

(三)规范工单数据来源,确保薪酬分配权威性

应用省公司"乡镇供电所综合业务管理平台"和移动作业终端上的"全能型供电所微应用",根据工单数据来源、作业人数的不同,采取不同的工单数据采集方式。一是对于单兵作战完成作业任务的,工单派发到台区经理个人进行录入;二是对于组团完成作业任务的,工单派发到每个相关的台区经理进行分配录入。最终,通过建单、派单、评价、工分计算、轨迹展示、时间统计、员工画像等过程,实现所有业务工单化的信息规范管理,提升整体工作开展效率,确保绩效薪酬数据的权威性和公平公正性。

(四)建立以"绩效工单化"为兑现依据的薪酬分配机制

供电所各岗位月度绩效奖金与工单量直接挂钩,原则上各供电所按照每月封顶 145 分(7 小时×20.83 天)安排各项工作,各职能部门的任务需提交审核通过后方可下发,各供电所确需增加除岗位任务外其他工作的,由专业管理部门审定审核后方可下发,同步获取相应工分;同时,打破服务管控反应滞后的桎梏,针对客户催费意见、潜在投诉意向、树木清障受阻、分支路线迁移受阻等任务内容,建立"服务抢单制",台区经理在完成日常辖区工单任务的同时可以通过"抢单"获得更多工分内容,实现服务类工分对应工作任务在员工内部合理流转。在高质量完成客户服务诉求的同时,增强员工自主性和积极性。最终,按照员工岗位"基本工分+抢单工分"的计算结果,兑现员工月度薪酬收入(图 1)。

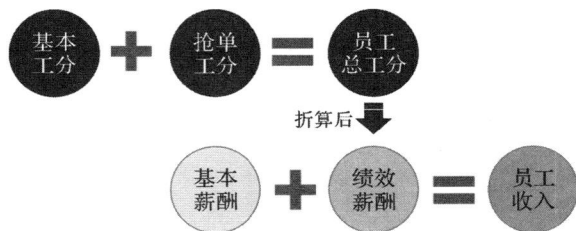

图 1　依据"绩效工单化"兑现的员工收入

(五)推行技能等级津贴弹性分配制度

综合考虑员工技能水平高低通关情况、"工单化"绩效业绩评价情况、团队价值协作贡献情况等方面,建立供电所员工技能等级津贴弹性分配制度。按照同等技能等级台区经理薪酬弹性分配原则,每月低于同等星级平均工分的台区

经理津贴为标准值的 80%，每月高于同等星级平均工分的台区经理津贴为标准值的 120%；充分尊重劳动价值，打破各类津贴"评定即享受，享受即永久"的固化思想。以 2021 年 2 月 A 供电所技能等级津贴发放数据为例，二级员工每月标准值为××元，高低差值为××元，三级员工每月标准值为××元，高低差值为××元，通过月度预发 60%、年度绩效考核兑现剩余 40% 的方式确保整体薪酬发放与绩效考核的合理平衡。

三、成效与改进

（一）成效分析

前期"绩效工单化"的薪酬分配激励机制的构建与实施，一是实现了供电所从管理人员到一线班组人员人人懂工单、人人用工单、人人看工单的新局面，建立了以工单为导向的闭环薪酬管控激励模式。二是在各供电所宣传走廊上悬挂一个工单看板，展示内容为当月各位员工工单完成情况和绩效薪酬分配情况，实时更新数据。通过这种方式，A 供电所不仅实现了工作量透明公开化，更是激起了员工之间不服输的劲头，形成了一股"比、学、赶、超"的良好工作势头。三是建立业务工单（投入）与指标（产出）的投入产出模型，通过工单的精益化管控，提升了供电所各项指标。通过以上措施，率先实行"绩效工单化"的 A 供电所在 D 基层供电公司的供电所关键指标评价体系中获得了 2020 年度 60 家供电所排名第一的好成绩，并于 2021 年跃升为国网五星级供电所。

（二）改进方向

"绩效工单"驱动的薪酬分配激励机制，给公司供电所管理水平带来了显著提升。但在实施的过程中，也存在以下问题，需要继续改进细节，优化体制，提升效率。一是要动态化调整绩效工分价值。目前实行"绩效工单化"的供电所业务体量总体偏小，待全面推广后统筹考虑各供电所业务量、工单量的差异影响，在体现激励作用的同时兼顾差异性，并在后期引入规模折算因子，统筹考虑不同供电所绩效工分单位价值。年底工资总额下达后统计全年"绩效工单化"完成量化情况，打破年终奖平均分配模式，将全年收入落实于工单中。二是业务工单化工作模式是对供电所传统作业模式的全面升级。由于员工自身的工作量和工作轨迹都会被记录下来，管理约束性大大加强，员工会产生一定的抵触情绪。因此供电所管理人员需要合理安排一线员工的工作，强化一线员工专业培训,提升其业务、指标等管控能力。三是仍需持续深化应用全业务工单化数据,完善系统数据自动校验和智能稽查机制,优化各岗位工作绩效工分看板,精准导向关键指标,在供电所内部形成竞相激发潜能、创造价值的组织生态,发挥团队的价值互补、能量聚集、资源整合、自动协同作用,全面激发各级员工潜能,有效提升公司整体供电服务水平。

E 基层供电公司:建立供电所"四位一体"精益绩效薪酬分配管理机制

摘要:为进一步做实公司供电所内部薪酬分配机制,实施精准有效、全面落地的全员量化评价机制,E 基层供电公司通过总结提炼,设计了多样化的绩效考核方案,供各供电所根据实际管理基础现状和管理导向,自由组合、自主选取,实现公司供电所绩效管理统一与个性化管理,实现"干多干少不一样,干好干坏不一样,技能高低不一样",不断提升供电所工作效率及效益水平。

一、目标描述

E 基层供电公司参照上级公司 2020 年发布的《供电所员工绩效管理典型做法》,结合公司"一定一挂"及各供电所实际管理基础现状,从"创新绩效管理模式,划小经营核算单元,量化员工投入产出,突出网格服务效率效益,提高激励的针对性"入手,细化具体工作方案,详细梳理多种具体绩效管理考核方案和激励方式,统一指导供电所结合自身管理水平现状,建立符合管理导向的供电所绩效考核方案和内部薪酬分配机制,不断适应当前供电所管理和人力资源要求,持续挖掘供电所绩效薪酬管理的创造力和灵活性,激发供电所员工的战斗力和创新力,为组织和公司的业绩提升奠定坚实基础。

二、主要做法

根据供电所员工实际工作任务特征,重新梳理员工工作内容,针对不同的工作内容设计不同的工作量核算方式并明确相应的数据来源和指标评价方式。一是根据员工管理设备、服务业务差异,建立固定业务设备定额工作量核算模型,核算员工固定工作量,建立供电所标杆数值,并按照不同方法计算最终工作量。二是梳理临时突发的任务项目,形成增量工作内容,对增量工作给予特殊积分。三是结合员工工作目标、任务指标完成情况,对员工关键工作质量结果指标进行考核。四是根据员工工作技能掌握情况,对员工实施技能通关评价激励考核,从静态固定工作、动态增量工作、技能掌握情况、工作质量指标四个方面,建立透明化的考核管理工作方案,结合"一定一挂"实施方案,分级兑现相应的薪酬激励。

(一)设备业务定额承包制

聚焦高压班和低压班员工,根据其岗位的工作性质、特征差异,采取差异化的固定工作量化核算机制,高压班员工采取设备主人制,低压班员工采取台区经理制,具体按照以下过程测算供电所员工业务设备定额工作量数据。

1.定额测算模型设计。根据设备主人和台区经理服务的业务差异,设计每一业务类别的测算要素和计算公式模型。

针对高压设备主人,各供电所可以设备主人服务线路长度为基础,设计定额核算模型,测算计算公式参数,合理核算设备主人固定工作量。如:

$$高压设备主人静态工作量 = \sum(配变台数 \times 0.06 工/月 \cdot 台 + 高压线路长度 \times 0.05 工/月 \cdot 千米 + 专变用户数量 \times 0.08 工/月 \cdot 户 + \cdots)$$

针对低压台区经理,各供电所可以台区经理服务用户数为基础,设计定额核算维度计算模型,测算计算公式参数,合理核算台区经理固定工作量。如:

$$低压台区经理静态工作量 = \sum(配变台数 \times 0.05 工/月 \cdot 台 + 线路长度 \times 0.22 工/月 \cdot 千米 + 总保台数 \times 0.08 工/月 \cdot 台 + 服务用户数 \times 0.0145 工/月 \cdot 户 + \cdots)$$

其中,各供电所核算设计定额工作量时可根据实际情况调整计算参数、基准值等内容,也可同步考虑设置区域系数、难度系数等进行调节。

2.工作量数据采集核算。根据固定工作量核算模型设计维度,设计数据采集计算模板,采集服务设备、业务量数据,测算、调节、核定员工固定静态工作量。

3.工作量计算结果公示。根据核算结果,对员工固定工作量进行公示。

4.固定工作激励兑现。根据固定工作量核算结果,进行责任包干,工作完成则可领取基本工资,未完成则削减相应的激励。

(二)增量工作的团队竞标制

以员工岗位静态工作量数据为基础,对于供电所产生的增量、临时性工作内容,采取竞标的模式开展量化激励评价。

1.竞标工作任务清单梳理。聚焦公司工作难度大,所长、班长日常难以分配的临时性工作任务,建立增量工作任务项目,根据其重要性、难易程度、所需时间等维度,明确分值,形成竞标任务清单,鼓励员工在完成本身固定履职工作任务的同时,通过竞标争取更多的工作任务,获得更高的薪酬激励。

2.设计业务竞标方案。根据竞标工作任务清单,因新业务而增加的工作量,用相应的分值体现,并作为竞标的"起拍价"。多人同时竞标,分低者得。竞标成功后,在确认员工完成工作任务后,再给予其相应分值。如果某项工作出现无人竞标的情况,则该项工作采取抽签方式进行,完成工作任务后给予加分。

3.设计激励兑现方案。竞标结果得分连同设备业务定额核算结果进行累加计算,同时对员工主动竞标获得的任务,给予一定的特殊激励。严格按照员工多维得分加权结果,核算员工绩效工资,实现员工"多劳多得、不劳不得"的工作目标,进一步拉开员工收入差距,充分调动员工工作积极性。

(三)关键指标目标任务制

对于工作偏管理性质和结果导向的员工,对其采用目标任务制考核,按照以下过程制定目标任务考核的内容方案。

1.梳理考核指标范围。针对公司供电所核心指标、上级检查指标等内容,聚焦供电所员工工作内容范围,从电费回收、台区巡视、线路巡视、线损治理、劳动纪律、项目管理、工作票管理、安全生产、优质服务等方面制定工作质量评价指标考核标准。

2.指标逐级分解落实。通过"供电所—班组—员工"三级贯通分解和目标责任考核落实,确保各项指标和任务责任到人,定期对工作质量结果指标进行评定,体现"干好干坏不一样",保障供电所关键业绩的稳步提升和全面完成。

3.考核重点导向建议。针对台区经理、设备主人,重点围绕个人工作质量、安全作业规范、劳动纪律执行情况进行评价,在保证其工作数量的同时确保工作质量,并结合其积分情况兑现绩效薪酬工资。针对所部员工、综合班员工,重点根据其岗位承担的岗位履职指标、关键业绩指标任务等的完成结果情况进行评价,重点突出强调其管理目标任务执行结果的考核,考核结果与其绩效工资挂钩。

(四)技能等级通关制

为了鼓励员工不断提高个人工作技能等级水平,引导员工遵循"营配融合、一专多能"全能型供电所的管理要求,按照以下过程,实施技能等级盘点通关考核机制。

1.技能掌握项目梳理。按照员工岗位技能掌握项目分类,梳理岗位标准技能项目,技能掌握项目的内容要涵盖营配贯通、高低压融合、新业务等内容。

2.技能等级进阶评价。明确技能项目掌握的评价标准和要求,通过技能通关、多维度(所长评价、班组长评价、员工互评)技能评价等方式,定期对员工技能掌握情况进行盘点,按照三个级别设计技能通关进阶模型:基本级(最低技能要求)、提升级(提升技能要求)、卓越级(卓越技能要求)。

3.技能等级激励兑现。通过明确每一级别员工需要掌握的技能项目标准和薪酬激励标准,达不到基本技能标准要求的,按照基本等级的激励标准进行反向扣减。从而引导员工积极主动地学习提升个人工作技能,实现供电所整体队伍素质的稳步提升,体现员工"技能水平高低不一样"。

(五)评价考核模式

根据多种评价方案设计结果,针对不同对象,供电所可结合自身现状选取不同的评价考核模式。

1.供电所本部和综合班员工

针对供电所技术管理人员、综合班员工,因其工作更多地聚焦于供电所管理、指标任务的管理协作,工作性质以管理为主,因此,其考核方案的选取建议以其岗位背负承担关键指标、重点工作任务的执行结果为重点,同时结合员工技能项目掌握情况,鼓励员工管理与生产并重,在完成管理工作的同时,掌握更多的技能。

因此,其考核方案建议采取"目标任务制+技能等级通关制"的模式。

2.高压班、低压班员工

针对高压班、低压班员工,其工作内容以岗位基本网格承包服务结果为基础,因此要引导其在保质保量地完成本职岗位工作任务的同时,积极主动地承担更多增量工作任务,不断提升工作技能,实现公司内部挖潜增效的管理工作目标。

因此,其考核方案的选取建议结合供电所管理导向,采取"设备业务定额承包制+增量工作的团队竞标制+目标任务制+技能等级通关制"中的两种或多种组合模式来考核。同时,设备及业务定额承包也可按照业务、设备特点灵活设计统计维度,重点突出其员工岗位基本履职工作数量和工作质量的情况。

三、成效与改进

(一)成效分析

一是强化了员工业绩贡献导向意识。合理拉开了同层级人员收入分配差距,让绩优的70%踏实干事的员工享受更高的薪酬增幅。2020年,公司用工年收入最大差距超过××元,约为人均年收入的30%。E公司通过薪酬杠杆,有效撬动了员工积极性,唤醒了供电所人力资源,达到了提质增效的目的。

二是破解了供电所关键管理难题。如针对供电所95598热线工单逐年增加、抢修服务压力较大的现象,单独成立专业抢修团队,并对团队人员配套实施精益化管理,进行合理的薪酬分配,有效破解抢修服务提升难题,提高了员工主动服务的积极性。

三是突破了员工收入分配秩序。通过绩效分配,允许部分没有职务的普通员工收入达到技术员、班组长水平,允许部分优秀的班组长收入达到更高水平,为工匠型人才建立技术技能型发展通道,打破了人才密集单位的员工收入增长"天花板"和发展通道"独木桥"状况。

(二)改进方向

供电所薪酬激励机制的实施取得了一定的成效,但在体现"干多干少不一样,干好干坏不一样,技能高低不一样"上仍需持续完善。一是目前对员工绩效考核主要以鼓励为主,并未对业绩落后的员工进行大额度考核,可能会导致部分业绩落后的员工的业务能力停滞不前。二是未真正开展"技能高低不一样"的考核,仍以业务的"干多干少不一样,干好干坏不一样"考核为主,在全面提升员工技能水平的导向上存在欠缺。

下阶段,公司将继续优化供电所、班组内部薪酬分配机制,提升效率效益。

F 基层供电公司建立年度任务制
薪酬激励分配模式

摘要：供电所作为供电企业的末端和服务的前端，其员工服务能力和服务效率对公司提质增效、营商环境的优化等工作开展起着重要的助推作用。因此供电所通常承担了大量的考核指标，供电公司最终的考核结果与供电所的工作效率和质量息息相关。为了深化提质增效改革工作的要求，不断提升供电所综合服务质量、工作效率效益，F 基层供电公司结合上级工作要求，优化了一部分一线班组的薪酬分配模式。

一、目标描述

供电所通常承担了大量的考核指标，供电公司最终的考核结果与供电所的工作效率和质量息息相关。在提质增效改革工作越来越被重视的形势下，现有的供电所绩效考核体系与薪酬模式已经出现了驱动力不足的情况。F 基层供电公司为了切实提高指标数据质量和工作效益，在组织绩效考核中展现出积极响应上级要求的工作面貌，提高各供电所对年度任务、重点工作的重视，提高供电所员工的工作积极性，重新调整了绩效考核模式，增加了精准激励。

二、主要做法

（一）加强上级绩效落实

从 2019 年至 2020 年，F 基层供电公司的月度组织绩效排名始终为弱项。为了提高职能部门作为指标、任务监管人的责任心，激发一线班组的班组建设、荣誉争取的积极性，自 2021 年 1 月组织绩效落实起，F 基层供电公司将地市公司绩效考核分数的换算比例大幅度提高，由 1∶3 调整为 1∶5。同样是落实地市公司绩效 1 分的情况下,各供电所波动的部门绩效奖金差距平均将超过××元。除此之外,职能部门改变了原有的组织绩效考核编制规则,从普通的转化上级考核条目变得更加精简和精确,省略了"无效考核",放大了"有效考核"。通过结合 F 基层供电公司往年组织绩效考核结果,职能部门删除了一部分从未被考核到的指标要求,将特殊情况的考核要求进行归纳合并,并且着重于合理新增年度任务、重点工作考核指标的比例,将总目标分解为阶段性或层次性的小目标,提高了对年度任务、重点任务的考核深度和广度,发挥了为一线班组工作方向掌舵的工作职责。

(二)发布本年度任务与规则

因加大了地市公司组织绩效的落实力度,以及 F 基层供电公司领导对上级单位制定的年度任务和重点工作的重视,2020 年年中,职能部门根据不同的指标和工作任务,为供电所设置了多个劳动竞赛专项奖。通过每月指标对 F 基层供电公司的 5 个供电所进行排名,根据不同的劳动竞赛内容对前 2 名供电所进行奖励,对表现较差的供电所进行扣罚。劳动竞赛专项奖包括发展部管控的同期线损指标,营配部管控的供电可靠性指标,营销部管控的供电所关键指标和反窃查违、"网上国网"运营推广、图数治理的专项工作等。部分考核方式和奖惩标准见表 1。

表 1　部分考核方式和奖惩标准

指标项目	指标管理部门	考核方式	奖惩标准
同期线损	发展部	供电所线损管理指数＝分台区线损达标率×50％＋10千伏分线线损达标率×50％	前 2 名分别奖励××元、××元,指标不合格的每项扣除××元
供电可靠性	营配部	月度成绩＝时户数完成率得分×40％＋时户数同比压降率得分×20％＋供电所排名指数得分×40％	对排名前 2 名的供电所分别奖励××元、××元;排名后 2 名的供电所分别扣除××元、××元
供电所关键指标	营销部	根据地市公司发布的供电所关键指标评价情况进行考核	各供电所在自己的类别中排名第 1、2～3、4～5 名的分别按××、××、××元进行奖励,排名末 3 名的分别扣除××、××、××元

指标项目	指标管理部门	考核方式	奖惩标准
反窃查违	营销部	设置各供电所月度反窃查违经济成效指标金额：A供电所××元，B供电所××元，C供电所××元，D供电所××元，E供电所××元	竞赛每月排名第1名的供电所获得奖金××元，第2名获得奖金××元；每月未完成月度指标的30%的供电所扣除奖金××元
⋮	⋮	⋮	⋮

职能部门根据不同指标和专项工作的特点，分解细化考核内容，设置奖罚标准，敦促各供电所提升工作效率和质量。每月以供电所为单位进行奖惩发放，供电所再根据实际工作情况将责任落实到员工个人。

每年年初，根据上级部门规划调整的重点工作与发展方向，各职能部门在需要考核的指标、任务上进行合理测算，修订行之有效的年度任务专项绩效考核方案。

在 2021 年年初，部分已达成初阶段目标的任务已暂停发放专项奖，仍有进步空间的年度重点任务在修订考核方案后启动了新一轮的年度任务劳动竞赛专项奖。

例如营配部管理的供电可靠性提升任务，评价指标根据 2021 年度新的重点做出了改变（表 2），奖惩结算方式也从每月有奖扣调整为月度奖罚、季度奖罚的方式，变得更偏向于激励性，同时提高了对落实人员的管控要求，保证本项年度任务专项奖只用来激励对供电可靠性提升有贡献的员工。

表 2　2020 年度和 2021 年度供电可靠性重点工作评价指标

序号	2020 年度供电可靠性重点工作评价指标			2021 年度供电可靠性重点工作评价指标		
	指标名称	权重	定义和计算方法	指标名称	权重	定义和计算方法
1	时户数完成率	40%	时户数完成率＝当月实际时户数/当月时户数目标值×100%	供电所排名指数	50%	各供电所累计供电可靠率在全市的排名
2	时户数同比压降率	20%	时户数同比压降率＝（当月实际时户数－去年同月实际时户数）/去年同月实际时户数×100%	主、分线非计划停运率	40%	主线非计划停运率＝当月供服统计主线跳闸次数/供服系统供电所所属线路数　分线非计划停运率＝当月供服统计分线跳闸次数/供服系统供电所所属线路数　主、分线非计划停运率＝主线非计划停运率×70%＋分线非计划停运率×30%

续表

序号	2020 年度供电可靠性重点工作评价指标			2021 年度供电可靠性重点工作评价指标		
	指标名称	权重	定义和计算方法	指标名称	权重	定义和计算方法
3	供电所排名指数	40%	各供电所当月供电可靠率在全市的排名	供电所排名提升附加分	10%	各供电所累计供电可靠率在全市的排名较上一季度进步情况

(三)制定配套考核标准

在经过 2020 年一段时间的执行后,一线部门重点工作的完成度与完成质量有了显著的提高。因本项专项奖与以往总结式的专项奖不同,年度任务劳动竞赛专项奖相当于一线部门的额外绩效奖,具有长期性与连续性,因此在 2021 年新一轮专项奖启动时,基于对专项绩效考核奖的分配合理性的考量,各供电所在常规的工作积分等考核体系之外,根据各自的管理习惯和风格,配套制定了内部二级专项绩效考核实施方案,预先设置考核标准与奖励方案,将这部分额外绩效奖更加公平、公开、公正地进行落实,对员工起到"多劳多得、优劳优得"的正确引导。

例如 C 供电所将专项奖的二级考核分为值班、运行奖励、故障考核、亮点工作、特殊奖励五个方面,兼顾了日常值班、维护巡视检修、营配部重点考核的跳闸现象、整体排名情况,以及繁重复杂大型工作等多个方面,对奖金的分配提供了合理、公平的依据,提高了员工的主动工作意识。通过完善二级考核的设置,C 供电所在供电可靠性这一重点指标上始终保持着良好的表现,在供电所中保持前列。

三、成效与改进

(一)成效分析

截止到 2020 年 12 月,F 基层供电公司累计落实了 6—10 月的多项劳动专项奖考核情况。其中 A、B、C、D 供电所均因指标考核结果优良获得相应年度任务的额外绩效奖励,而 E 供电所因指标落后按照考核标准累计被扣罚××元。以 C 供电所落实情况为例,所内被考核到的员工平均获得绩效奖励为××元,最高超过××元,最低为××元,仅在年度任务劳动竞赛专项奖上,员工之间的最大差距可达到××元。强化后的专项指标考核力度,使供电所和员工更加深刻地认识到工作任务的重要性,同时也给予了供电所员工更强的工作动力。

　　劳动专项奖考核在指标提升上的成果也尤为显著,营配部通过设立的供电可靠性提升劳动竞赛专项奖,激励各级员工钻研业务、提高理论水平和实践操作技能,营造"比、学、赶、帮、超"的良好氛围,形成有效的激励机制。F 基层供电公司根据 2020 年 F 基层供电公司可靠性考核时户数分解表,以 2019 年停电时户数为基准,优化计划检修施工方案,降低配网故障发生率。通过可靠性专项提升,2020 年发生停电总时户数 15807 个,较 2019 年压降 58.74%,供电可靠性达到 99.9769%,较 2019 年提升 0.0367%,可靠性提升显著,切实提升了人民用电幸福感。

　　(二)改进方向

　　一是优化专项绩效奖的测算。理论上,不同一线班组应按照设备配置情况、人员缺员情况、指标提升幅度等多个维度的因素,设置不同档次的考核标准和奖励标准;同时结合台区经理工作任务积分等其他考核项目,使各类绩效考核奖具有联动性和互补性,能够更加科学合理地分配各个一线班组的额外绩效奖。

　　二是继续深化多元化实施精准激励措施。专项激励通常用来激励短期且需要快速完成的任务或需要急速提高的指标,过于依赖短期的薪酬激励不利于员工形成积极的工作观念,容易导致员工"不推则不动"的情况。在后续优化员工激励的方案中,还需结合综合考评等机制,给予员工长期的工作动力,更加全面地建立灵活、有效、合理的薪酬分配模式。

G基层供电公司基于供电所网格化管理模式的薪酬激励分配机制

摘要:近年来,为进一步建立正能量的供电所绩效薪酬激励管理文化氛围,全面提升供电所整体管理水平,G基层供电公司通过深入推进供电所网格化管理模式的薪酬激励分配机制,配套"灵活组合"的网格化薪酬激励管理模式和预警监控分析方案,组织"互学互查"的经验交流分享评价活动,进一步优化了供电所人员职责分工,合理打包核算供电所薪酬分配总额;打破了传统的岗位工资绩效管理分配模式,建立了"按劳分配、多劳多得"的正向激励导向,倒逼供电所因地制宜地开展高低压融合、营配贯通等内部提质增效管理工作,促进员工主动提升个人技能水平,全面唤醒供电所人力资源,全力支撑"营配融合协同、业务工单驱动、人员复合高效、运营智能精益"的"数智化"供电所建设。

一、目标描述

为贯彻落实国家乡村振兴战略和国家电网有限公司的决策部署,G基层供电公司近年来紧密围绕"营配融合、数字转型、提质增效"的管理理念,深入开展供电所网格化管理模式的薪酬激励分配制度建设提升工作。目的是通过进一步划小供电所绩效激励管理核算单元,通过建立高弹性、灵活组合的薪酬激励分配机制,及时根据员工业绩贡献兑现相应的薪酬,集中优势力量直面市场竞争,不断提升各级员工的素质技能水平和整体优质服务工作水平,激发各级员工干事创新的激情,实现供电所内部挖潜增效的管理目标,推动供电所整体管理水平再上一个新台阶,助力电网战略目标实现。

二、主要做法

在供电所全面推行网格化管理,是G基层供电公司近几年在供电所层面实施挖潜增效、深化改革的一项重要举措。其中,配套网格化管理模式的供电所薪酬激励分配机制,是确保网格化管理落地实施的重要保障。网格化管理体系方案的重点是从网格薪酬总额核算、网格人员薪酬弹性分配、薪酬动态调整、结果兑现规范闭环管理等方面开展的。

(一)科学核定网格激励薪酬总额

综合考虑公司各供电所10 kV线路长度、售电量、公变台数、低压用户数等营销、生产数据,结合员工年龄结构、技术技能水平等方面,公司供电所将人员重组为24个网格。按照网格划分为最小组织绩效管理单位,考核网格服务业务量数据、人员数量素质结构数据,构建定员测算标准模型,合理测算网格人员标准配置,科学核定网格薪酬激励总额。建立"基本薪酬+网格薪酬"相结合的薪酬总额管控模式。其中,基本薪酬计算依据公司岗位工资绩效管理办法执行,体现员工任职岗位的相对价值,基本保障辅助收入的工资单元,是员工的固定收入部分。网格薪酬是按照公司网格服务业务量、网格人员定员测算结果等维度核算的绩效激励薪酬总额。"基本薪酬+网格薪酬"这样的新型薪酬结构(图1),在保障基本收入的基础上,使得员工能通过业务量、业务完成质量、提升业务技能争取更多的收入。

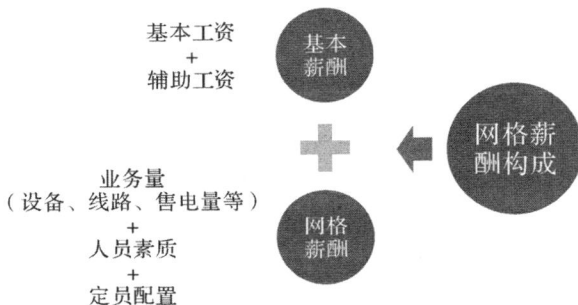

图1 网格薪酬构成

(二)构建网格人员薪酬弹性分配模式

尊重公司现有的供电所人力资源素质结构现状,以"高技能高收入、高绩效高收入"为导向,建立网格人员精准化的薪酬激励分配模式,重点从技能激励、绩效激励、卓越业绩激励三个方面设计员工薪酬激励分配模式(表1)。其中,技能激励从员工技能等级、专业技术职称、岗位必备的资质取证(如低压电工证、高压电工证)、营配融合技能盘点四个方面进行评价,形成技能等级评价系数,根据系数结果兑现员工技能薪酬。绩效激励根据网格化管理下员工工作量衡量的新方法,采用"基础工作量积分＋增量工作积分"精益计分的模式进行核算,兑现绩效工资,合理体现网格员工的岗位业绩贡献大小,鼓励多劳多得、不劳不得。卓越业绩激励以网格员工在团队中做出的突出业绩为激励导向,从网格员工参加的不同层级的竞赛调考、获得的不同层级的个人荣誉、参加的科技管理创新等方面设计激励体系。

表 1 网格薪酬分配模式

网格薪酬组成	主要评价要素	重点激励导向	浮动区间
技能激励	技能等级	按能力兑现薪酬	10％～20％
	专业技术职称		
	资质取证		
	营配融合技能盘点		
绩效激励	基础工作量积分	按工作量兑现薪酬	20％～30％
	增量工作积分		
卓越业绩激励	竞赛调考	网格团队突出贡献激励薪酬	5％～10％
	个人荣誉		
	科技管理创新、合理化建议等		
	培养辅导他人		

　　说明:表中的薪酬主要是由网格人员薪酬考核构成,与员工固定薪酬的配置比例是动态调整的。不同网格薪酬的激励根据不同时期供电所网格管理的导向激励浮动区间进行动态调整。如当前重点强调"一专多能"营配融合的全能型员工培养,则加大技能激励的占比。

　　其中精益计分作为网格化绩效考核重点和常用激励导向,引入"业务公开竞标"和"动态调整工分"新模式,改变了以往"刻板"的风格。

　　"业务公开竞标"是按照业务工单化、工单价值化、价值绩效化的理念,经过全面梳理供电所现有业务,使现有 72 项生产营销业务全部实行工单化任务分配机制。同一个工单,设立基本工分,网格内部员工可以竞标,不同网格之间也可以竞标。同时考虑不同台区、不同业务工单的难度系数,提升服务难度较大的部分台区业务的工分,加大激励额度,实施公开竞标管理。

　　"动态调整工分"则引入"市场化经济"理念,基本工分按照工作价值与员工需求动态调整。同时以业务竞标促进薪酬变革:供电所奖金总额的 20％ 为公司对供电所考核,奖金总额的 10％ 为供电所非工单工作考核,奖金总额的 50％ 为工单数量考核,奖金总额的 20％ 为质量考核,以工单来计算,接单越多、质量越高,则收入越高,由此打破供电所吃大锅饭薪酬分配现象。通过关注员工在网格内所从事的工作数量、工作质量的考核以及员工按照业务融合管理的需要技能获得提升情况的考核,激励员工在完成更多工作任务的同时,不断提升个人多岗位技能水平,逐步实现全能型供电所全业务融合的目标。

(三)建立网格薪酬动态预警监控机制

为了提升供电所网格化管理模式的薪酬激励分配机制的整体运行计算效率,精准监控分析不同时期供电所整体管理激励导向和薪酬落实结果,公司对供电所网格化管理薪酬分配结果进行了动态跟踪、预警监控。一是针对公司 24 个网格,直接取薪酬发放结果分类数据,按照网格薪酬挂钩总体占比进行排名,鼓励加大网格薪酬占比,具体细分为红榜(前 3 名)、绿榜、黄榜(后 3 名),确保稳步推进公司网格化管理、"数智化"供电所建设。二是从网格薪酬构成的 3 个维度(技能、绩效、卓越业绩)出发,根据不同时期的公司供电所管理导向,对不同网格的技能激励、绩效激励、卓越业绩激励结果数据进行预警分析监控(表2),对不符合公司导向的网格给予警告提醒,引导其及时调整薪酬激励措施。

表 2　部分网格薪酬占比情况

供电所名称	网格序号	总体占比对应颜色榜	技能占比	绩效占比	卓越业绩占比
A	网格 1	红榜	12.30％	35.10％	5.02％
A	网格 2	红榜	11.20％	32.50％	4.50％
B	网格 3	红榜	11.10％	31.20％	4.25％
B	网格 4	绿榜	10.80％	32.00％	4.00％
B	网格 5	绿榜	10.30％	29.22％	5.00％
C	网格 6	绿榜	10.10％	29.10％	4.20％
C	网格 7	绿榜	9.85％	28.80％	4.33％
C	网格 8	绿榜	9.77％	28.20％	3.58％
⋮	⋮	⋮	⋮	⋮	⋮
⋮	网格 24	黄榜	6.83％	22.20％	4.00％

(四)配套网格薪酬互学互查交流机制

为了推进"数智化"供电所网格管理、薪酬激励兑现工作的全面落实,进一步建立正向激励的管理导向,加强供电所各网格间的经验交流和学习,公司人力资源、专业部门、供电所密切协作,共同组成了供电所网格化激励管理互学互查管理小组,对供电所网格管理体系建设、配套薪酬激励落实结果以及工作实效进行互学互查(图2)。互学互查交流活动每季度举行一次,一方面寻找各网格管理工作开展过程中存在的亮点,供其他网格管理工作参考借鉴;另一方面及时寻找部分网格激励管理工作过程中存在的弱项,找准短板改进方向,帮助后进者及时赶上,确保公司"数智化"供电所网格化管理激励工作的扎实落实和推进。

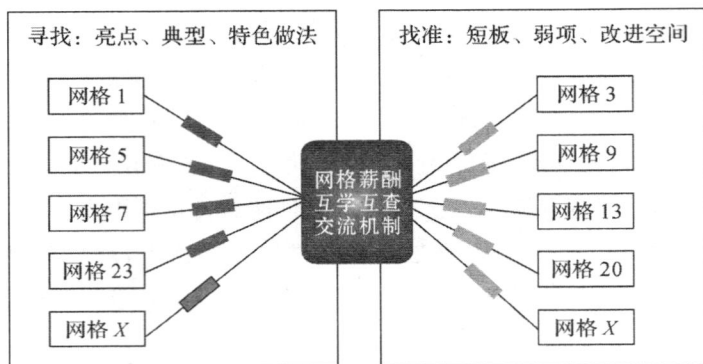

图2　网格薪酬互学互查交流机制

三、成效与改进

(一)成效分析

网格化管理模式的薪酬激励分配机制的实施是当前 G 基层供电公司供电所改革提质增效的一项重要战略举措。通过有效的实施和扎实推进,一是改善了供电所不同岗位员工之间薪酬待遇差距不明显的现状,按照"能力业绩定薪"的思路,建立了个人价值导向明确、公司管理清晰的供电所整体发展导向。二是通过引导性的考核激励薪酬设计,促进员工按照营配融合、高低压贯通的思路主动学习,提升个人技能,加速了全能型供电所建设的进程。三是根据近 3 年 G 基层供电公司供电所在市公司的排名变化情况,公司指标完成情况得到了大幅提升,公司业绩管理水平得到了显著提高。四是网格化管理促进了供电所用人成本意识的明显改变,多进一个人则意味着网格团队的人均收入要变少,更强调人员素质的内部培养和提升,员工竞争意识悄然转变,超缺员状况得到了有效改善。五是为供电所内部人力资源市场的流动建立了较好的依据,对进一步实现内部挖潜增效提供了数据支撑。

(二)改进方向

网格化管理的实施,在一定程度上实现了 G 基层供电公司供电所挖潜增效的管理目标,提升了整体用工效率和服务水平,取得了较好的成效,但在应用推进的过程中依然存在着如下改进空间。一是需要进一步优化网格工资总额核算模型,尽量运用多种数学方法,结合网格设备、线路类型质量、经济效益等内容,构建精准的工资总额核算机制。二是需要进一步设计多样化的网格绩效考核方案,一方面降低网格人员绩效考核日常工作量,另一方面通过精细化考核方案的实施,促进绩效、薪酬的全面联动,进一步做实网格薪酬绩效。三是需要进一步宣传网格化薪酬激励管理力度,转变各级网格人员的观念,形成"多劳多得,不劳不得"的供电所网格人员管理文化。

H基层供电公司:结构性缺员背景下供电所高弹性激励组合分配体系建设

摘要:随着供电所营配贯通、高低压融合等管理工作的深入推进,供电所结构性缺员等关键问题日益凸显。H基层供电公司以传统业务和新业务的融合为基础,一是通过构建供电所定员测算分析模型,按照供电所"赛马制"考核方案,合理核定供电所薪酬包干激励分配总额,实现供电所"增人不增资,减人不减资"的目标。二是以员工岗位价值为导向,建立多样化的考核激励分配方案,通过"超越考评,任务竞标,网格承包"等模式,建立组合式、高弹性的激励分配考核方案,倒逼员工主动提高技能,主动承担更多工作,从而获得相应的薪酬激励报酬。通过用工效率的提升,逐步缓解结构性缺员的难题,形成新战略下高弹性的薪酬激励管理新格局。

一、目标描述

H基层供电公司以国企三项制度改革评估为抓手,以缓解供电所结构性缺员为目标,以绩效薪酬激励分配为纽带,通过打通供电所劳动定员、绩效管理、薪酬分配各模块的数据衔接,实现供电所新业务与传统业务的高度融合,形成结构性缺员背景下以岗位价值贡献为导向的组合式薪酬激励分配机制;进一步划小绩效管理核算单元,重新赋能供电所新活力,打造更加高效的线下服务前端,不断提升整体供电服务质量和社会营商环境水平,推进供电所管理水平再上一个新台阶,实现企业与员工的共同发展,努力提升人力资源效能。

二、主要做法

结合实践经验和管理特点,H基层供电公司一方面以供电所定员核算为基础,合理核算供电所薪酬激励分配总额;另一方面以员工岗位价值为导向,设计灵活的高弹性激励组合分配体系,充分调动各级员工潜能,持续推进供电所员工技能绩效的双提升，逐步缓解结构性缺员的现状。

（一）以供电所定员核算为基础，形成供电所薪酬总额激励分配方案

参照国网公司劳动定员管理测算标准，结合公司实际供电所管理现状，构建定员测算分析模型，科学核定供电所超缺员现状和薪酬激励总额（表1）。一是结合不同业务类型，量化核定定员人数。按照供电所业务模块，根据配电线路长度、公变台区数等设备数据，分别量化核定配电、营销、综合管理等专业人数。二是结合低压业扩、采集运维、抄表催费等业务量，核定外包人数；三是根据供电所当前人员年龄结构，适当纠偏调节最终定员总人数。按照定员测算结果，核定供电所定员动态分配总额，实现"增人不增资，减人不减资"的目标。

表1　公司供电所定员测算数据采集标准

序号	供电所	10 kV配电线路运行维护与检修	0.4 kV配电线路运行维护与检修	10 kV营销服务			0.4 kV营销服务		供电所以外业务核定（高压终端维护、用电检查等）	专业业务外包人数（采集运维、低压业扩、抄表催费）	男55～59周岁、女50～54周岁人数	男59周岁以上、女54周岁以上人数
		配电线路长度/百千米	公用变数量/百台	专用变数量/百台	公用变数量/百台	配电变压器折算台数专用变数量＋用变数量×0.35/百台	0.4 kV用户数/万户	视具体情况核增（地形、服务站等）				
1	A	3.35	2.11	7.38	2.11	8.12	2.23	1	2	2	8	2
2	B城区 B郊区	4.88	5.51	9.13	5.51	11.06	2.71 3.78	3	3	6	19	
3	C	3.67	3	4.31	3	5.36	3.11	1.5	2	2	7	5
4	D	3.37	3.35	4.36	3.35	5.53	3.64	2.5	2	2	15	1
5	E	1.83	2.17	2.30	2.17	3.06	1.91		1	1	3	1
6	F	1.29	1.1	1.55	1.1	1.94	1.05		1	1	2	
7	G城区 G郊区	5.22	7.1	10.85	7.1	13.34	7.41 1.58		3	18	8	3
合计		23.61	24.34	39.88	24.34	48.41	27.42	8	14	32	62	12

(二)加大供电所薪酬支配权,建立薪酬总额分配管理机制

为进一步加大基层供电所支配权,重塑薪酬分配构成,根据定员测算结果,预留薪酬总额的 20％用于公司绩效考核,其余的 80％直接划归供电所账户,由供电所所长自行确定分配方案,自主进行薪酬支配。同时,以供电所关键指标为核心,推行供电所指标"赛马制"考核方案。在公司层面,将薪酬总额向绩效优秀的供电所倾斜。强化公司层面的一级激励,根据供电所对标、红旗班组争创、供电所"五色地图"应用等评价结果,将预留的 20％薪酬总额向绩效优秀的供电所倾斜。

根据供电所"赛马制"考核结果,以供电所同业对标和关键业绩指标为核心,全面推行指标"赛马制"考核方案,坚持纵向与历史比、横向与同行比,建立"纵向贯通、横向对比"的指标评价管理体系,引导超越自我、奋力争先。一是对与上月月度比进步最大的供电所核增月度奖励 10％,二是对排名前 2 名、末位的供电所考核,排名第 1、2 名的分别核增 15％、10％的月度奖励,排名末位的核减10％的月度奖励。

(三)建立阶段性专项激励分配机制,确保绩效激励高弹性

为进一步帮助供电所解决不同阶段遇到的工作困难,提升激励分配的精准导向性,对非常规重点工作、急难险重任务、急需改进提升的工作等设置灵活机动的考核激励机制,按实际需要阶段性开展考核、灵活调整激励力度,实现新战略环境下多样化、高弹性的激励分配机制(如表 2 所示)。如:为帮助供电所快速提升关键运行指标,设置"提升性专项奖",指标水平提升后,激励力度递减直至取消。为推动供电所新型工作任务的高效开展,设置"定向性专项奖",新型工作任务拓展完成后逐步缩减或取消专项激励。

表 2　阶段性专项激励分配机制

激励组成	分配依据方案	激励目标
安全积分奖励	安全积分考核结果	严格按照作业规范操作
星级员工评价	员工星级评定结果	多年综合业绩评价
智能推广考核奖	智能推广新业务考核结果	引导员工主动推广新业务
设备主人考核奖	设备主人考核结果	按照设备指标完成
优秀业务受理员考核奖	业务员业务受理考核结果	提升优质服务
客户经理考核奖	客户经理考核结果	提升客户经理服务质量
⋮	⋮	⋮

（四）以员工岗位价值为导向，设计灵活组合的高弹性绩效激励分配方案

根据各供电所管理基础现状的差异，在供电所层面，制定多样化的薪酬分配体系，指导供电所抓住工作数量、工作质量、工作能力三个方面，制定个性化的薪酬分配机制，以业绩贡献、个人价值的量化衡量员工绩效（如图 1 所示）。例如：B 供电所实施"台区网格承包制"，将台区运维数量与奖金挂钩；D 供电所实行质量工分分级考评的精益积分制，实现高贡献高绩效分配；G 供电所实施技能系数考评，员工收入与技能水平挂钩；E 供电所实施团队绩效考核，根据营配融合发展要求，捆绑组团作业，工作数量、工作质量与绩效挂钩。

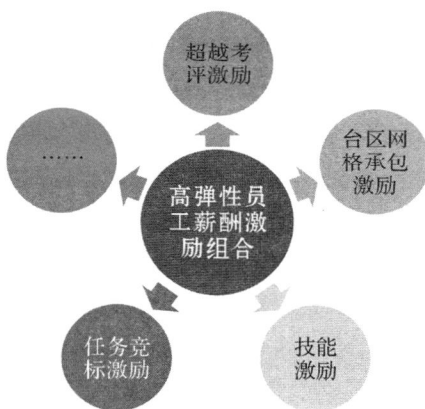

图 1　高弹性员工薪酬激励组合

一是分级细化岗位指标，全面推行员工指标"超越考评制"方案，鼓励超越目标，创造超越绩效。通过分级考评，有效解决考评重点不突出、方向不明确的问题，发挥绩效指挥棒的作用。

二是推行台区设备定额核算机制，建立"网格承包制"考核分配方案，提升网格片区员工工作开展的积极性和有效性，配套设计全业务融合员工专项激励奖金。按照"网格人员为主、其他人员为辅"的方式，"网格承包制"考核分配方案如表 3 所示，其中网格人员激励占比约 70%，非网格人员激励占比约 30%。

表3 "网格承包制"考核分配方案

类别	激励类别	标准描述	金额/万元
网格人员	工作数量考核	新装:50元/个·人,全年约1500个表; 销户:20元/个·人,全年约1000个; 工作许可场次,全年约300场,100元/场·人	约10.0
	工作质量考核	200元/人·月	约8.0
	值班激励	增加50元/人·天,含迎峰度夏共计约500元/人·天	约2.5
非网格人员	专项绩效考核	平均3300元/人·年	约6.0

三是梳理工作数量增量任务清单,创新"任务竞标制"考核分配方案。通过全面梳理供电所工作难度大、所长和班长日常难以分配的工作任务,形成增量工作竞标任务清单,鼓励员工在完成本身履职工作任务的同时,通过"竞标"争取更多的项目激励。

四是以员工技能提升为引导,建立"岗位技能定薪制"考核分配方案。即通过确定员工技能系数,提升员工技能水平和业务知识掌握情况,实现自主薪酬分配,形成"数量工分×技能系数+质量工分"的岗位技能定薪考核方案。

三、成效与改进

(一)成效分析

通过设计结构性缺员背景下的高弹性激励组合分配体系,公司提升了薪酬激励分配的灵活性,不断加大了绩效结果应用的范围与力度,强化了考核的真实性,打破了传统的薪酬分配吃大锅饭现象,形成了正向激励的薪酬管理文化,建立了以员工基本工资收入为基础,以绩效考核为依据,以价值结果贡献为导向的薪酬激励管理体系。通过薪酬分配的倾斜,促使员工主动学习相关技能,主动争取承担更多工作,形成了一套实用性、操作性、灵活性都较强的供电所高弹性激励组合分配体系,探索出了一条适合当前新的战略目标、供电所转型发展的强有力运行保障方案,有效破解了当前结构性缺员的管理难题。

(二)改进方向

为进一步提升供电所员工绩效激励分配管理工作开展的有效性和灵活性,实现应用长效的目标,应对这项工作进行再思考,进一步统一思想,转变观念,达成共识。一是要进一步完善供电所超缺员测算标准,构建精准的人力资源用工效率分析模型。供电所劳动定员测算模型是在考虑到当前环境、当前条件下进行设计的,距离精准核算依然存在较大的提升空间。相关人员可以扎根一线,根据作业记录进行绩效实录,摸清班组作业业务量,并进行对比分析,进一步分析不同季节、不同周期的工作饱和度变化。可以构建人力资源用工效率分析模型,利用大数据、神经网络算法等新技术,精准分析人力资源用工效率存在的隐性问题,针对问题进行对症下药,让员工工作时间和工作效率问题得到有效缓解。二是要进一步创新供电所班组员工绩效薪酬融合管理模式,逐步提高用工管理的工作效率。通过针对性补齐短板,挖掘员工潜力,进一步提高员工生产力,在一定程度上起到补员效用,为基层班组人才梯队建设及战略目标实现所需的人才建设做好充足储备,逐步破解结构性缺员的难题。

构建"目标任务＋指标包干"的供电所全员绩效管理体系

摘要：某基层供电企业从全能型供电所业务运作模式、绩效任务目标梳理剖析入手，将上级对供电所的绩效考核体系分解为综合任务类指标、运营管控类指标两类，确定各类指标的主责班组和配合班组及责任分担方式，制定科学高效、针对性强的绩效管理体系，实现"心往一处想，劲往一处使"。

一、目标描述

某基层供电企业通过构建"目标任务＋指标包干"的供电所全员绩效管理新体系，精准考核员工绩效目标完成情况，合理拉开薪酬差距，有效激发供电所全员的工作活力。

二、主要做法

（一）坚持权责对等，科学分解绩效指标

1.厘清业务运作模式，划分指标类型

综合任务类指标：主责岗位承担年度总体计划制定、组织实施、资源调配、数据信息搜集及反馈、检查评价等职能，在业务实施中占据主导地位；配合岗位根据主责岗位发布的分解任务要求开展工作，各自承担相应的责任。综合类指标涉及的面较广、人员较多、实施周期长，如包括党建综合考评、星级班组创建、人才当量提升、品牌宣传等。

运营管控类指标：主责岗位承担运营管控目标搜集分析、实施计划制定、组织实施、实时闭环管控、监督评价等职能，在业务实施中占据主导地位。配合班组（岗位）根据主责岗位发布的分解任务要求开展工作，各自承担相应的责任。

运营管控类指标的配合岗位数量相对较少,也可无配合岗位,如线损管理、抄表催费、反窃查违、智能缴费推广、供电可靠率保障、配网项目建设完成率等。

2.运用分类考核方法,开展责任分解

针对不同类型指标的特点,运用不同方法开展指标责任分解。

综合任务类指标:运用"目标任务制"的方式进行考核分解。供电所确认指标主责岗位和配合岗位各自的职责分工,由主责部门负责制定指标管控细则。管控细则主要是相关细分指标的任务目标分解,通过工作评价直接兑现到个人。对于创新性、突破性工作及"争分项",要加大对主要贡献者的奖惩力度。

运营管控类指标:运用"指标包干制"的方式进行考核分解。首先明确指标主责岗位,由主责岗位根据考核内容确定各自的岗位职责分工,实施"责任包干",原则上通过工作评价先兑现到班组,再由班组二次分解到个人。主责岗位直接对配合班组(岗位)监督评价,并由供电所层面负责对主责岗位履职情况进行连责考核。

(二)坚持精益高效,实时应用绩效工具

供电所层面成立全员绩效考核管理小组(简称"绩效小组"),坚持公平、公正、公开的原则,每月召开一次会议,负责制定、发布和动态更新绩效管理制度,搜集、审核各班组绩效考核结果,公示结果并处理员工的反馈意见。

1.明确绩效考核实施流程

每月上级对供电所绩效考核的细则定稿后,综合班根据综合任务类指标和运营管控类指标完成情况,汇总供电所本部管理人员考核意见,形成初稿后报绩效小组审批,并及时发布征求意见。班组或员工如对考核细则或考核结果有建议或申诉,可在公示期内以书面方式提出意见,绩效小组负责审核答复。

各班组自行编制考核管理细则,报绩效小组审批通过,根据考核细则兑现到班组个人,个人可向班组或所里提出申诉意见。

绩效分配程序采用先进行综合任务类指标考核,再进行运营管控类指标考核,最后各班组内部考核的方式。考核结果由综合班汇总上报。各班组长岗位的考核意见由绩效小组直接下发,在该班组人员平均绩效基础上累加兑现。

2.发布实施绩效考核标准

(1)供电所对班组层面的考核

基础工分考核:坚持向一线班组倾斜的原则兑现(详见表1)。安全考核、客户投诉、工单满意绩效考核分别由所安全员、客户服务员上报绩效小组。

表1　班组层面的基础工分情况

班组类型	供电所本部	综合班	高压运检一班	高压运检二班	低压供电服务班
基础工分	100	100	104	104	104
备注	相应岗位连责考核		包含"2分安全绩效＋1分投诉管控绩效＋1分工单满意度绩效"，未发生相应投诉和安全事件则兑现奖励		

质量工分考核：营销专业考核指标包括综合业务监控指数、低压获得电力指数、台区线损合格率、低压全用户日均采集成功率等。运检专业考核指标包括供电可靠性、线路跳闸指数、配变运行指数、台区异常指数、10千伏分线线损、运维质量指数等。单项指标排名列A段加1分，B段不考核，C段扣1分，根据责任原因分解兑现到相关班组。各班班长考核由供电所层面出具考核意见，班长绩效＝本班组人员平均绩效＋考核绩效。供电所本部各岗位质量工分考核细则见表2。

表2　供电所本部各岗位质量工分考核细则

供电所本部岗位类型	运检副所长	营销副所长	安全员	技术员	客户服务员
质量工分考核细则	运检类指标月度综合总排名在全市供电所A段加3分，B段不考核，C段扣3分	营销类指标月度综合总排名在全市供电所A段加3分，B段不考核，C段扣3分	一个季度内全所不发生被上级通报查处的违章事件，不出现安全扣分则加3分。管辖职责范围内上级加、扣分的按照2倍的标准兑现	运检类指标月度综合总排名在全市供电所A段加3分，B段不考核，C段扣3分。一个季度内不出现被上级通报的责任事件加3分。管辖职责范围内上级加、扣分按照2倍的标准兑现	一个季度内全所不发生属实投诉加3分，当月不发生回访不满意工单加1分。属实投诉每起扣2分，回访不满意工单每起扣1分

（2）台区经理"赛马制"考核

基础工分考核：低压供电服务班内绩效考核向台区经理岗位倾斜，基础工分为104分（包含100分基础分、2分安全绩效、1分投诉管控绩效和1分工单满意度绩效）。当月未发生相关责任事件则不扣罚工分。

质量工分考核：台区经理负责的工作任务主要为采集运维、抄表催费、营业普查、故障换表、台区设备运维巡视及消缺、线损管理、反窃查违等。为充分调动员工积极性、体现"多劳多得、干好多得"，供电所对台区经理实行竞聘上岗、指标包干的"赛马制"积分考核（详见表3）。每月发布"赛马"排名，兑现到月度和年度绩效中,并作为第二年竞聘上岗的重要依据。

表 3 台区经理岗位指标和考核细则

台区经理岗位指标	考核细则
台区同期线损可计算率	考核基准 95%,每增加 1 个点考核奖励 5 分,每减少 1 个点扣 5 分
台区区间线损可计算率	考核基准 90%,每增加 1 个点考核奖励 5 分,每减少 1 个点扣 5 分
采集成功率	考核基准 99.5%,每提升 0.1 个百分点增加 2 分,每减少 0.1 个点扣 2 分
电费回收率	每月 24 日 24 时前完成的奖励 5 分,25 日完成的不扣罚,26 日完成的扣 5 分,27 日完成的扣 10 分,以此类推
反窃查违	查处窃电,每起处罚金额在××元以下的加 2 分,××~××元的加 3 分,××元以上的加 4 分,全年一起未查处的扣 5 分,取消年度评 A 资格
移动作业终端	每日按照规范要求应用,未完成的扣 2 分
设备主人制现场巡视	每月未完成巡视拍照任务的,扣 4 分
低压供电可靠率	万户工单数超过当月公司平均值的,扣 2 分,低于公司平均值的,加 2 分,低于平均值 50% 的,加 4 分。配电设备巡视管理不到位的,每处扣 5 分
95598 热线投诉工单	所辖片区出现 95598 热线投诉工单的,扣 5 分,取消年度评 A 资格
工单处理满意度	当月工单回访不满意,每起扣 5 分
网上国网及智能交费推广	当月未达到推广目标任务的,扣 5 分
临时性工作安排	完成班组安排的临时性工作,如重要活动保供电、应急抢险等,每天加 3 分

(三)坚持动态跟踪,优化绩效结果沟通

绩效沟通贯穿绩效管理的整个过程,有助于推动绩效目标的落地完成。管理者与被管理者就绩效管理体系运用 PDCA 循环法进行持续不断的双向沟通,可以通过召开员工沟通会、线上交流、党组织"一对一"走心访谈等形式倾听员工心声,实现组织、员工绩效的双提升。下面以 A 供电所为例,详细阐述"目标任务+指标包干"的供电所全员绩效管理的整个流程。

1.指标完成情况通报

由综合班 A 班长对考核周期内综合任务类指标和运营管控类指标的最终完成情况进行通报和总结,根据供电所总体得分及在市公司内的排名,查找班组工作实际完成与计划目标存在的差距,肯定成绩,明确不足,共同研究制定下一步工作改进措施,确保班组各项重点工作、指标的可控、在控。示例详见表 4。

表 4　供电所指标完成情况及排名

名称	台区同期线损	电费回收率	…	排名
C 供电所	98%	100%	…	1
A 供电所	97.5%	98%	…	2
B 供电所	97%	96%	…	3

2.根据指标分类开展员工考核

根据供电所绩效管理体系,将指标分为综合任务类和运营管控类,分别采用目标任务和指标包干方式计分(如表 5 所示)。班组长在实际工作中,要持续对班组成员的绩效表现进行跟踪和诊断分析,找出影响员工绩效问题的所在,不能以考代管。同时在与班组成员绩效沟通的过程中要切实做到轻考核、重改进、多指导、少指责,及时给班组成员提供必要的帮助和资源保障,达到共同进步和共同提高的目的。

表 5　基于指标分类的员工考核

姓名	综合任务类		运营管控类		合计得分
	品牌宣传	…	台区同期线损	…	
员工 B	3	…	5	…	108
员工 C	2	…	4.5	…	102.5
员工 A	2	…	4.2	…	92

3.下一周期工作任务安排

由班组长安排部署班组下一周期的工作任务,明确下一周期班组业绩工作将要达成的目标,并对重点工作进行单独强调说明。在这个阶段,班组长可根据工作的轻重缓急及班组成员能力素质当量,布置派发班组工作任务。同时班组成员可结合实际,积极争取更多的工作任务,以更好的质量完成工作,承担更重要的工作角色,从而获取更多的工作积分。

三、成效分析

该体系一是实现了考核内容的精准全面。指标包干主要依托营销业务应用和生产系统统计结果,数据真实、准确,保证了考核的可操作性和精准度。考核内容涵盖安全、营销、运检等各专业,实现了对员工岗位职责的全覆盖。二是激励约束效果显著。目标任务完成情况、指标包干结果与绩效工资直接挂钩,合理拉开了收入差距。2020 年供电所内员工月最高和最低绩效工资的差距最高达××元,平均达××元,多干多得、创先争优的氛围已经形成。三是工作业绩显著提升。2021 年以来,某供电所台区同期线损可计算率、区间线损可计算率位列全市供电所第二,采集成功率位列全市第四,超额完成网上国网和智能交费推广任务,未出现 95598 热线营销服务类投诉工单,供电所管理水平上了一个新的台阶。

基于供电所台区定额竞标承包的二维薪酬测算法

摘要：供电所台区定额竞标承包是将竞标、投标模式应用到台区经理月度定额绩效管理中，通过统计供电所区域内台区设备数量、线路长度、用户数量等核定台区月度定额积分，采取所内竞标、投标的双向选择形式竞标上岗。二维薪酬测算是指通过月度定额积分计算和工作质量完成情况实行绩效薪酬分配，以量和质两个维度全面评价工作成效，实行"多劳多得，奖勤罚懒，按绩取酬"，有效调动台区综合管理人员的积极性，激发组织内生动力，实现"人员最精化，效率最大化，服务最优化"。

一、目标描述

一是将月度台区管理的常规工作打包录入工分，减少班组绩效管理员工分录入的工作量，真正做到为基层减负。二是用看得见的工作量来进行包干，体现多劳多得，实现按劳分配，充分调动台区经理积极性。三是通过竞标、投标，签订绩效管理协议书，明确工作职责和标准，体现公平公开公正，避免不必要的纠纷。四是台区经理之间形成良性竞争，强化责任意识，促进台区经理履职尽责，从而使得供电所各项指标显著提升。

二、主要做法

1. 收集台区有关信息数据

收集供电所辖区内的台区相关信息，包括台区数量、设备数量、用户数量、采集模式、各项指标数据等。

2. 核定各台区定额积分

按模型公式核定，台区月度定额积分＝配变台数×A1/月·台＋低压线路长度×A2/月·千米＋总保台数×A3/月·台＋营业户数×A4/月·户。（平原地区按 A1＝7.2、A2＝17.6、A3＝6.4、A4＝0.58 进行测算，丘陵、山区按平原地区分值的 1.1、1.2 倍系数计算。）

3.划分台区网格

遵循台区集中、就近、方便管理的思路，根据工作量，综合考虑定额总工分，以若干农村公用变台区组合作为一个网格管理区，每个网格管理区作为一个竞标单元，组织供电所内台区经理进行竞标，以供电所台区经理人数确定竞标单元标数。

4.招聘台区经理

一是通过所内公开招标、竞标，结合台区经理个人意愿双向选择，产生各网格区的台区经理。当多名台区经理在某一网格管理区报标相同时，先考虑第一志愿投标人，其次是第二志愿，最后是第三志愿。同等级志愿有多人投标，按就近属地化原则，并综合投标人以前的管理业绩，在排除恶意竞标的情况下，取承诺线损率最低者或最接近标底者中标。二是结合线路复杂程度及台区经理投票数决定最难管网格管理区段，该管理区段在台区核定定额积分基础上额外增加一定的台区积分，并根据前 3 个月台区经理的绩效考核成绩，确定合适的竞聘人选（排除绩效考核排名最末的台区经理）。然后通过上述公开竞标、招聘方式确定台区经理，中标的台区经理与供电所签订农村公用变台区经理绩效管理协议书，并按协议书履行契约。

5.开展月度绩效考核

每月 5 日，台区经理对上月的工作质量进行自评并报供电所，供电所按照业绩考核标准，对台区经理上月在责任期限内上述台区考核指标的执行情况进行月度评价考核。

6.二维薪酬测算

将个人标准绩效奖金作为考核基础薪酬，分两步计算：

奖金1＝基础奖金×职务系数×定额积分/平均积分，其中平均积分＝积分汇总/台区经理数

最终奖金＝奖金 1×（1＋奖扣分/100）

三、成效与改进

（一）成效分析

以某基层供电企业 A 供电所为例，成效分析如下。

台区定额竞标承包法实施后,台区的运行健康水平有了显著提升,核心指标提升十分明显。以 A 供电所某镇 6 号公变为例,核定工分为 147.68 分,某镇 18 个台区汇总分为 1805.492 分,平均分为 100.31 分。某月该台区考核情况较好,获得绩效加分 1 分,该台区经理职务系数为 1,绩效考核基础工资为××元,则到手绩效工资为:绩效考核基础工资×1×147.68/100.31×(1+1/100)=××元,比基础绩效工资高出××元,真正实现了"多劳多得,奖勤罚懒,按绩取酬"。

以 A 供电所某镇 6 号公变为例,在实施前,台区线损基本在 3%～4%;实施后,台区经理巡视更加频繁,异常处理更加迅速,月度线损基本在 2% 以下。台区经理更加尽心尽职的工作在绩效考核中得到了充分体现。2017 年供电所绩效考核中,台区线损等指标基本是被扣项;实施基于台区定额竞标承包的二维薪酬测算法后,线损考核目标值从 95% 提升至 97.5%,A 供电所相关负责人因此获得奖励××元。

(二)改进方向

一是台区积分计算方式有待进一步完善,需充分考虑到山区和平原之间的管理难度差别。山区用户较为分散,且线路布局较为复杂,管理难度相对较大,需根据各地区差异酌情考虑积分算法。

二是需建立科学合理的供电所台区经理管理制度,梳理确定竞标岗位、竞标标的、网格管理区等。确定网格管理区要兼顾工作量和核定工分,考虑属地管理问题。

三是月初工作量大,工作比较烦琐,且很容易因为前期准备工作不充分影响台区经理工作分配的合理性,影响台区经理工作积极性,因此要保证前期工作落实到位。

A 公司建立基于组团网格包干制的供电所薪酬管理机制

摘要： 近年来，A 公司由于大幅度的员工退休和减员，供电所结构性缺员严重，人均效率与业绩提升的矛盾日益突显，制约了现有形势下供电所工作的高质量开展。内部人力资源调整的压力促使 A 公司实施供电所组团网格包干制。该制度根据供电所实际情况，结合国企三项制度改革要求，通过四个维度全方位覆盖供电所管理网格，突破了传统的供电所绩效考核制度，实现了"收入能增能减"，形成了以多劳者多得为导向的薪酬管理机制，推动了公司实现提质增效。

一、目标描述

A 公司通过定员核定与基本工作量核定的动态包干核定方式，强化收入分配的差异性，利用薪酬与绩效管理促进员工提升技能水平，化解供电企业现阶段大量人员退休引起的减员与人员效率增速较缓之间的矛盾，使得"多劳者多得，干好者多得"的奖金分配机制真正落地到公司所有供电所，激发员工工作积极性，使人力资源配置与效率发生根本性转变，促进业绩效率提升。

二、主要做法

(一)推行供电所组团网格包干制，打造"数智化"供电所管理体系

供电所组团网格包干制，通过以包干主体与定员数量、维护线路、设备、用户的量与质挂钩的绩效工资核定包干模式，平衡因供电所减员、管辖线路、设备、用户数不同而产生奖金分配不合理的现状。具体按照以下步骤开展。

1. 供电所定员测算

根据《国家电网有限公司供电企业劳动定员标准》，对低压班进行定员测算，此次定员为全口径人数，主要测算的取数为：配电线路长度、配电变压器数量、用户数。

2. 明确岗位用工

供电所根据工作任务、用工性质，梳理班组用工岗位，主要将用工岗位划分为设备主人、台区经理、综合事务员、供电所负责人、班组长等。

3. 划分供电所网格

公司指导供电所完成低压台区网格（台区经理）、中压设备网格（设备主人）、管理网格（供电所所长、班组长等负责人）、以工作任务划分的工作网格（安全员、综合事务员等）的划分，以四大网格化的组团式服务方式实现供电所全员全覆盖管理，大大提升了内部运营效率与质量。

4. 测算组团网格包干绩效奖金总额

人力资源部在网格划分的基础上，根据各供电所人员定员核定情况、实际在岗人员数，各供电所管辖设备数量、台区数量、线路长度、管辖用户数，以及各供电所的地理环境（分为山区、平原）等因素，测算各供电所的组团网格包干绩效奖金（定员核定）和组团网格包干绩效奖金（人均维护量核定）两部分的奖金总额。

核定组团网格包干绩效奖金时，结合"增人不增资，减人不减资"的国企三项制度改革的要求，对于缺员单位，根据减员不减绩效奖金总额的原则核定奖金，确保缺员单位的员工工作积极性；对于冗员单位，设定最低保障基数，维护公司工作开展的平稳过渡，鼓励员工往缺员单位流动，实现公司人员良性循环流动。

5. 供电所开展岗位工作"量"与"质"的评价

供电所负责人将人力资源部下发的组团网格包干绩效奖金总额重新划定为岗位基本工作"量"奖金和岗位工作"质"奖金两部分，分别用于考核员工工作的"量"与"质"。

（1）核定岗位基本工作"量"奖金（工作"量"的考核）

低压班岗位类型分为班长、台区经理、综合事务员等，根据各岗位实际承担工作、任务量以及台区设备、线路长度、用户数等测算各岗位的基本工作量奖金，通过岗位基本工作量奖金的设定考核员工工作量。

（2）制定岗位绩效评价标准（工作"质"的考核）

岗位工作"质"的考核内容主要由岗位工作质量评价和岗位综合评价两大部分组成。两块评价在日常确定的工作"质"的基准分（100 分）的基础上开展工作业绩及质量的考核。各岗位的具体评价细则由各供电所的绩效考核小组根据低压班的实际情况制定。

（3）岗位绩效评价结果应用

考核结果应用在工作"量"与"质"的考核基础上，坚持"多劳者多得，多能者多得，干好者多得"的收入分配原则，以明责、尽责、考责、问责"四责"为导向，以"清单制"明确"网格包干人"管辖线路长度、设备台数、用户数、指标完成质量和考核收入等，开展岗位"四责"质量与绩效评价，真正实现基于团队（班组长、网格片长）和岗位（台区经理等）的工作"量"和"质"差异化的绩效工资分配机制。

6.建立低压班负责人年度考核机制，完善管理网格考核模式

针对管理网格，公司建立低压班负责人年度考核机制。公司每月按所在低压班组团网格包干绩效奖金的人均标准核定预发低压班负责人奖金。每年依据供电所低压班的供电面积、用户数、设备台数、线路长度、用电量、业扩量和年度绩效结果等多维度的年度绩效评价以及年度专项重点工作任务考核结算年度管理网格包干绩效奖。

（二）科学制定供电所全员绩效管理工作长效机制，推动网格包干制的"四维度"落地实施

1.调查研究供电所人员及收入状况

2018 年至 2021 年，A 公司退休总人数达到 160 人，用工补员率为 50％左右，供电所结构性缺员矛盾突出。原来吃大锅饭的收入分配机制造成了基层单位"干多干少一个样，干与不干一个样"，大部分基层员工干事创业激情不高。供电所进入大幅退休减员阶段时，基层单位负责人普遍反映工作量难以重新分配，强烈要求公司推行与发展相适应的收入分配机制，打破收入分配吃大锅饭现象。

2.建立供电所全员绩效管理工作长效机制

A 公司积极落实国企三项制度改革，制定工作方案与计划，多次召开供电所负责人座谈会听取意见和建议，研究并制定了《A 公司全能型供电所绩效考核办法》《A 公司基本工作量绩效工资总额核定实施方案》《A 公司供电所台区网格片长管理实施方案》《A 公司供电所低压供电服务班（供电服务站）负责

年度绩效考核方案》等制度。

3.全员宣贯供电所组团网格包干制,铺好制度实行基石

为了切实稳步开展供电所组团网格包干工作,A公司将该项工作列入了年度重点工作计划,并由公司主要领导主抓,成立了专项推进工作小组。通过工作例会、内部网络媒体宣传、企业论坛和到每一个基层所(站)全员宣贯等方式,公司积极宣传供电所组团网格包干与公司发展对接的重要性。通过一段时间的宣传,该工作得到了广大干部员工的普遍认同,取得了工作前期的宣传效果。

4.全面推进供电所全员网格管理

为实现供电所全员全覆盖实施网格管理,公司推行了低压台区网格化、中压设备网格化组团式服务方式,推进管理网格化以及以工作任务量划分的工作网格化;落实网格片长选聘;实现供电所全员网格化管理,大大提升了内部运营的效率与质量。

5.模拟运行供电所组团网格包干制,实践优化工作体系

A公司总结了前期的实践经验。公司在正式实施供电所组团网格包干制前预留了1.5个月的模拟运行窗口,供电所在模拟期再次核实网格包干责任人所管辖设备、线路等数据的准确性;供电所完成对工作效率低的员工的面谈等工作,并模拟计算各岗位网格包干奖金分配情况;公司人力资源部汇总分析各供电所组团网格包干奖金分配情况,指导工作改进方案,优化工作体系,总结并向公司汇报各单位模拟评价结果等。

6.核定各供电所组团网格包干奖金总额,全面实施供电所组团网格包干制

公司核定各供电所组团网格包干奖金总额,具体由定员核定(占比60%～70%)和人均维护量核定(30%～40%)两部分包干奖金组成,全面实施供电所组团网格包干制。

三、成效分析

通过实施供电所组团网格包干制,A公司实现了供电所全员全覆盖实施网格管理,责任贯穿了每个组团单位(供电所、班组、网格片)与个人网格,推动了质量变革、动力变革、效率变革,激发了员工的工作积极性,使人力资源配置与效率、业绩的提升发生了根本性转变,实现了人力资源效率与业绩提升的共同发展;为公司高质量发展,走在前、做示范,打造具有中国特色国际领先的能源互联网企业的示范窗口,更好地服务地方经济社会发展打下了坚实基础。

1.差异化的薪酬分配制度落地,国企三项制度改革见效

供电所组团网格包干制的落地,促使供电所建立"多劳者多得,多能者多得,干好者多得"的薪酬分配机制,实现班组间包干奖金核定比差异最高达到1.76倍(班组核定包干奖金人均值高低相差××元),班组班员月度奖金三级分配差异最高达到3.21倍(高低差额××元)。

2.实现人员自我提升,盘活供电所存量资源

供电所组团网格包干制有效激励了员工实现自我价值的提升。公司深入基层一线,调研了全公司20个低压班组,其中20多位员工实现了自我技能提升和工作态度转变。各班组逐渐形成了班组内部争先创优的氛围,员工抢着干,人员矛盾缓解,扭转了供电所要求增员的局面,促进了公司工作的开展。

3.运营效率产生质变,"数智化"供电所建设结出硕果

供电所组团网格包干制实现了供电所全员全覆盖网格管理,推进了营配业务末端融合,大幅提高了供电所内部运营的效率与质量,全面提升了农村供电服务保障能力,有力支撑了建设具有中国特色国际领先的能源互联网企业的战略目标。A公司某供电所作为试点单位,从组织架构、人员岗位等多方面做了调整,实践"数智化"供电所管理模式,所内人员面貌得以焕然一新!

A公司打造供电所"洋葱"绩效奖金分配体系

摘要： A公司打造了供电所"洋葱"绩效奖金分配体系，通过开展多层次、全维度考核，将每位员工的绩效奖金与多项工作的"量、质、期"强关联，并结合全能型乡镇供电所建设实际，环环相扣，以点带面，从而提升供电所绩效奖金分配体系落地保障工作的质量和管理水平。

一、目标描述

乡镇供电所作为供电公司最小的管理单元，其工作直接面对客户，工作质量直接关系到客户对供电公司的形象和价值的评判，因此制定乡镇供电所绩效奖金的全员精益化考核机制对加强供电企业管理具有重要意义。

随着A公司供电所员工老龄化问题日益严重，人员年龄结构、技能水平、思想意识与当前精细化管理和服务的要求存在较大矛盾，人员素质与全能型供电所的要求存在相当大的差距，供电所各项工作运行压力巨大，部分岗位承担着较大的工作压力和考核任务，单靠供电所常规二次绩效考核难以调动员工工作积极性和主动性。因此全面解析供电所业务和管理实际，按照"问题导向、目标导向、效果导向"思路，以"激励先进、优绩优酬、多劳多得、促进提升"为原则，进一步健全供电所激励机制和约束机制，建立一套符合供电所实际应用的"洋葱"绩效奖金分配体系显得尤为重要。"洋葱"绩效奖金分配体系是将年度目标、重点工作层层分解，责任层层落实，真正做到管理全覆盖、考核无盲区、奖惩有依据。

二、主要做法

（一）广泛参与，层层关联"洋葱"绩效奖金考核体系

为确保"洋葱"绩效奖金分配体系得到全员支持，供电所在充分开展前期调

研的基础上,利用各种会议不断动员和营造全所开展"洋葱"绩效奖金考核的氛围,阐明工作导向和目标,引导员工正确认识绩效考核,灌输员工"奖金是干出来的"的理念,减少工作阻力。同时,为加强工作推进,供电所组建了由所长、三大员(技术员、安全员、客户服务员)、班长及各班组员工代表组成的绩效奖金考核管理小组,确保供电所内各层级、各条线在绩效奖金考核管理中有充分的话语权和知情权,充分吸纳各方面意见,每月对所内绩效奖金分配结果进行讨论,每年对绩效奖金分配体系进行修编。

(二)双轨运行,层层落实"洋葱"绩效奖金责任体系

为确保绩效奖金分配的"公平、公正、公开",供电所将考核对象分两个维度考核,即集体绩效奖金与个人绩效奖金,制定 A 公司供电所同业对标、A 公司同业对标、绩效考核等考核结果处理方案,明确三大员、主要责任班长、非主要责任班长(副班长)、相关专业责任管理人员的绩效加(扣)分比例关系。相关专业责任管理人员由主要责任人员和次要责任人员组成,其中主要责任人员绩效加(扣)分占比原则上不低于 50%。供电所将每个月上级绩效奖金考核奖惩结果直接体现在个人业绩上,建立了针对绩效指标的责任体系,做到人人肩上有指标,奖罚分明。在试运行期间,绩效奖金考核管理小组通过绩效奖金考核体系,每月对员工绩效进行考核(但不兑现),并将绩效奖金分配结果进行公示,同时通过所务会、主题党日活动等重要会议和活动进行反复宣贯,充分听取员工的意见和建议,不断完善绩效奖金分配责任体系。"洋葱"绩效奖金分配体系已得到了员工的普遍认可和接受。

(三)滚动修编,层层分解"洋葱"绩效奖金指标体系

供电所根据 A 公司月度关键指标、同业对标指标、监控体系指标、所内重点工作任务、管理目标等内容制定所内考核细则,对各班组进行考核,再由各班组落实考核到个人。供电所对班组实行团队化考核,主要考核各班组和网格的工作任务完成情况、工作质量,考核结果兑现到班组。班组对个人的考核由各班组和网格根据所内考核奖惩得到的奖金池,按员工贡献度兑现到个人。"洋葱"绩效奖金分配体系经过几轮调整,最终将供电所月度绩效奖金设置为三个奖金池:绩效得分奖金池、同业对标奖金池、内部考核奖金池。

1.绩效得分奖金池。得分来源于 A 公司月度关键(通用、监控)指标考核结果,对应细则为:

(1)每项指标固定提取 30％,纳入内部考核奖金池。

(2)剩余部分按 100％的份额分配至指标相关岗位职责。相关三大员、班组长分别占 7％、20％,剩余 73％分配至具体责任人或团队。具体分配方案应于每年年初根据 A 公司绩效奖金考核方案进行修订,并由供电所绩效奖金考核管理小组讨论通过。

2.同业对标奖金池。该奖金池由 A 公司"123"工作法中《供电所同业对标绩效考核办法》涉及的所有同业对标绩效得分和额外奖金组成,根据供电所在集团排名与年度排名目标的差距进行相应的奖惩,对应细则为:

(1)绩效分固定提取 30％,纳入内部考核奖金池,剩余部分以奖励监控室为主;

(2)集团排名奖对三大员和班组长进行额外奖励,再根据同业对标指标具体落实至责任人;

(3)对于失分指标,视影响排名情况对责任人或团队进行绩效计件扣罚。

3.内部考核奖金池。该奖金池由以上两大奖金池提取、优秀员工激励奖及技能奖组成,员工按照工分(基础分每人 100 分)计算奖金比例。考核分为四个维度。

(1)所长对三大员考核。一是指标管控方面,当月对口专业,供电所每奖扣 0.5 分绩效,相应三大员则奖扣 10 分;当月供电所同业对标,对口专业每出现一项扣分,相应三大员扣 30 分。二是职责履行方面,当月对口专业任务下达后,相应三大员分解任务不到位的扣 20 分;对各班组做专业指导(班组难题需在每周例会上由班长提出),未履行职责,每项工作视情况扣 20 至 50 分;未完成所长(副所长)交办的其他事务,视情况扣分。

(2)三大员对班组考核。一是指标管控方面,当月对口专业,供电所每奖扣 0.5 分绩效,相应班组长则奖扣 10 分;当月供电所同业对标,对口专业每出现一项扣分,相应班组长扣 30 分(若副班长为责任人,则正班长按 20％的比例扣连带分)。二是职责履行方面,当月对口专业任务下达后(三大员分解任务合理、到位的情况下),班组长执行不到位的,每项任务扣 20 分;未执行的,每项扣 50 分。所长(副所长)、三大员交办的其他事务(以周例会任务或有明确记录的任务为准)未履行的,每项工作视情况扣 20 至 50 分。

(3)班长对班员考核。一是职责履行方面,根据考评标准对员工当月工作完成情况进行工分考核。二是爱岗敬业方面,班员需服从班组长安排,及时完成临时、特殊任务,视情况进行工分奖扣。

（4）其他（计件）考核。包括营业厅、工单、监控室指标督办、劳动纪律、会议纪律、技能等级奖惩等考核，其他考核内容调整根据实际情况由供电所绩效奖金考核管理小组讨论决定。

三、成效与改进

（一）成效分析

一是推进了供电所提质增效。A公司通过"洋葱"绩效奖金分配体系，使能力、业绩的差异与激励奖罚明确挂钩，调动了员工内在动力，进一步促进各项工作的有效落实，推进了所内工作提质增效。近几年来，供电所已获得国网公司和省市公司的10多项荣誉。

二是提升了供电所管理水平。"洋葱"绩效奖金分配体系的制定，是对供电所各项管理工作的全面检验，有效地发现了供电所在管理方面存在的漏洞，防止管理上出现盲区，并为制定下一步改进措施提供了科学的依据。

三是拓宽了员工职业发展通道。"洋葱"绩效奖金分配体系进一步提高了员工讲创新、干实事的工作热情，营造了"比、学、赶、超"的良好氛围，充分激发了员工的潜能，显著提升了员工的业务技能水平。自实施以来，供电所员工在省市公司技能竞赛中已斩获多项荣誉。

（二）改进方向

一是优化内部分配制度。绩效管理是一个不断提升的过程，需要继续探索内部分配机制存在的问题和明晰下一步努力的方向，并根据实际情况和自身特点完善绩效奖金分配体系，提炼优秀先进做法，形成"工作目标细分解、评价考核可量化、过程管理全覆盖、结果奖惩有依据"的内部分配机制。

二是强化激励奖罚与个人的关联度。下一步将聚焦于优化人力资源管理，强化岗位能力、工作业绩的差异与激励奖罚的关联度，让一切符合业绩导向的行为得到肯定，更快地提升员工的工作热情和工作能力，使员工做到"一专多能"，达到减人增效的目的。

海岛供电所绩效工资分配优化机制

摘要：某供电公司作为海岛供电企业，供电海域广阔，岛屿站所分布零散。近年来，该公司业务服务领域不断延伸，为满足住人岛屿的供电服务要求，员工队伍急需壮大。受结构性缺员、补员力度不足、人员流失率居高不下等问题的制约，公司建立了激励导向、兼顾公平的薪酬分配模型，构建满足海岛供电所可持续发展需要的、符合当地实际的绩效工资分配优化机制，切实发挥海岛供电所绩效考核、薪酬激励的效用，从而达到维护海岛员工队伍稳定、提升企业运营效益的目的。

一、目标描述

为充分调动海岛一线员工的工作积极性与主观能动性，有效降低偏远地区的员工流失率，某供电公司努力钻研行之有效的薪酬分配方式，在控制年度薪酬总额的前提下，综合考虑海岛供电所的组织架构、业务范围、工作流程设计以及岗位配置情况，进行精准分析与综合测评，研究建立与海岛星级供电所建设相匹配的薪酬分配优化机制。公司积极研究内控管理提升，多元化实施精准激励，构筑"浮动化绩效奖金原额＋考核兑现增（减）量＋海岛建设提升奖＋一次性考核奖励"绩效工资分配模型，持续激发长期服务偏远海岛人员的工作原动力，创建体现组织与个人价值，促进员工技能与绩效双提升的分配模型。在强化供电所组织绩效的同时，助力提升基层供电企业的整体竞争力，促进企业经营效益的提高。

二、主要做法

该绩效工资分配模型适用于供电所全民职工，是涵盖站所工资总额预控、绩效兑现增幅调节，体现海岛建设贡献，突出激励导向效用的多元化薪酬分配模式。

（一）依据岗位贡献价值，设定浮动化绩效奖金原额

供电所薪酬机制在配置上，严格遵循"效率优先、兼顾公平"原则，体现"多劳多得，奖勤罚懒"宗旨，逐步树立"收入凭贡献，增资凭效益"的分配理念。供电所依据供电规模、业务总量、单位风险指数、效益贡献、责任大小、复杂程度、技能要求、劳动强度、工作条件，每年核准考核奖金基数，分档级设定供电所所长及下属各岗位的绩效奖金系数。A供电所依据员工所在岗位、年度绩效考核情况，综合评定浮动化绩效奖金系数，并于每年年初组织申报，进行统一调整。

具体规则设定：（1）初次配置奖金系数，依据员工所在岗位起始档（1档）设定。（2）按历年年度绩效考核情况动态调整系数档级。得分情况为优秀得1分，良好得0.5分，及格扣0.5分，不及格扣1分，其中优秀≤20％，及格＋不及格≥3％，累计超过2分可提高一档。上年度累计的分数扣除奖励的分数后，剩余的分数可累加到次年，满档后不再升档。累计低于或等于－1分则降低一档，累计低于或等于－2分则降低两档。（3）员工岗位发生变动，按岗位变动的月份调整其当月奖金系数（岗位奖金系数设置见表1）。其中从低岗位调到高岗位时，原则上定在起点档，若原来低岗位的系数比调整后高岗位的起点档高，在原来低岗位的系数对应的调整后高岗位的系数基础上再上浮一档；从高岗位调到低岗位时，保留其在原岗位获得的年度奖励系数。浮动化绩效奖金原额计算公式为：

浮动化绩效奖金原额＝奖金基数×奖金系数×组织考核得分/标杆组织得分

表1 供电所各岗位奖金系数

档	岗位	奖金系数		
		1档	2档	3档
A	供电所所长	1.276	1.298	1.32
B	供电所副所长	1.21	1.232	1.254
C	一线班组正职	1.01	1.03	1.05
D	一线班组副职、二线班组正职	0.98	1	1.02
E	二线班组副职	0.95	0.97	0.99
F	一线生产岗位	0.91	0.93	0.95
G	二线生产岗位	0.88	0.9	0.92

（二）借助积分制考核工具，兑现差异化考核增（减）量

为有效激发海岛供电所员工的工作积极性、主动性，体现按劳分配、多劳多得的薪酬激励分配原则，供电所借助适用性绩效考核工具，有效运用积分制，差异化兑现考核增（减）量。A供电所不断优化考核评价体系，科学设置考核流程，集体讨论并滚动修订评价标准。运用"固定工分＋工作业绩积分＋工作质量分＋指标量化考核分"考核模式，对每一位一线员工工作贡献度进行全方位记录、评价，通过月度绩效例会核定考核结果。在差异化兑现考核增（减）量上，先与组织月度考核结果直接挂钩，依据积分制考评结果进行二次兑现，激励薪酬差距逐步增大，各类考核及兑现结果透明、公开，员工考核参与度较高，"争分"热情不断高涨，较好地体现了工作积分制考核的激励作用。绩效奖金计算公式为：

$$绩效奖金＝浮动化绩效奖金原额×个人考核得分/标杆人员得分$$

（三）建立海岛贡献度考核体系，配置科学化海岛建设提升奖

海岛供电所员工坚守偏远地区供电服务岗位，远离家人，工作环境艰苦，往返于各个岛屿之间，承担着诸多岛屿的线路巡视、供电检修责任。艰苦的工作环境，造成了海岛供电所缺员问题严重，人员流失率较高，严重制约了海岛供电服务质量的提升。为满足海岛供电工作的需要，在统筹组织本岛优秀员工长期驻扎各岛屿的同时，A供电所在绩效工资统筹配置上，增设了海岛建设提升奖，结合海岛贡献度考核体系，运用薪酬激励方式保障海岛一线员工队伍的稳定。海岛建设提升奖以各海岛生活及工作环境艰苦度、服务年限、员工对海岛电力提升建设工作的贡献突出度、当地物价水平，科学化设置发放标准，基数逐年调整，考核再分配额度控制在总额度的20%左右。发放依据海岛贡献度考核体系，主要针对供电所指标管理、标准化/星级供电所创建等管理提升工作上的量化考核。A供电所当前海岛建设提升奖额度为××～××元/人·月，其中再分配额控制在××元以内。

（四）综合评定年度绩效，架设合理化一次性考核奖励

在月度考核结果累加的基础上，权衡组织及个人年度考核结果，综合评价个人年度综合成绩，作为年末考核评级、一次性奖励的主要依据。公司考虑目前尚在执行的员工一次性收入个税缴纳政策（预控一次性收入税率3%），结合

供电所员工人数,组织年度考核,综合核定供电所年末一次性考核奖励总额,下放供电所内部分配权限,依据"总额不超、优绩优酬、劣绩劣罚"原则,由供电所负责考核再分配,切实做到公开、公平、公正。

三、成效与改进

(一)成效分析

"浮动化绩效奖金原额＋考核兑现增(减)量＋海岛建设提升奖＋一次性考核奖励"绩效工资分配模型,目前在某供电公司三家海岛供电所试行了一年,初见成效。

一是浮动化绩效奖金原额的设定,督促供电所自上而下统一思想,强化了内部管理,提升了整体业绩实效。在内部管控上,较好地起到了"鼓励先进、鞭策后进"的目的,体现了绩效奖金原额"能增能减"的考核浮动原则。目前,绩效奖金原额浮动化调整集合了 2019—2020 年度绩效考核累计得分。2019 年涉及全民职工 45 人,7 人得 1 分,36 人得 0.5 分,2 人扣 0.5 分;2020 年涉及全民职工 42 人,7 人得 1 分,35 人得 0.5 分。2021 年年初奖金系数档级提升 2 人,2022 年奖金系数调整人数预计将扩大至 8 人,占比有望提升至 20％。

二是积分制考核工具的运用,有效促进了组织、个人绩效的双提升。公司建立了高度灵活、强化过程的全员考核平台,匹配深层次的结果应用、行为塑造、薪酬兑现机制,塑造了实施反馈、全员交互、看板管理功能,帮助供电所建立了公开透明、全员认可的考核及薪酬兑现体系,有效激发了员工的执行力、创造力和凝聚力,也利于组织效能的提升。

三是海岛建设提升奖的设置,不仅提高了优秀员工赴海岛服务的积极性,加强了海岛一线员工队伍的稳定性,有效降低了海岛供电所的人员流失率,同时以海岛贡献度为依据进行综合考量再分配,更好地体现了管理提升、服务提升的导向作用。2020 年海岛建设提升奖涉及全民职工 42 人,共奖励金额××元,占供电所工资总额的 5％。

四是架设合理化一次性考核奖励,在最大化维护员工利益的同时,下放考核再分配权限,有效运用考核手段,依据"总额不超、优绩优酬"原则,提高供电所自主管控力,综合考量个人年度生产贡献价值,激发了员工争先创优的热情。目前,供电所一次性考核奖励个人再分配额度已基本控制在 12％以内。

（二）改进方向

一是浮动化绩效奖金原额设定成效高低，不仅取决于浮动化绩效奖金系数，也取决于浮动化绩效奖金基数。目前尚存在各绩效系数初设差距较小、档级划分范围过窄的问题，浮动化绩效奖金原额调整差距仍需逐步提高，各绩效系数差距仍需逐步拉大，档级划分范围在 3 档的基数上可扩大至 5～6 档。亦可通过设定浮动化绩效奖金基数进一步提高考核结果对应的分配差距，逐步提高结果匹配度。

二是海岛建设提升奖激励作用，取决于海岛贡献度考核体系的优化；月度积分制考核工具的运用以及年度一次性考核的实施取决于供电所内部月度及年度考核体系的构建。目前各类考核体系涉及的范围、依据、标准、强度有待逐步优化，急需摒弃吃大锅饭意识，要求差异化、标准化设置考核内容，避免出现重复考量、主观判别等问题，从而有效提高员工参与度、认同度，进一步强化绩效的激励作用。

五、基层班组篇

对变电检修岗位的价值精益管理及
绩效薪酬激励研究

摘要:近年来,随着精益化管理要求的提高,供电公司以员工为管理目标的价值精益化管理方面还存在定员定编及岗位说明书需要修订、工作量统计不精准、薪酬绩效精准激励程度不足等问题。为解决以上问题,本文特以变电检修岗位为样本,应用人力资源管理专业知识,对每一位员工进行价值评价,核算员工工时费,建立该岗位的价值分配规则,就变电检修岗位的绩效奖金分配提出合理的分配建议,减少不必要的薪酬分配矛盾,实现对员工的精准激励。

一、目标描述

(一) 科学核定人员编制及工作量

以变电检修岗位为样本,应用人力资源管理专业知识,在厘清每位员工在组织中的价值实现手段和依据——每一项工作的基础上,分析该岗位人员编制的合理性。

(二)分析人工成本,提高精准激励程度

对每一位员工进行价值评价,核算员工工时费,建立该岗位的价值分配规则,就变电检修岗位的绩效奖金分配提出合理的分配建议,减少不必要的薪酬分配矛盾,实现对员工的精准激励。

二、主要做法

(一)现状研究

1.修订变电检修岗位的岗位说明书

因变电检修岗位同样的名称下设置了不同工作内容的三个班,按照同岗同工的原则,现将变电检修岗位按照实际工作内容及工作对象的不同,拆分定义为"变检一次""变检二次""变检支持"等三个不同的岗位,具体工作分别由目前的变检一班、变检二班和变检三班承担。

2.岗位工作量及岗位人员编制核定

经过专业人员提报初稿,专业团队研究核定,计算该岗位人员履行岗位职能应该产生的工作量。

(1)"变检一次"专业的工作量

经核算统计,每日按照标准工时制计算的人员配置定额为:140.85/8＝17.61人(即18人),该岗位目前仅有16人(含全民和外包),会出现经常加班的现象,需要进行人员补充。

另外,与系统相关的该岗位设备检修操作直接人工工时仅占该岗位投入的62.88％。因此,各管理单位应适当降低与一线岗位主要职能不直接相关的人工工时工作量,以实现对该岗位价值精益化的管理。

(2)"变检二次"专业的工作量

该岗位每日按照标准工时制计算的人员配置定额为:70.47/8＝8.81人(即9人),而该岗位目前有13人(含全民和外包),已出现人员冗余现象,需要进行调减。

同时,该岗位设备检修操作直接人工工时仅占该岗位投入人工工时的48.39％,一半以上的工作量属于辅助性工作。

(3)"变检支持"专业的工作量

该岗位每日按照标准工时制计算的人员配置定额为:47.39/8＝5.92人(即6人),该岗位目前有7人(含全民和外包),可以满足正常的工作量需求。同时,其与系统所记载和显示的工时相关的工作即设备检修操作部分,占该岗位投入总人工工时的63.76％。

(二)提出内部分配及激励方案

1. 对变电检修岗位员工作业在系统产生的工作票进行剖析

目前,国网公司项目管理系统(PMS)内比较成熟的记录员工工作量的依据是工作票(见图 1)。

工作票所签发许可的内容中包含了众多的工作内容和项目,而针对设备、参与人员等统计要素全部混在一起,且工作的标准化程度不高,各项工作的标准化流程操作所消耗的人工工时尚没有数据,容易使落实到每位员工头上的实际工作工时、工作量难以精准统计(见图 2),对精益化管理的实施提出了大的挑战。

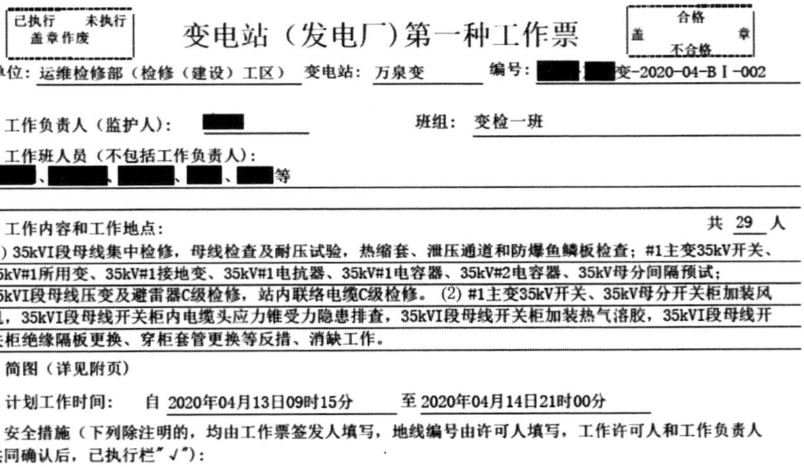
已执行　未执行
盖章作废

变电站（发电厂）第一种工作票

合格
盖　章
不合格

单位：运维检修部（检修（建设）工区）　变电站：万泉变　编号：[redacted]变-2020-04-BⅠ-002

1. 工作负责人（监护人）：[redacted]　班组：变检一班

2. 工作班人员（不包括工作负责人）：
[redacted]、[redacted]、[redacted]、[redacted]、[redacted]等

共 29 人

3. 工作内容和工作地点：
(1) 35kVⅠ段母线集中检修，母线检查及耐压试验，热缩套、泄压通道和防爆鱼鳞板检查；#1主变35kV开关、35kV#1所用变、35kV#1接地变、35kV#1电抗器、35kV#1电容器、35kV#2电容器、35kV母分间隔预试；35kVⅠ段母线压变及避雷器C级检修，站内联络电缆C级检修。(2) #1主变35kV开关、35kV母分开关柜加装风机，35kVⅠ段母线开关柜内电缆头应力锥受力隐患排查，35kVⅠ段母线开关柜加装热气溶胶，35kVⅠ段母线开关柜绝缘隔板更换、穿柜套管更换等反措、消缺工作。

4. 简图（详见附页）

5. 计划工作时间：　自 2020年04月13日09时15分　至 2020年04月14日21时00分

6. 安全措施（下列除注明的，均由工作票签发人填写，地线编号由许可人填写，工作许可人和工作负责人共同确认后，已执行栏"√"）：

图 1　工作票(样例)

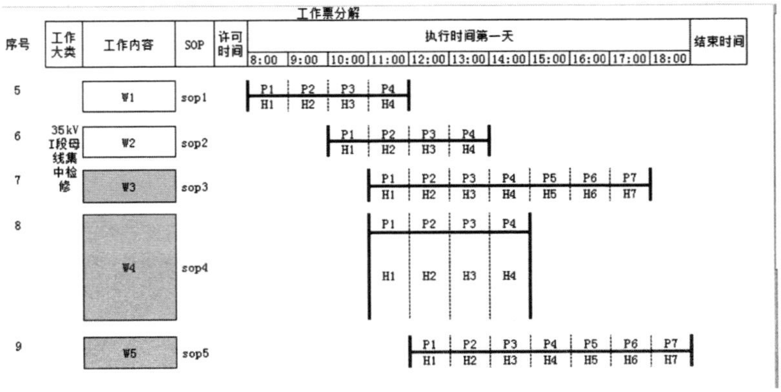

图 2　工作票分解(样例)

2.对系统关联直接人工成本与员工全部工作职能的差异分析

目前,国网系统内运行的工作票中记录的工时只反映了检修员工职能工作中的一部分,主要对应人工薪酬中的绩效考核奖及安全考核奖励的部分。

因此,要准确全面反映员工人力成本等价值,就需在系统片段化记录的基础上经过数据分析和判断进行还原,对人工成本及员工薪酬构成进行分析。

(1)人工成本构成

人工成本＝薪酬总额＋保险费用＋教育培训费用＋工会经费＋劳动保护费用＋福利费用＋其他

经对 A 公司 2019 年的员工人工成本进行初步统计分析,得出薪酬总额占人工成本总额的 61.72%,保险费用占人工成本总额的 27.94%,此两项总共占人工成本总额的 89.66%,是人工成本构成的主要部分。

(2)员工薪酬构成

员工薪酬＝岗薪工资＋工龄工资＋交通通信补贴＋职称技能津贴＋加班工资＋安全积分奖＋特岗津贴＋绩效考核奖

经对变电检修岗位 2019 年的员工薪酬进行初步统计分析,得出:

1)与系统工作票工时直接关联的绩效考核奖励部分占员工薪酬总额的 69.62%;

2)变电检修岗位各班的人均薪酬比例为:

变检一次∶变检二次∶变检支持 ＝ 10∶10∶11

3)经岗位说明书及工作量核定的各班人均工作量的比例为:

变检一次∶变检二次∶变检支持 ＝ 11∶9∶9

变检一次作为公司一线的重点核心工种,其所获得的薪酬与付出的工作量出现了偏差,建议给予重视。

(3)变电检修主业与辅业的薪酬比例

(变检一次＋变检二次)薪酬占该变电检修专业员工薪酬总额的 82%,符合"二八法则",比较合理。

根据公司的管理现状,建议可适当增加量化指标比例,逐步建立科学合理的绩效考核机制并适时推行,以提高绩效二次、三次分配的合理性,提升员工工作积极性。初步建议的综合方案如下。

（1）二次分配绩效考核方案（表1）

表1　二次分配绩效考核方案

序号	类别	指标名称	权重	数据来源	备注
1	量化指标（80%）	重点工作完成率	40%	公司月度或周会议纪要	
		常规工作计划完成率	20%	工作计划表	
		报表提报及时性	10%	报表提交时间	
		安全事故控制	10%	安全管理台账	
2	非量化指标（20%）	精神文明建设	5%	职能主管部门	
		资产设备管理	10%	职能主管部门	
		卫生环境管理	5%	职能主管部门	
合计			100%		

（2）三次分配（班组内个人）绩效考核方案（表2）

表2　三次分配（班组内个人）绩效考核方案

序号	类别	指标名称	权重	数据来源	备注
1	量化指标（80%）	岗薪技能等级	20%	岗位工资及技能津贴相对系数	
		工作量人工工时	40%	PMS或岗位工作量核定表	
		出勤率	10%	考勤报表	
		工作差错率	10%	月度关键事件记录	
2	非量化指标（20%）	工作态度	5%	班长评估工作积极态度	
		执行力	10%	班长评估执行力度	
		团队协作	5%	班长评估合作精神	
合计			100%		

注：因员工工作不仅限于系统之内记录的工作内容，因此不能直接根据人工工时与工时费相乘的计算结果来发放其所有绩效奖金。

（3）考核结果应用方法

遵循"总量控制、内部考核调整"的绩效薪酬分配原则，将以上绩效考核结果按照以下方法依次分配到个人。

1）二次分配绩效考核结果应用

A.计算班组考核平均分

班组考核平均分＝班组考核总分/班组数量

B. 计算各班组分配系数

班组分配系数＝本班组考核得分/班组考核平均分

C. 计算各班组可分配金额

班组可分配金额＝（本班组分配系数/班组数量）×公司下发的除外包
费用外的可分配绩效奖金总额

2）三次分配绩效考核结果应用（与二次方法类似）

A. 计算个人考核平均分

个人考核平均分＝个人考核总分/班组员工数量

B. 计算个人考核分配系数

个人分配系数＝本人考核得分/个人考核平均分

C. 计算个人绩效考核奖金

个人绩效考核奖金＝（个人分配系数/总分配系数）×本班组可分配绩
效奖金总额

三、成效与改进

（一）成效分析

1. 使用"岗位工作量核定法"，使岗位编制更加合理

通过已建立的模型或模版，可以完成对国网内各岗位的岗位说明书的动态
管理及岗位工作量的核定，进而可以对公司各岗位的人员编制及职能整合提出
调整建议，从人员数量上直接控制人工成本，减少不必要的工作量，相对提高人
均效能，减少人工浪费，充分体现精益化管理的精神和精髓。

2. 员工激励更加精准，团队凝聚力进一步提高

随着绩效管理理念的进一步导入，通过在不同的组织层级设置不同的绩效
考核指标，并将不同层级的绩效考核结果进行关联应用，可以使员工建立团队
优先的理念，使得每个员工都积极为自身所在的团队贡献力量，进一步提高各
级组织的团队凝聚力。

3. 促进员工达成目标，并不断挖掘和解决问题

各个班组根据绩效考核结果分配薪酬的本质是一种过程管理，不仅仅是对
结果的考核。它是将各个班组的中长期目标分解成年度、季度、月度指标，不断
督促员工实现、完成目标的过程。这个过程还是一个不断制订计划、执行、改正
的 PDCA 循环过程，也是一个不断发现问题、解决问题的过程。

4.积极推进公司标准化工作进程

目前,一线各项工作的标准化程度还不足50％,还不能完全支持精益化管理的进一步深入,随着本分配方案的推进实施并与绩效关联,员工会主动要求各项工作在安全的基础上尽可能形成标准化操作标准和规范,进而实现员工付出劳动的人工工时统计的准确性,推进公司标准化工作进程。

5.推进"人"与"工"的精准匹配,提高一线管理人员管理水平

经过对各个员工的人工工时费的核算,各级管理人员可以针对不同员工的技能等级和工时费取费标准,视工作的难易程度,选派不同技能及相应取费等级的员工,合理分配各项工作,提高人工使用的"性价比",相对节约人工成本。

6.有益于对外进行工程承包的经济性决策

本案例给出了不同岗位的工作量核定思路,结合现有员工投入的人工成本核算出不同员工的人工工时费,建立了工程预决算的人工方面的"量""价"关系——"人工工时费取费表",为公司评估工程项目对外承包的经济性提供了一定依据。

(二)改进方向

1.建议将变电检修岗位全员纳入系统,进行工作量统计

目前,该岗位尚有部分员工未进行系统工作记录,员工价值精益化管理的覆盖面不足。建议将该岗位所有员工纳入系统,进行工作记录和工作量的统计。

2.记录工时方面的建议

建议在填写工作票时尽可能将其拆分成更小的作业单元,设定工时最小颗粒度为"流程作业人工工时"。培训和指导员工使用好相应的手机app,通过自身主动扫描不同的作业设备,将工时与作业人员精准对应,精准反映每位员工的作业价值实现过程。

3.基础数据库系统建设建议

建议在系统内建立每一位员工的统计核算窗口,建立每一位员工单独的人工投入产出账目。同时,建议进一步建立每一位员工与每台设备、每项工作及每个客户精准对应的"成本因子库",以实现区块链分布式存储、精益化管理。

变电运行岗位全面薪酬管理机制构建

摘要：某供电公司构建了兼顾短期和长期激励、全方位立体的全面薪酬管理机制，以体现岗位价值的岗位工资、体现技术技能水平的"双师"津贴、体现绩效水平的绩效奖金三者构成三维立体的薪酬激励机制，同时辅以员工心理援助精神激励机制，保证了变电队伍朝着公司总体的业绩目标奋力前行。

一、目标描述

变电运行作为供电公司的核心工种，其重要性自是不言而喻的。2020年以来，某供电公司非长期员工全部撤出了变电运行岗位，致使本就缺员的变电运行力量更加捉襟见肘。但变电运行岗位由于工作相对单调，安全生产压力较大，人员培养周期较长，长期在岗员工多抱有得过且过的思想。在此背景下，公司构建了兼顾短期和长期激励、全方位立体的全面薪酬管理机制。

全面薪酬管理机制的构建，不仅要实现薪酬管理理念的创新，而且要实现薪酬工作实践的创新，要构建出以按岗定薪、薪随岗变、以绩取酬、鼓励技术和技能水平双向提升为原则，以正向激励机制为主线的岗位绩效工资激励机制。

通过组织绩效兑现和班组绩效定级兑现，班组将获得绩效提升后额外的绩效薪金奖励，彻底打破班组绩效薪酬分配的"零和游戏"，合理平衡中心承载力，有效解决中心人员流动问题，实现"增人不增资，减人不减资"。

二、主要做法

(一)专业管理工作的流程

变电运行岗位全面薪酬管理机制的工作流程主要分为现状梳理、机制构建、修正总结三个阶段，如图1所示。

全面薪酬管理工作领导小组	全面薪酬管理工作办公室（人力资源部）	全面薪酬管理工作组	检修（建设）工区运行专业

现状梳理阶段

开始

对原来执行的薪酬管理的实施现状调研和梳理 ⟷ 明确运行岗位的岗位职责

配合办公室和工作组开展现状调研，反映工作实际情况

机制构建阶段

1.对办公室提交的考核结果进行审核确认
2.对办公室提交的班组定级结果进行审核确认
3.对办公室提交的中高级人才一次性奖励和"双师"津贴进行审核确认

1.组织开展变电运行岗位人员定级考核和师带徒考核
2.发起班组定级流程
3.组织开展中高级人才和技师、高级技师资格申报；组织开展中高级人才一次性奖励和"双师"津贴的申报

组织开展岗位晋升（见习—副值—正值—值长）、考试和考评

人员培训和跟班学习

调整相应的岗位待遇

修正总结阶段

对新机制进行审核、审批 ← 根据工作组提交的总结，进行薪酬激励机制的修订 ⟷ 对薪酬激励机制的实施运用进行总结

试运行，进行一个新的循环

发布新的激励机制

结束

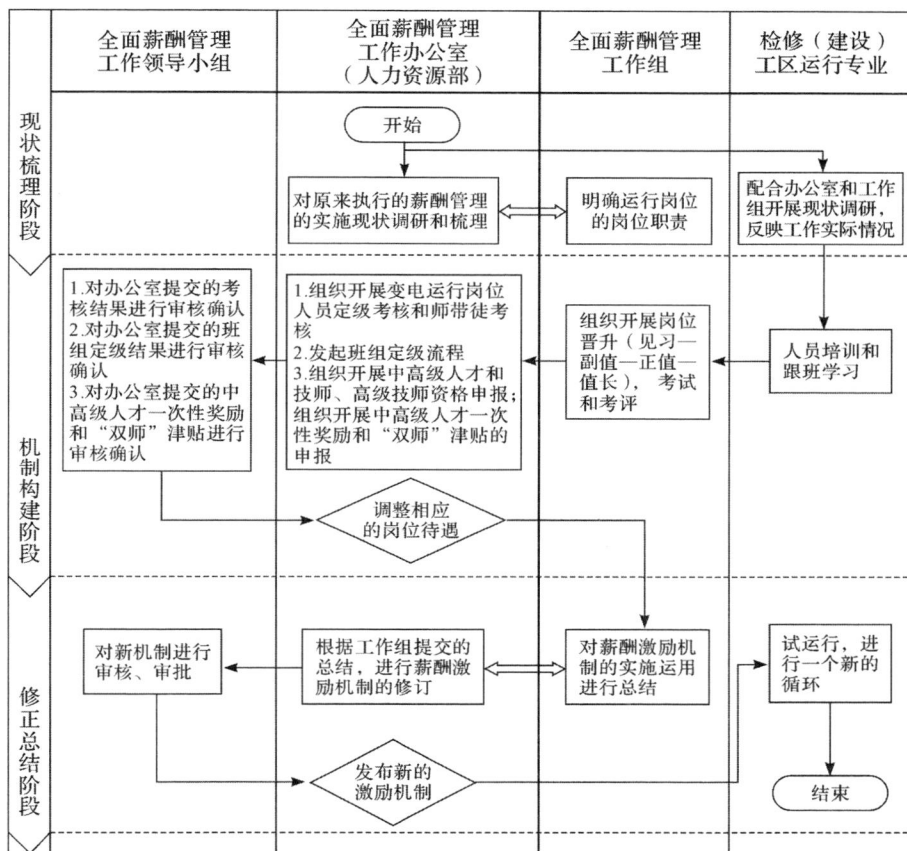

图1　变电运行岗位全面薪酬管理机制构建主要流程

（二）全面薪酬管理机制构建主要流程说明

1.组织保证

分别成立领导小组，下设办公室及全面薪酬管理工作组。

2.现状梳理阶段

对原来执行的薪酬管理办法进行梳理后发现主要存在以下三方面问题：一是原体系中没有针对岗位能力和绩效表现的特性设置薪酬体系，造成了内部公平性和激励性严重不足；二是各生产单位并未将公司下达的奖金总额结合员工实际业绩情况进行必要的倾斜和调整；三是薪酬收入无法体现工作数量与工作质量的结合，未起到奖勤罚懒的作用。

3.机制构建阶段

领导小组以美国心理学家赫茨伯格的双因素理论作为理论基础,完成了运行岗位员工全面薪酬管理机制构建工作。主要包括以下6大部分。

(1)以岗位序列为基础,实现以岗定薪,薪随岗变

此部分是基础,属于保健因素,关系到公司对员工、员工对自身工作岗位重要性的评估与认知,是薪酬总收入中的基础组成部分。具体做法如下。

考核晋升(见习－副值－正值－值长)流程及岗薪工资的调整:

1)变电运行新员工在入职后的第3个月,参加见习副值考试,合格后开始跟班实习。1年后,参加新员工定岗和出师考核,合格后担任所在操作班的副值。反之则继续实习,6个月内由本人提出申请,工作组组织考核。

2)其他变电运行一线岗位非新员工的岗位晋升,须由工区根据需要,按比例进行组织,由运行岗位人员自行申请,填写年度岗位竞争考评登记表,经审核后参加考试。

3)考核分考试和考评,办公室负责汇总。根据参考人员的不同年龄,总成绩中考试和考评所占的比例不同。

4)根据运检部正式发文的员工对应的岗位,人力资源部负责根据岗级序列,调整变动人员的岗级及薪级。

(2)以班组绩效定级为目标导向,实现以绩取酬,团体最优

此部分是手段,也属于保健因素,体现了团体绩效的激励性,将个人价值与团队的绩效紧密结合,最终带动公司总体的绩效表现。

1)公司年度班组定级通过评比办法将班组分为5个等级

5个等级分别为:标杆、A级、B级、C级、未定级。对班组基础、安全、技能等8大建设部分实行常态化管理。在安全生产、遵纪守法、信访稳定等几方面建立关键指标,实施动态考核,关键指标一旦扣分立即取消该班组定级称号,降为未定级班组。

2)根据班组定级结果调整月度绩效考核奖奖金测算系数

根据结果,在发文后的次月起调整月度绩效考核奖奖金测算系数并执行1年;降为未定级班组的,在发文后的次月起调整月度绩效考核奖奖金测算系数(详见表1)。

表1 各班组等级与各职务级别对应的月度绩效考核奖测算系数

班组定级结果	标杆	A 级	B 级	C 级	未定级
供电服务站站长	1.45	1.35	1.30	1.25	1.15
班长	1.40	1.30	1.25	1.20	1.10
供电服务站副站长	1.35	1.25	1.20	1.15	1.05
副班长、供电服务站主管、供电所班组主管	1.30	1.20	1.15	1.10	1.00
普通员工	1.15	1.05	1.00	0.95	0.85

3）对非班组人员月度绩效考核奖奖金系数的测算办法

中层建制生产单位中负责人、助理、技术员、安全员和客户服务员等非班组人员的月度绩效考核奖奖金测算系数＝岗位职级奖金测算系数＋班组定级最高的一个班组的正向浮动奖金系数＋班组定级最低的一个班组的负向浮动奖金系数＋其余班组定级浮动奖金系数总和/剩余班组数。综合考虑各方面因素，负责人奖金系数上下浮动最高上限为0.2。助理、技术员、安全员、通用工种上下浮动上限为0.15。

4）对岗位交流的人员月度绩效考核奖奖金系数的测算办法

班组定级前交流调动时，次年的奖金测算系数原则上按在新班组的定级执行，如果在原班组工作超过6个月，且原班组比新班组定级更高，则按在原单位、新单位分别工作的时间（按月）享受相应月数的奖金系数。

班组定级后发生交流调动时，当年度的奖金测算系数仍旧享受原单位的奖金系数，直至享受满1年为止。新单位出现不定级的情况，其月度绩效考核奖奖金系数＝岗位职级奖金系数＋下降系数。

此外，对班组定级为C级或未定级班组，公司还开通了"对口帮扶列车"，让标杆班组对口帮扶较落后的班组，实现被帮扶班组整体绩效结果的明显好转或定级结果的进位前移，促进公司整体绩效水平的有力提升。主要做法如下：

一是制订详细的帮扶计划和目标，定期召开绩效帮扶提升例会。

二是定期到被帮扶单位召开工作现场会，开展管理提升培训，及时反馈绩效考核情况。

三是根据工作需要派相关骨干人员不定期到被帮扶单位开展现场指导。

该机制实施几年以来，一方面额外的薪酬"蛋糕"取代了原有班组薪酬分配的"零和游戏"，激励了员工；另一方面，员工从"要我做事"转变到"我要做事"的思想，工作积极性得到了加强。

　　以检修工区变电专业××运维班为例,2019年该班定级为标杆班组,2020年全年班长的奖金系数由B级的1.25调整为1.40、普通员工的系数由B级的1.00调整为1.15,2020年全年奖金增加××元,成为可用于班组积分制考核分配的额外绩效奖金。可以看出,班组整体绩效评价加大了班组薪酬分配的激励约束力度,将员工个人奖金收入与班组整体薪酬紧密捆绑,标杆班组得分较低的员工与C级班组得分较高的员工奖金水平不分上下,使员工更加关注班组整体绩效。

　　(3)以组织绩效进行过程管控,绩效奖励实时兑现,奖勤罚懒

　　公司积极兑现月度及年度绩效考核结果,所有奖金全部和考核结果挂钩。以公司参与绩效考核的部分生产单位1—9月绩效考核为例(详见表2),得分累加(1—3月合并考核)最高分与最低分分别为770.86分和678.74分,级差为92.12分,平均分为714.465分。单位绩效得分和所有班组员工的月度绩效奖100%挂钩。以此计算,得分最高的单位将增加××元可分配月度奖金,其所属班组比得分最低的单位班组平均每人多××元的月度考核奖,成为班组积分制考核可进行分配的额外绩效奖金。

表2　某供电公司部分生产单位月度组织绩效激励(1—9月)

排名	生产单位	分数	月奖变化/元	备注
1	A所	770.86	+××	
2	B所	744.29	+××	
3	输变电中心	733.18	+××	
4	调控中心	724.67	+××	
5	C所	721.87	+××	月奖增加以人均月奖为基数,与单位人数和考核分数相挂钩
6	D所	697.31	-××	
7	营销技术中心	695.72	-××	
8	客户服务中心	689.22	-××	
9	E所	688.79	-××	
10	F所	678.74	-××	

　　(4)实现二级单位工资管控,设计中心工资总额模型方案

　　按现有人员核定工资总额,并根据增加变电站数量核增一笔总额,同时按2020年11月测算的人站比测算预期人站比,并设定人站比区间,推算出设计中心每年可调动的人数。在可调动人数范围内统筹调整,不影响其工资总额。

（5）以能力提升为导向，深化队伍建设，加强人才激励

为实施人才强企战略，充分调动员工学本领、比贡献的积极性，公司出台了制度，对取得中、高级职称或技师及以上技能等级的员工给予一次性奖励。此外，为了突显专业技术能力的重要性，对拥有"双师"（中级职称及技师）资格的全民职工给予"双师"津贴。员工获得的资格等级越高，奖励力度越大。

（6）以"阳光心灵家园"工作坊为依托，搭建员工心理援助体系的精神激励机制

此部分是支持，属于激励因素。为了缓解员工与日俱增的工作压力，公司成立了"阳光心灵家园"工作坊。

工作坊活动首先面向生产（营销）一线，主要以班组等小团体的形式开展，包括心理测量、心理健康知识讲解、团体沙盘游戏三个环节，由公司内心理咨询师指导完成，在充分自由和受保护的氛围下进行。工作坊活动的开展使员工身心得到放松，并获得一定程度的自我成长。

4. 修正总结阶段

根据实施效果，由办公室和工作组结合领导小组提出修正意见，模拟新的薪酬方案。公司在实践中，前期准备充分，在全面薪酬管理机制实施后，实施效果基本达到预期目标，没有进行大的调整。

三、成效与改进

（一）成效分析

1. 薪酬管理理念的创新。某供电公司全面薪酬管理机制的构建，实现了从"唯经济报酬"到"综合报酬"的薪酬理念的转变；将行为科学和心理学理论运用其中，将保健因素和激励因素有效结合，相得益彰；在薪酬度量中突出了岗位、技能技术水平和业绩贡献，辅以团队业绩。

2. 薪酬工作实践创新。某供电公司薪酬结构中兼顾短期和长期激励，坚持以岗位工资为基础，实行岗变薪变，易岗易薪，以体现技术、技能水平的"双师"津贴和月度绩效工资为短期激励，年度班组定级结果为长期激励，构建三维立体的薪酬激励机制。同时，以严密的考核细则作为约束机制，坚持薪酬分配制度公开化和公平化等举措，不仅实现了单位绩效考核方式创新，有效提升了员工对薪酬管理制度的满意度，还有效达成了人工成本预控目标，增强了依法治企的能力，稳定了员工队伍。

（二）改进方向

一是定期修正薪酬体系。根据电力大环境的变化和目前体系的正向激励作用，实施1～2年后，在总体框架不变的前提下，需进一步拓展激励策略。二是定期修订业绩评价标准。需要对绩效管理评价体系的评价指标进行持续更新完善，确定全面、科学、具体的评估指标体系。三是开展全面薪酬管理机制研究，提高公司绩效管理工作成效，为管理工作带来更大的管理助力，争取实现更大的应用价值和推广价值。

基于一线生产人员的薪酬激励机制的构建

摘要：一线生产人员作为人力资源的一部分是企业经营所需的第一生产要素，也是现代企业具有可持续发展性的战略资源。本文阐述了 A 基层供电公司随着不断的发展进步，面临着一线生产人员工作积极性偏低、薪酬体系与队伍现状不配套等问题。构建符合企业发展的对一线员工有效的薪酬激励机制，是企业日常工作的基石，也是企业适应经济体制改革和市场环境变化现状的基本保障，同时可以促进电力企业的高效运行，对支撑企业战略转型目标的实现起到积极的推动作用。

一、目标描述

构建一线生产人员薪酬激励机制的目的，就是要了解一线生产人员在怎样的工作环境下，才会更加愿意服从组织安排，才会更加愿意积极面对工作，才会更加愿意主动提高工作效率。通过薪酬激励的外在刺激手段引导或强化他们的工作动机，挖掘潜力，可以使他们在满足企业需要的同时也能够彰显个人价值，增加其满意度，进而可以维持和激发他们的工作积极性、主动性和创造性；可以激发员工动力，强化薪酬的杠杆功能，鼓励员工提升技能水平；促进员工成长，强化员工素质和贡献在薪酬上的差异，引导员工不断提升自身素质，变得更加敬业、乐业、精业、勤业；可以优化团队建设，强化团队在利益上的关联，加强员工团队的凝聚力和向心力。

二、主要做法

在众多一线生产人员的心目中，他们的工作环境相对恶劣、单调乏味、缺乏挑战，是没有前途的。"就这样混混吧，退休就好了"，这样的认知在很大程度上降低了他们的工作热情。即使每年都有新员工入职，在这种工作氛围下，一线员工的工作主动性、创造性和工作热情被极大地压制,他们的价值得不到认可,他们的发展晋升得不到及时引导。针对这种现象,A 基层供电公司通过以下几种方式,激励一线生产人员奋发向上。

1. 不断深化绩效在薪酬激励方面的引导作用

公司自 2015 年以来,一直致力于深化绩效考核在薪酬激励中的应用,经过几年的摸索,制定出了适合的绩效与薪酬激励的关联应用。以供电所薪酬分配为例(如图 1 所示),在公司总体的薪酬体系架构之下,以设备、用户数、绩效三者合理的度量确定承包总额,让绩效考核彰显对员工行为规范的引导,从而体现薪酬分配的公平性。同时各供电所依据自身的实际,制定考核分配方式,充分体现干多干少、干好干坏的差别。采用多元化的分配方式,使绩效考核分配建立起效率越高、绩效越好、回报就越多的激励机制,进而影响供电所员工工作的表现和业绩。在加大绩效薪酬占比的同时,将分配权下移,提高分配效率,使绩效分配更趋合理。实现按岗取酬向按质取酬和按劳取酬转变,激发员工的工作热情,应了古代名句"问渠那得清如许,为有源头活水来"。

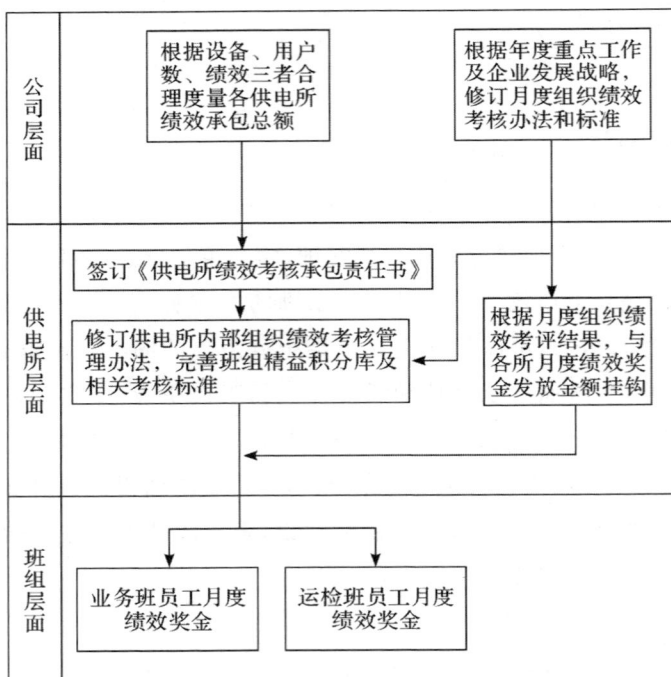

图 1　A 基层供电公司供电所绩效考核与薪酬激励流程

2. 薪酬分配向一线生产人员倾斜

在工资总额相对不变、各专业管理要求日益精益，而一线生产人员紧缺的环境下，如何有效地挖掘一线生产人员潜力，激发一线生产人员工作的积极性，是 A 基层供电公司一直面临的挑战和亟待破解的难题。A 公司在配网不停电作业管理上就做出了大胆尝试，下发了《配网不停电作业专项考核实施方案》。实施该方案的目的是提升配网不停电作业化率，促进一线生产人员薪酬按劳分配和按贡献度分配，实行有奖有罚原则，奖惩做到有依据、有考核、有审批流程。以月度为一个考核周期，专业管理部门在每个考核周期末将考核结果和专项激励分配清单提交人力资源部落实发放。不停电作业专项考核实施方案实行"一年一修编"机制，并根据带电作业班从业人员数、人员熟练度等进行滚动测算，奖惩标准以公司运检部下发的工作联系单或其他有效发文为准。

3. 用好薪酬杠杆，奖惩有度

为持续完善公司激励约束机制的建设，发挥好薪酬的杠杆作用，公司根据《关于发布公司 2020 年度组织绩效考核工作方案的通知》，对在 2020 年表现优秀的一线生产人员进行一次性奖励。当年个人年度绩效考核结果为 A 的，增加的年度绩效薪金为奖金基数的 20%；当年被评为国网公司级专业技术能手（"工匠"）的，增加的绩效薪金为奖金基数的 50%；被评为省公司级专业技术能手（"工匠"）的，增加的绩效薪金为奖金基数的 20%；被评为公司服务之星的，增加的绩效薪金为奖金基数的 10%。在 2020 年度个人绩效考评中，一线生产人员中有 68 人被评为 A，占全部一线生产人员的 20%，1 人获得市级"工匠"称号，8 人获得公司"年度服务之星"称号，一次性奖励全部在 2021 年 2 月兑现。同时对在 2020 年表现相对落后的一线生产人员进行一次性惩罚。当年个人年度绩效考核结果为 C 的，减少的绩效薪金为奖金基数的 10%；当年个人年度绩效考核结果为 D 的，减少的绩效薪金为奖金基数的 30%。有 3 名一线生产人员年度考核结果为 C，当年的绩效薪金被减少了 10%。

三、成效与改进

（一）成效分析

提高了绩效分配效率。对绩效考核分配体系进行了调节和优化，加大了绩效薪酬占比；实施绩效量化包干激励，落实层级管理要求，将分配权下移，提高了分配效率；薪酬分配更趋公正。通过优化工作积分标准，使考核结果更能真实准确地评价员工的业绩状况,对员工的业绩评价更准确。

通过深化绩效在薪酬激励方面的引导作用,把握员工的激励方向,薪酬增长方式引导着员工的职业生涯发展。在薪酬激励机制下,员工如果想要收入提高,必须提高自己的管理水平和技术,获得岗位晋升(班组长晋升或向高级别的岗位调动)和表现优秀(年度绩效考核优秀、评优等),也就是必须提高自己对公司的贡献率才能提高自己的收入。在此种情况下,才能真正起到激励员工的效果。通过薪酬激励机制的引导,员工在为公司创造价值、提高自我的同时,实现其个人的职业发展,达到双赢的局面,这种文化和理念与 A 基层供电公司不断追求的发展理念不谋而合。

强化了薪酬分配管理基础工作,形成了科学薪酬分配制度,建立了科学的工作评价制度。根据实际情况适时调整和精简机构、岗位、人员,明确劳动差别,通过岗位分析、职位评价,为确定薪酬分配的差别提供了量化依据。逐步建立健全了公平竞争机制和合理淘汰机制,形成了岗位能上能下、人员能进能出、收入能多能少的局面。建立了简便易行、科学合理的绩效考核制度,并把考核结果作为各类人员培训、使用、升降和分配薪酬的根本依据,真正形成了"岗位靠竞争,薪酬靠贡献"的薪酬激励机制;努力做到了同工同酬、同绩效同酬,体现公平,稳定劳动关系,促进企业经济效益的不断提高。

(二)改进方向

目前公司运用上述一些举措,激励一线生产人员奋发向上,取得了一定的成果,但还有许多缺陷,尚待改进。

为了进一步完善一线生产人员的薪酬激励机制,机制构建人员需重视理论的指导作用,加快接受和实践现代薪酬管理理论,促进薪酬分配的合理性。随着社会步入经济全球化时代,企业管理由科学管理转向人文管理,现代薪酬理念正在替代传统的薪酬管理理念。各级经营管理者应学习接受现代薪酬管理理论,摒弃平均主义观念,认识到薪酬管理最根本的是对劳动生产率的管理。成功的薪酬分配管理制度,应更多地考虑激励因素,充分调动员工的工作积极性和主动性,促使员工劳动效率和效益最大化。

应将一线生产人员的自我利益驱动机制逐步融入薪酬激励机制中。按照管理学上的"木桶理论",一线生产人员的好坏及其作用发挥的程度决定了企业的生存方式和进展能力。应通过建立有效鼓舞的长效机制,创造一种适宜的工作环境、工作条件,激发员工的工作动机和干事热情、鼓励员工的辛勤劳动和创新行为，形成员工自我鼓舞的内部驱动力，充分发挥一线生产人员的主观能动性、自身才能和潜力，使其利益需求与企业的目标愿景相吻合，自我实现与企业的长远进展同步调，变"要我学习，要我工作，要我干好"为"我要学习，我要工作，我要干好"，自发、自励、自律地提升自身素养并做好工作。

在一线生产人员的薪酬激励机制实施的同时，也要注重精神上的激励。"夫子步亦步，夫子趋亦趋"，两千年前的人们就明白了榜样的作用，这在两千年后的今天同样适用。公司要大力弘扬劳模精神和工匠精神，根据一线生产员工不同就业阶段的特点，加强职业素质培养，开展岗位技能提升培训、管理创新培训，着力缓解结构性缺员问题；充分发挥企业在一线生产员工培训中的主体作用，让企业结合生产经营和技术创新需要，制定一线生产员工的培养规划和培训制度；重点运作高技能人才培训基地、技师培训等项目，加大技能大师工作室、劳模和工匠型人才创新工作室、员工创新工作室、青创先锋工作室等的建设力度。公司可从教育经费中列支相关工作室专项经费，支持高技能人才"师带徒"。公司要让一线生产员工体验到被尊重的感觉，增强他们对组织的归属感，进而发挥自身潜能，调动工作积极性，更好地服务公司。

某供电公司"四因法"薪酬激励机制
推进公司变电"运检合一"

摘要:某供电公司变电运检中心建立了"四因法"薪酬激励机制,用多种手段推进公司变电"运检合一"。通过薪酬的定向激励,鼓励引导员工在现场业务实践、技术技能提升、内部人才培训、运检项目扩容、应急保障支撑等方面发挥主观能动性,为"运检合一"组织业务体系建立、流程再造、规章制度设定、作业标准制定等做出业绩。该薪酬激励机制实现了预期的目标,有效推动了该公司变电运检中心"运检合一"变革的扎实落地。

一、目标描述

近年来,变电"运检合一"设备主人制在某供电公司系统逐步推进。公司通过将原先的运维、检修两类专业的岗位工作职责在运检设备主人的角色上"一元化",不断提高运检工作的效率效益,将运检设备主人打造为全科医生式的"运检合一"的设备主人,进一步保障设备本质安全。原有的薪酬分配机制已经不能与现有的生产工作模式相适应,也不能有效激励设备主人向"运检合一"快速转型。

为了深入推进变电"运检合一"设备主人制的开展,充分发挥员工在"运检合一"实施过程中的主观能动性,某供电公司变电运检中心在变革中始终坚持按劳分配、效率优先、兼顾公平的分配原则。通过精准的"四因法"薪酬激励机制,公司探索出了一条由"运维"向"运检"过渡,最终建立"运检合一"的薪酬体系,以整合各方面的力量,增强动力、凝聚人心,形成"运检合一"设备主人业务持续扩容、持续深入、持续精进的良好态势。

二、主要做法

变电运检中心首先将"运检合一"设备主人制推进的目标实现过程化分解,

明确阶段性目标,包括组织机构调整、人员岗位双证资质取得、"运检合一"实操业务逐步纳入、设备主人应急处置能力提升、技术骨干持续储备等。针对这些重点工作,横向以岗位、班组、项目等维度划分,落实责任主体以及责任人,合理设定工作目标,按照不同的完成成效,设计薪酬分配制度;纵向以时间线为轴,动态修订薪酬分配制度,阶段性总结"运检合一"工作的完成情况,制定下阶段工作目标。对于需要发挥员工工作积极性、突出组织或者个人的特定优势、持续深入开展调研和实践等类型的工作,专门设定相关配套薪酬激励的条款。在薪酬机制的制定和具体执行过程中,始终锚定"运检合一"这个最终目标,在兼顾公平的大原则下,灵活应用,科学实施,坚持服务于"运检合一"业务的变革发展,将其工作方法总结为"四因法"薪酬激励机制。

(一)因岗定薪

针对省公司运检部关于"运检合一"的专业要求,变电运检中心积极配合公司人力资源部门开展运检岗岗位说明书和岗级的设置,并明确运检岗申报的资质和能力要求。同时在员工群体中大力宣传设定运检岗的相关管理机制和管理步骤,形成了从运维岗向运检岗转型的良好舆论氛围。

在岗级认定工作上,变电运检中心严格开展了运检岗资质和能力认定工作,突出"检"的工作和业务要求,切实把员工的思想意识、业务能力、行为习惯都向运检岗的要求上引领。对于具备岗位资质且实质性开展运检业务的员工,组织好岗位申报;对于符合要求的员工在规定的岗级薪点基础上上浮 1 个薪点。2021 年,有 12 名员工取得了运检岗资质。

在奖金系数分配上,变电运检中心内部对运检岗的员工绩效工资系数进行了提升,从班员到班组长等班组不同岗位,系数上浮 0.05～0.15 不等。鼓励员工新取得第二岗位相关资质证书。对于开展"运检合一"后新取得第二岗位高级工资质证书的,从高级工到高级技师,一次性奖励××～××元不等。近两年,有 30 余名员工取得了第二岗位资质,有效壮大了"运检合一"的队伍力量。

(二)因班定策

变电运检中心在完成变电"运检合一"的组织调整后,下属班组包括了检修、运维、运检不同专业,电压等级涵盖 35 kV、110 kV、220 kV。对于不同的专业班组,公司也重新明确了其班组的业务职责范围,特别是在"检"的工作要求上,明确各班组负责的站所范围、设备界面、消缺范围、工程项目管理职责。为充分发挥班组的再分配作用,变电运检中心鼓励班组制定个性化的薪酬分配制度,加大绩效结果应用,以适应不同的生产业务。实际管理中,变电运检中心各班组每年制定各自的薪酬分配制度,经班务公开,全体职工民主投票通过,并上报备案,班组薪酬分配制度中浮动薪酬的比例不低于30%。

各班组薪酬分配制度将传统业务、"运检合一"业务同时纳入积分考核项目,根据班组的业务、人员以及管辖站所等基础情况,合理设置不同业务的积分权重,既保证了基础性的安全生产工作,同时,也鼓励了"运检合一"新业务的开展,确保管理变革工作的稳步推进。从应用结果看,各班组员工薪酬发放较多的情况,有的是承担的总体工作量较大,有的是新的业务率先完成,有的是检修项目管理取得成效,均是在一定程度上推进了"运检合一"工作,并在薪酬上获得了兑现。

(三)因事奖励

为推进"运检合一"工作的开展,变电运检中心在年度薪酬发放方案中增设了"运检合一"业务推进的相关工作的专项奖励,主要包括青年员工运检技能培养奖励、年度重点"运检合一"业务推进专项激励、运检工作个人安全生产奖励、绩效合同及重点工作完成奖励、中心特殊贡献奖励等模块。该部分奖励聚焦"运检合一"推进过程中的技能培训、业务推进、应急处置等业务,奖励管理科室、生产班组中表现突出的个人,鼓励员工在"运检合一"工作中主动作为。

这部分奖励薪酬的发放由各管理室、班组申报,变电运检中心绩效小组审核讨论并通过。从统计的数据看,这部分薪酬奖励占年度绩效工资总额的3%,奖励人员数量占中心员工总数的30%~40%,较好地发挥了激励作用。这部分奖励针对员工个人以及具体的事件,按照月度的周期进行评定、公示和发放,能够不断强化"运检合一"的导向及氛围形成。

(四)因时修订

自2018年"运检合一"变革实施以来,变电运检中心经历了组织体系调整、变电设备简单消缺、单间隔C检、技改项目管理等主要的运检业务消纳过程,同时还开展了交直流消缺、带电检测等业务的消纳,其间一直伴随着人员资质取得、人员跨班组调整、班组管辖变电站调整、运检业务重新划拨等配套管理工作的开展。为推进业务融合和提升,薪酬分配制度急需结合这些工作的阶段性开展情况,进行动态调整。

变电运检中心以及各班组每年修订一次的年度薪酬方案,确保了各级的薪酬方案与最近阶段的组织体系、生产业务相匹配。该部分薪酬激励的设置,是变电运检中心层面对于"运检合一"工作近一个阶段的要求的具体化,给各个管理科室、生产班组的工作定下了目标,有效支撑了"运检合一"推进过程中阶段性工作任务的完成。

三、成效与改进

(一)成效分析

一是突出运检导向,推进变革步伐。采用"四因法"薪酬激励机制后,某供电公司将薪酬分配的引导效应向"运检合一"总体战略目标聚焦,通过激励员工优先完成岗位转型,快速掌握运检技能,主动做出"运检合一"贡献,极大地推动了变电运检中心"运检合一"的变革步伐。该项工作得到了省公司专业部门和市公司多部门的肯定,"运检合一"典型经验获得了市公司相关奖项的一等奖。

二是突出以绩取酬,打破分配惯例。变电运检中心"四因法"薪酬激励机制的制定和实施,是坚持公司"按劳分配、效率优先、兼顾公平、以绩取酬、鼓励提升"的薪酬分配总体原则的优秀实践。"四因法"薪酬激励机制公平实用、灵活高效,进一步打破了国有企业吃大锅饭的概念,树立了更加科学的薪酬分配观。

(二)改进方向

变电运检中心进一步总结经验,对"四因法"薪酬激励机制中的好做法、好思路进行了提炼,特别是不同层级在讨论修订薪酬方案过程中的工作方法和流程,可以为今后薪酬完善工作以及在其他单位的推广应用提供借鉴。

进一步梳理变电运检中心各项运检业务,把前期工作中忽视或者重视程度不够,但是在"运检合一"、本质安全、提质增效方面有突出作用的具体工作、管理要求等,纳入薪酬管理。通过不断的管理实践和改进提升,使得变电运检中心的薪酬激励机制更加完善。

同时可以创新拓展"四因法"薪酬激励机制的应用范围,将其应用于变电运检中心整体业绩提升工作,如针对该公司年度绩效调整的总体工作要求,梳理各专业部室的考核指标要求,将其分解为变电运检中心的重点工作,与薪酬激励相对应,以此推动该公司年度绩效调整各项工作的落地,全面提升变电运检中心的业绩水平。

蓝领队伍基于五星绩效的薪酬激励机制

摘要：基于五星绩效的薪酬激励机制根据蓝领队伍工作特点，将员工考核分为技能水平、工作承载量、工作质量、安全职责、团队建设五个方面，分别建立技能星、设备星、业绩星、安全星和团队星，明确各个维度的星级评价标准，将评价结果与绩效奖金直接挂钩，直接驱动员工的内在动力。

一、目标描述

蓝领队伍员工是支撑国网公司安全稳定、提供优质服务、开拓市场、创新创效的中坚力量，是完成各项生产经营目标的重要保证。面对电力改革等的多面挑战，供电公司必须创新薪酬分配思路，以全面提高蓝领队伍员工的工作效率、效能与质量，促进员工与企业双提升。

某供电公司以班组赋能、全面提升为核心目标，构建蓝领队伍员工基于五星绩效考核的薪酬激励机制实现考核更全面、薪酬激励更刚性的正能量文化氛围，激发蓝领队伍的活力，促进个人绩效和公司业绩的协调提升。

二、主要做法

(一)多维度绩效考核模式

蓝领队伍员工五星绩效以合理量化、全面覆盖为原则，以员工技能水平、工作承载量、工作质量、安全职责和团队建设五个方面为基础，分别设立了技能星、设备星、业绩星、安全星和团队星，构建了多维绩效考核模式(图1)。

1.构建技能星，评价技能水平

(1)基础评定

公司将员工技能等级或职称等级以及员工所在岗位的必备证书作为基础

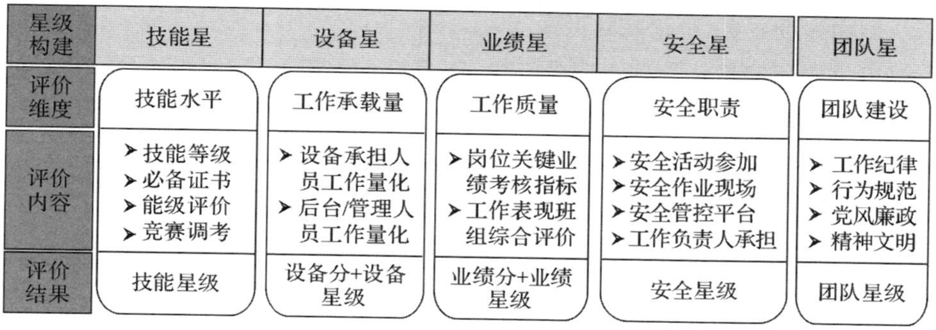

图 1   多维度绩效考核模式

技能星级评定的要求（表 1），引导员工加强个人技能水平和综合服务水平的提高。

表 1   基础技能星级评定

星级	一星	二星	三星	四星	五星
技能等级/职称等级	初级工	中级工或技术员资格	高级工或助理工程师资格	技师或工程师资格	高级技师或高级工程师资格
必备证书 1	如低压电工证				
必备证书 2	如高压电工证				

（2）升星鼓励

公司针对不同层级和不同类别设定了不同的升星奖励标准（表 2），构筑了完善的员工技能星级通道，鼓励蓝领队伍员工在竞赛比武中争取更加优异的成绩。

表 2   技能星级升星标准

升星条件	升星时效性	备注
获得市公司竞赛个人前四至六名	3 个月	如原星级为五星，升星时即被评为超五星技能人才
获得市公司调考个人前三名	3 个月	
获得市公司竞赛个人前三名	6 个月	
获得市级技能能手称号	1 年	
获得省公司级技能能手称号	3 年	
获得省级技能能手称号	5 年	
获得国网公司级、国家级技能能手称号	长期	

2.构建设备星,量化基础工作

以供电所网格化管理为背景基础,区分设备承担人员和后台及管理人员,构建计算模型,以分值量化所有一线班组人员基础工作承载量(表3),充分体现多劳多得的原则。

表3 基础工作量化方法

人员类型	量化依据	量化算法	量化结果
设备承担人员	设备数量	承担设备占比加权求和	设备分+设备星级
后台/管理人员	工作关联/管理层级	计算基数×系数	设备分+设备星级

(1)设备承担人员设备分

遴选工作量影响因素:以管理片区的设备数为基础。

工作量影响因素赋权:根据遴选的影响因素对于员工工作量影响的大小,结合管理区域的特点进行赋权。

(2)后台/管理人员设备分

量化基数系数设置:非设备直接承担人员的工作量化以工作关联度或管理层级为依据,选取合适的量化计算基数(表4)。

表4 后台/管理人员设备分量化方法

岗位类型	量化依据	量化基数	系数类型
营销后台人员	工作关联	班组设备承担人员均值	关联系数
营业(副)班长	工作关联	班组所有人员设备分均值	管理系数
运检营业工	工作关联	营销后台人员设备分均值	关联系数
运检(副)班长	工作关联	营业班班长最低值	关联系数
综合管理人员	管理层级	营销后台人员设备分均值	管理系数
领导人员	管理层级	所有班长设备分均值	管理系数

设备星级划分方法:根据所有人的设备分值,按照设备分分值大小,采用最高值标杆法,最高值为设备星五星,运用差值计算其他人员的星级。

3.构建业绩星,考核工作业绩

业绩星的构建是在设备星的基础上鼓励蓝领队伍员工"管得多也要管得好",引导以结果为导向的考核方式。业绩分由员工关键考核指标得分与班组综合评价得分的加权求和得出,根据业绩分高低采用最高值标杆法进行星级划分。

（1）关键考核指标

以同期对标指标及单位考核指标为主要来源，分解指标至具体责任人，根据具体指标设计不同的评价标准类型，包括分档计分评价、目标值计分评价、发生制计分评价等。

（2）班组综合评价

蓝领队伍员工评价：蓝领队伍员工综合评价采用班组总分额定模式，班组综合评价以班组人数为基础，每人标准分值设定为 100 分，班组长根据员工增量工作承担、工作态度对员工当月工作进行评价（表 5）。

表 5　增量工分标准

序号	工作项	工分标准	单位
1	查勘	2 分	次
2	开展科技管理活动、管理创新、科技创新	5 分	月/人
3	班组荣誉类创建	5 分	月/人
4	参与急难险重工作	5 分	月/人
5	参加技能比武、竞赛等	5 分	月/人
6	参加会议、活动、培训、外出工作	1.5 分	小时
7	报表、材料编制填报、整理	1.5 分	小时
8	其他临时指派工作	1.5 分	小时
9	通信报道	2 分	篇

管理人员评价：管理人员包含（副）班组长、综合管理人员，其综合评价由分管领导根据班组总体工作表现和指标关联考核情况进行打分。

4. 构建安全星，区分安全职责

安全星的构建是以蓝领队伍员工在作业现场安全规范、安全平台管控使用、安全活动参加次数、工作负责人承担次数为主要内容，解决因平均主义带来的安全奖惩不一致问题，促进员工主动承担安全事务，加强安全意识。

5. 构建团队星，考核综合表现

团队星的构建主要是考核员工的综合素质表现，采用发生制扣分评价，评价内容包括行为规范、精神文明、工作纪律、班组建设、企业文化、党建考评 6 个方面，做到考核全面覆盖，规范员工工作行为，提升综合素质表现。团队星级的分数区间见表 6。

表 6 团队星级划分标准

团队星级	一星	二星	三星	四星	五星
分数区间	90～92	93～94	95～96	97～98	99～100

(二)绩效奖金联动机制

将五星绩效考核结果直接与员工绩效奖金挂钩,提升员工的工作积极性。以人均绩效奖金数 X 为基数,分配各星级维度奖金分布比重,确定各维度奖金基准(表7)。绩效奖金的计算主要有两种方式。

表 7 五星绩效奖金分布

五星	技能星	设备星	业绩星	安全星	团队星
分布比重	13.3%	26.7%	40%	16.7%	3.3%
奖金基准	$X×13.3\%$	$X×26.7\%$	$X×40\%$	$X×16.7\%$	$X×3.3\%$
计算方式	星级计算	得分计算	得分计算	星级计算	得分计算

1. 以维度星级计算绩效奖金

五星绩效考核中技能星、安全星、团队星以维度星级直接挂钩绩效奖金,挂钩方法为通过确定基准星级和星级奖金差额,明确各星级具体奖金数额,员工考核结果星级则对应该星级奖金额。如技能星、安全星、团队星的基准星级分别为四星、三星、五星,星级奖金差额分别为 a、b、c,则根据奖金基准额可得出技能星、安全星、团队星的星级奖金(表8)。

表 8 以星级计算绩效奖金

星级	一星	二星	三星	四星	五星
技能星奖金	$X×13.3\%-3a$	$X×13.3\%-2a$	$X×13.3\%-a$	$X×13.3\%$	$X×13.3\%+a$
安全星奖金	$X×16.7\%-2b$	$X×16.7\%-b$	$X×16.7\%$	$X×16.7\%+b$	$X×16.7\%+2b$
团队星奖金	$X×3.3\%-4c$	$X×3.3\%-3c$	$X×3.3\%-2c$	$X×3.3\%-c$	$X×3.3\%$

2. 以维度得分计算绩效奖金

设备星和业绩星的星级划分的颗粒度不能完全体现各员工在该维度上的差距大小,因此以具体得分计算绩效奖金。以员工设备星奖金计算为例:员工甲的设备分为 a_i,个人绩效系数为 b_i,设备星奖金基准为 $X×26.7\%$,则设备星总奖金额 $S1=\sum b_i×(X×26.7\%)$,所有员工含绩效系数设备分总分 $S2=$

$\sum(ai \times bi)$，每一含绩效系数的设备分奖金 $d = S1/S2$，则员工甲的设备分奖金 $=ai \times bi \times d$。同理可计算出员工业绩星中指标分和班组评价分对应的绩效奖金。

三、成效分析

1.员工积极性显著提高，自我提升诉求增强

蓝领队伍员工基于五星考核的薪酬激励机制对员工的激励作用更直接、更强烈。实施量化考核机制后，一线人员绩效工资最大差距由原来的 25% 扩大为 40%，绩效工资前 30% 的员工的平均值与全体员工平均值的比值为 1.2：1。蓝领队伍员工薪酬收入与实际工作量的匹配度进一步提高，员工绩效工资差距逐步拉大。有的从事管理类、后勤等的工作人员也主动申请到一线班组工作，苦脏累险的岗位重新受到了员工的青睐。

2.绩效结果可视化，员工满意度提升

部分奖金分配权限下放、员工业绩薪酬公示制度的建立，加上员工量化业绩直接兑现奖金的分配机制，促使员工主动关心绩效提升，合理均衡地安排工作、学习，最大限度地发挥员工的个人价值，做到量才适用。公司通过问卷调查、实地走访和电话调研等方式调查了员工对基于五星绩效的薪酬激励机制的满意度和认同度，两项指标的得分分别为 96.33 和 98.66。

3.奠定基础，促进基层末端融合

基于五星绩效的薪酬激励机制同时还提升了员工的培训积极性，促使员工自主学习技能，承担多类型工作，在一定程度上形成了"一专多能"的技能结构，有效促进了专业融合，为全能型供电所的建设等重点工作奠定了人力资源基础。该公司一线班组人员数量精简了 23%，既解决了人员不足的问题，又提高了业务开展效率和服务质量。

4.公司根据近几年掌握的员工五个维度的数据，通过大数据分析，深入挖掘数据价值，加强个人绩效、薪酬数据关联分析；同时加强了班组之间的横向比较、横向分析，为组织绩效考核和组织薪酬分配提供了更科学的依据。

A公司员工星级评定专项薪酬激励管理体系实践

摘要：聚焦一线员工中长期激励机制不足的现状，A公司全面启动了员工星级评定激励管理体系实施工作，针对四级领导人员以下级别的员工探索实践员工星级评定专项薪酬激励管理体系。综合绩效表现、工作资历、能力素质等方面，公司制定了员工中长期价值贡献积分标准指导库，根据员工星级等级盘点结果，给予员工不同的专项激励津贴。员工星级评定作为对以岗位和职级为主的薪酬分配模式的有效补充，为基层一线员工开辟了一条新的职业发展通道，鼓励广大基层员工立足本职岗位，刻苦钻研专业技术，成为各个专业领域的骨干力量。该机制对不断唤醒企业各类人才资源，提升人才质量和利用效率具有积极意义。

一、目标描述

为进一步加强公司人才队伍梯队建设，拓宽员工职业发展通道，健全中长期激励机制，在合理的收入分配差距激励下，A公司通过员工星级评定激励模式的引入，建立了以业绩价值贡献为机制的员工薪酬激励机制，不断为公司锻造一支强化技能、遵章守纪、爱岗敬业的"精干高效、技能精湛、勤奋向上"的高素质、高绩效员工队伍，为公司的高质量发展全面保驾护航。

二、主要做法

(一)明确公司员工星级评定的对象范围

员工星级评定的范围为基层综合管理类、技术技能服务类岗位员工，不含机关管理人员和四级及以上领导人员。省管产业单位员工由A公司单位统筹评价内容和薪酬分配。各县公司参照执行。

(二)构建公司员工星级评定标准模型

综合考虑员工多维度的历史业绩数据、短期绩效价值贡献数据,设计统一的评定标准模型,各单位结合专业特点,差异化制定了积分标准和评价方式,系统性、全方位地建立了公司员工积分账户。该模型包括绩效表现、工作资历、能力素质、卓越业绩贡献、单位贡献、违章惩处等 6 大方面,以积分量化方式确保评价质量和公信力(图 1)。

图 1　公司员工星级评定标准模型

(1)绩效表现:根据员工个人年度绩效持续表现情况制定评价标准,体现员工的业绩贡献。

(2)工作资历:根据员工在电力系统内的工作年限,分段设置评价标准,体现员工的长期贡献。

(3)能力素质:根据员工所取得的最高专业技术资格、职业技能等级、学历(或学位)等制定评价标准,体现员工的能力发展情况。

(4)卓越业绩贡献:遵循"基于岗位职责,高于岗位要求"的原则,制定卓越业绩积分评价标准,包括管理创新、科技成果、论文发表、荣誉表彰等方面,体现员工的卓越业绩和特殊贡献。

(5)单位贡献:各单位根据本单位年度重点工作,从工作态度、工作技能、安全质量、工作业绩、重大贡献等方面,自行设置激励评价标准,及时肯定和激励员工的突出贡献。

（6）违章惩处。人资、监察、党建、审计、安监、营销等部门根据员工受行政处分、党纪处分、安全违章处分、95598热线用户投诉等情况制定扣分标准。

（三）设计员工星级职业发展晋升通道

员工星级从低到高分为一星、二星、三星、四星和五星，通过明确设置基本条件、积分条件开展分段评定。一星至三星员工评定比例由各单位结合实际情况自主确定，一般不超过本单位可参评人数的60％。初次评定时，四星员工一般不超过6％，五星员工暂不评定；第二年及以后，四星员工一般不超过10％，五星员工一般不超过3％。员工星级评定条件示例见表1。

表1　星级评定条件

星级	基本条件（示例）		积分条件（示例）
	近3年绩效积分（X）	专业技术资格/职业技能等级	积分账户累计（Y）
一星	$X \geqslant 4.0$	初级职称及以上或中级工及以上	$150 \leqslant Y \leqslant 180$
二星	$X \geqslant 4.0$	初级职称及以上或高级工及以上	$180 < Y \leqslant 210$
三星	$X \geqslant 4.0$	中级职称及以上或技师及以上	$210 < Y \leqslant 240$
四星	$X \geqslant 4.5$	副高及以上或高级技师	$240 < Y \leqslant 270$
五星	$X \geqslant 4.5$	副高及以上或高级技师	$270 < Y \leqslant 300$

（1）一星员工：能胜任本职岗位，具备基础的专业知识技能，能独立完成各项工作任务，积极参与团队工作并起到带头作用。

（2）二星员工：能独立或组织完成重要的工作任务，具备扎实的专业知识技能，并能主动发现和解决问题，善于团队协作并能辅导他人提高能力和水平。

（3）三星员工：能独立或组织完成复杂的工作任务，具备较为深入的专业知识技能，善于发现、协调和解决实际问题，是单位内该专业的资深专家。

（4）四星员工：具备较为完整的专业知识体系和精湛的专业技能，对专业制度建设和人才梯队建设有突出贡献，能组织开展复杂业务或技术攻关，是公司内该专业的资深专家。

（5）五星员工：具备十分完整的专业知识体系和精湛超群的专业技能，对专业制度建设和人才梯队建设有卓越贡献，是公司发展核心和创新力量的代表、行业的专家和典范，将被统一纳入"甬电五星人才名人堂"。

（四）规范公司员工星级评定管理流程

每年年初，A公司人力资源部统一启动员工星级评定工作，各单位确定员工星级评定标准和评定方式。员工星级评定原则上每年组织一次，特殊情况根据需要组织评定。一是符合星级评定条件的员工可申报相应星级，员工根据单位评定标准要求，准备相关评定业绩资料，逾期不申报的，视为自动弃权。二是各单位根据员工申报情况，组织评定审核工作，确定星级候选人后提交给A公司员工星级管理办公室审定。三是星级员工候选人评审通过后，由各单位组织公示，通过后，提交给A公司员工星级管理办公室归档。公示时间不少于5个工作日。四是公示结束后确定最终星级员工名单，由各单位组织兑现和开展授星工作。

（五）建立能上能下的员工星级动态管理机制

根据员工每年积分变化情况，建立升星、降星、取消星级和直接授星等动态调星机制，实现员工星级能上能下。如对年度绩效C级员工或积分达不到当前星级分数的员工进行降星处理，对D级员工取消星级。同时，因特殊情况，员工做出重大突出贡献的，经所在单位推荐，报公司员工星级管理办公室审核，经员工星级领导小组审批后，可直接破格授予相应星级。

（六）统筹员工星级薪酬激励核算兑现方式

员工星级津贴从A公司专项奖励列支。以上一年参评范围内的员工平均应发数为基础，按照2%～5%的绩效工资总额设置星级津贴池，根据组织绩效、超缺员情况确定津贴总额，各单位内部自主协商分档制定星级津贴系数。其中：各单位员工星级津贴总额上限＝上一年参评范围内的员工平均应发数×上一年公司工资总额增长比例×当年参评人数（含超缺员）×上一年年度组织绩效折算分。同时建立员工星级激励集中兑现机制，分档建立员工星级津贴系数和激励标准，星级津贴在年末进行一次性集中兑现。

三、成效与改进

（一）成效分析

据统计，2020年A公司共评定3491名星级员工，获评率64%，市公司本级发放津贴总额××元,四星级员工中全民职工最高增收达××元、其他用工达××元。

当前公司推行领导职务晋升、职员职级和专家人才评定等多元化发展通道,按标准发放相应的薪酬。公司通过员工星级管理,缓解了一线员工中长期激励机制不足的现状,进一步补充完善现有岗位绩效工资体系,完善收入分配结构。主要有以下三点成效:

一是强化业绩导向,让部分绩效管理不到位的单位以星级为契机建立强制薪酬分级标准,合理拉开同层级人员收入分配差距,让绩优的70%踏实干事的普通员工享受更高的薪酬增幅。

二是突破分配秩序,补充以岗位和职级为主的薪酬分配模式,通过星级晋升,允许部分没有职务级别的普通员工收入达到技术员、班组长水平,允许部分优秀的班组长收入达到更高水平,为工匠型人才建立技术技能型发展通道,打破人才密集单位的员工收入增长"天花板"和发展通道"独木桥"困境。

三是通过星级评定,有效摸清当前公司人员梯队结构现状,为下一步绩效管理的针对性实施、人员培训计划的有效性制定、工作计划的合理性安排奠定有效的基础。

(二)改进方向

通过员工星级评定工作的开展,公司虽在拓宽基层单位员工职业发展通道等方面取得了较好的成效,但在工作推进过程中依然存在一些问题,这也是下阶段该项工作的改进方向。

一是现有的薪酬激励方案是根据组织绩效和超缺员情况下达各单位津贴总额的,各单位自定评选比例和津贴标准。实际操作过程中难免出现不同单位员工星级津贴额度不一致、高低星级员工津贴在不同单位错位的状况。员工星级评定比例控制和津贴额度平衡策略有待进一步完善。

二是基于各单位用工类型多样的实际情况,不同编制员工的评定范围、评定标准和激励力度等有待进一步商榷。

三是员工星级评定采取积分制的模式,但积分标准体系的设计需要结合不同时期公司的发展导向进行逐步完善修订,方能确保整体的评价结果与公司的整体目标发展相一致。

基于绩效导向的变电运检一体化薪酬体系建设

摘要：为提升运检一体化员工积极性，推动运检一体化模式深化应用，某供电公司建立了以绩效为导向的运检一体化薪酬体系。运检一体化绩效评价体系以班组标准化建设和运检工程绩效为主要指标，评价班组运检工作整体绩效；以人员资质、技能、工作量和运检工作融合度作为评价要素计算同价积分，实现了员工个人绩效的量化评价。同时，公司设立了运检一体化专项薪酬，将绩效评价结果直接应用于个人薪酬分配，引导员工投身运检一体化工作。

一、目标描述

为破解变电运检生产一线的结构性缺员问题，某供电公司从 2007 年开始，以 A 运检班建设为试点，探索了将变电运维检修融合于一体的生产模式——运检一体化。经过 10 余年的实践，目前已形成了成熟的运检一体化模式。在该模式下，运检人员同时具备运维和检修的双重资质和技能，通过运检工作中流程的优化，提升了运检生产效率，实现了运检人员的精简。以 A 运检班为例，所辖变电站的设备缺陷数量较其他变电站降低了 65.5%，班组定员比传统模式下降了 35.8%。

运检一体化相对于传统运检模式具有明显优势。然而，公司在实践中发现，原有的薪酬体系根据员工从事的岗位或工种确定薪酬标准，这在运检一体化模式下有一定的不适应性，主要表现为：

（1）运检一体化员工的技能要求和工作强度都有所增加，目前执行的薪酬体系很难调动员工积极性；

（2）运检一体化班组（简称"运检班"）的整体和个人绩效评估缺乏经验，难以与薪酬直接挂钩。

针对上述两个难题，公司开展了基于运检一体化绩效导向的薪酬体系探索

实践,主要目标是:

(1)建立运检班绩效评估体系,合理评估运检班的班组和个人绩效;

(2)建立与绩效评价结果相匹配的薪酬体系,激励员工积极投身运检一体化工作,推动运检一体化模式持续深化,最终实现劳动生产率的整体提升。

二、主要做法

(一)开展运检班绩效评价

运检班的班组绩效,是从班组标准化建设和大型运检工程绩效两个维度进行衡量的,以实现与其他类型班组的可比性。

对于班组标准化建设维度,公司参照省公司班组建设标准,结合运检一体化专业特点,通过求同存异,制定了一套适用于不同专业班组间对标评价的体系。所谓"求同",就是从班组基础建设、安全生产、技能建设、文化建设等维度,提炼出不同类型班组间的同质属性。所谓"存异",就是保留各类班组的特色核心指标,除对本类型班组的平均分进行标幺化外,通过比较得分,实现不同班组之间的可比性,因此成功将运检班纳入变电运维检修类班组的统一考核评价体系内。

大型运检工程绩效维度,按工程类型、难易程度、完成数量和质量来衡量运检工程绩效。工程类型主要分为综合检修和技术改造,以规模大小和电压等级来区分难易程度,每项工程运维和检修分别设定一定的分值。安全完成一项工程,传统运维和检修班组分别获取运维和检修分值,运检班则获取运维和检修分值之和。通过不同班组之间工程积分的比较,公司也实现了运检班与传统运维检修班组之间的同质化比较。

(二)开展运检员工绩效评价

运检一体化员工的个人绩效评价,是基于国网公司同价积分机制开展的。进行绩效评价的先决条件是员工具备运检一体化资质,并且从事运检一体化工作。在此基础上,设定个人绩效评价的三大要素:技能水平、运检工作量和运检融合度,以此计算得到每名运检工的运检一体化同价积分,根据同价积分进行个人绩效评价。积分计算公式为:

同价积分=技能水平系数×(运检工作量积分+运检融合度积分)

技能水平系数根据人员技能等级进行 1.0～1.1 的区分。运检工作量积分主要包括运维操作积分、检修工作积分、运检工程积分和消缺积分四个部分。运维操作积分和检修工作积分分别依据操作票和工作票进行统计,运检工程积分按照个人在运检工程中担任的不同角色进行赋分,消缺积分根据消除缺陷数目进行统计。四者之和基本涵盖了所有运检工作,该积分主要体现了员工的运检工作量。

运检融合度积分则根据运检人员在运维检修双专业融合工作中的贡献度进行赋分,旨在鼓励运检人员深度参与运检一体化工作。常见的运检工作区分为复杂、中等和一般三类。运检融合度分为"全融合"和"半融合"两类:全程参与设备停役、检修、复役全过程的称为"全融合",只参与停役和检修,或检修和复役的称为"半融合"。积分额度根据工作复杂度和运检融合度进行赋分。

(三)建立与绩效评价结果相匹配的专项薪酬体系

专项薪酬体系的建设包括两个方面:薪酬总额划定和个人薪酬分配。运检班薪酬总额包括两个部分,一是班组绩效对标考核奖金,与班组标准化建设绩效和大型运检工作绩效相关;二是运检一体化专项奖励,是公司为推进运检一体化工作而设立的专项奖励,总额与人员数量成正比。个人薪酬共包含月度绩效工资、运检资质奖励和运检积分奖励三部分。月度绩效工资的分配总额是班组绩效对标考核奖金,按人员职位和工时进行分配;运检资质奖励主要体现为岗薪等级,创新设置运检一体化岗位岗级,对于取得第二专业资格的运检人员进行升岗升薪;运检积分奖励则是根据运检人员每月同价积分额度对运检一体化专项奖励进行二次分配。

以 2021 年 3 月 A 运检班薪酬分配为例,人均××元/月的运检一体化专项奖励分配情况如图 1 所示。奖励额度如实反映了员工的运检一体化贡献度。

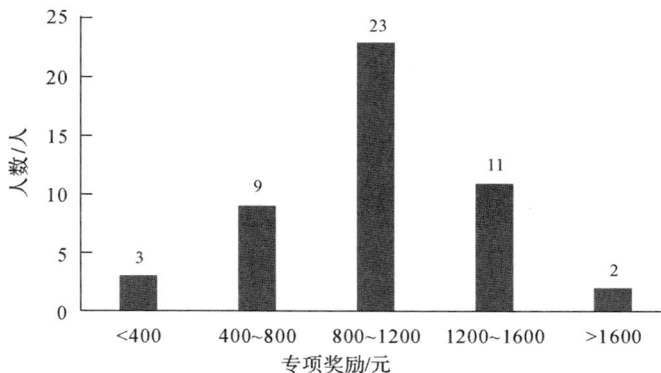

图 1 运检一体化专项奖励分配情况

三、成效与改进

(一)成效分析

1.建立了运检一体化绩效评价体系,实现运检一体化绩效的量化考核。公司结合班组标准化建设指标体系以及反映运检工作效益的运检工程绩效,量化评价运检班整体绩效,解决了运检一体化工作难以量化评价的问题,使其与传统运维检修班组绩效具有可比性,成功将运检班纳入变电运维检修类班组对标考核体系。设立的运检一体化专项奖励,实现了运检一体化绩效与薪酬的直接相关,引导员工更加重视绩效衡量及绩效改进,发挥了绩效薪酬的正向激励作用。

2.提升了运检一体化员工的积极性,推动了运检一体化工作的持续深化。运检一体化专项奖励由员工的工作量、安全压力和运检一体化贡献度决定,运检一体化同一职级人员的月度薪酬高低倍比(最高/最低)可达 1.1～1.3。运检一体化薪酬激励方案的实施,打破了"干多干少一个样"的平均分配制度,拉开了薪酬分配的差距,使得业绩优秀的人员获得了更丰厚的经济回报和更广阔的发展前景。公司在 A 运检班运作成熟的基础上,后续相继成立了两个运检班,运检一体化模式进一步得到了深化推广。后续运检一体化模式将在公司进一步推广,将实现运检劳动生产率的整体提升。

(二)改进方向

1.进一步完善运检一体化绩效评价体系。针对运检一体化的绩效评价,在公司系统内尚属首次,无成熟经验可以参考。运检工作种类繁多,如何科学合理设置积分,使积分与工作量、工作贡献度完全匹配,尚存在一定难度。如何将运检班组管理岗位、值长岗位等部分难以量化的工作,合理纳入同价积分体系,需在实践中逐步探索。

2.进一步发挥非经济性报酬的作用。除薪酬激励外,可尝试在运检一体化激励中加入非经济性报酬,如管理层对运检一体化工作的认可、内部刊物上的宣传、优秀工作的公开表扬或行文通报表扬,以及赋予运检一体化员工更多的学习锻炼机会和发展晋升机会等,激发运检一体化员工对运检一体化工作的责任心和认可度,增强其从事运检一体化工作的内在动力。

六、新型组织
（柔性团队）篇

C 基层供电公司打造"2＋9"职业经理人薪酬平衡制度体系

摘要:供电公司人员构成较多,代理制、村电工占据了相当重要的一部分比例。目前的条件下,代理制、村电工等非全民职工的成长空间有限,存在明显的职业生涯瓶颈期,这在很大程度上限制了员工的工作积极性。C 基层供电公司通过设立两大维度、九项因素的"2＋9"职业经理人薪酬平衡制度体系,拓宽了非全民职工的岗位通道,有效挖掘了各类编制人员的工作潜力,激发其工作积极性,为企业的高质量发展提供了可靠的员工基础。

一、目标描述

在供电公司内主要存在三类编制的人员:全民、代理制、村电工。对代理制和村电工两类编制人员来说,目前只有班员和班组长两个等级。对于大部分普通非全民职工来说,处于班员这个等级,薪酬差距拉不开,缺乏有效的激励;班组长级别的非全民职工,基本处于职业生涯"天花板"阶段,成长空间有限。而代理制、村电工编制员工不管是从人数上还是从承担的工作上来说,都是供电公司重要的组成部分之一,激发这些人员的工作积极性对于供电公司的发展至关重要。

为进一步激发员工活力,拓展优秀员工的职业成长空间,建立良好的薪酬激励机制和合理的人才使用机制,C 基层供电公司按照不断拓宽员工成长空间的思路,参照全民岗位系数设置,通过两大维度、九项因素,设立"2＋9"职业经理人薪酬平衡制度体系,拓宽代理制、村电工的发展通道,全面提升非全民职工的发展空间,激发全员积极性。

二、主要做法

(一)人才评价标准

职业经理人是对产业单位员工岗位薪酬激励的有效补充,是各岗位类别优秀员工的职业成才通道之一。将绩效表现好、能力素质强的优秀员工聘任到相应的职级,可以进一步激励员工立足岗位成才,发挥他们的主观能动性,以弥补公司全民职工少的问题,并形成依托产业单位优秀员工共同治理公司的良好机制。参照全民岗位序列,公司将职业经理人职级设为一至七级,奖金系数参照对应的全民奖金系数进行设置。聘任为职业经理人需要满足基本条件和聘任条件两部分的要求。

1. 基本条件

基本条件是指员工应聘职业经理人需要满足的基础条件,员工需要满足所有的基本条件。主要从职称/技能、经历、学历、绩效4个方面对员工进行评价(表1)。

表 1 职业经理人聘任基本条件

职员级别	职称/技能要求	经历要求	学历要求	绩效要求
一级	中级及以上职称或技师及以上技能等级	班组工作经历满3年	大学本科及以上	近3年绩效积分不少于4.5分且不出现C级
二级				
三级				
四级				
五级				
六级	初级及以上职称或高级工及以上技能等级		大学专科及以上	
七级				

2. 聘任条件

聘任条件是指员工满足基本条件后,进一步根据其能力、业绩等方面来对其能够担任几级职业经理人进行规定。此为选择性条件,满足其一即可,主要从岗位职务、工作能力(学历、职称、技能)、综合业绩、工作贡献4个方面对员工开展评价(表2)。

表 2 职业经理人聘任条件

	岗位职务	工作能力	综合业绩	工作贡献
聘任条件	有岗位职务任命的人员,直接聘任为相应等级的职业经理人	获得高级技师、副高级职称、硕士学位及以上资格,视情况职业经理人职级上调一至二级	在目前岗位基础上,年度绩效考核结果连续3年为A的,职业经理人职级上调一级	技能竞赛或管理创新项目获得省公司前三名、国网公司前六名及以上,根据获奖级别,职业经理人职级上调一至三级

员工满足条件后,可通过自荐的方式进行上报,经审核通过后正式聘任。同时对于特别优秀但不符合聘任条件的人员,比如对公司发展做出重大贡献或者在高规格比赛中获得优异成绩的,经公司经理会同意后破格聘任。

(二)薪酬激励机制

聘任后的职业经理人薪酬分为固定薪酬与绩效薪酬。

固定薪酬包括根据员工实际岗位岗级所设置的技能工资、津补贴等基本固定工资。

固定薪酬＝岗位工资＋技能工资＋岗位津补贴＋其他

绩效薪酬则按照职业经理人奖金系数进行激励。

绩效薪酬＝绩效奖金基数×职业经理人奖金系数

一至七级的奖金系数,从源头上合理拉开了同岗位不同能力人员的薪酬,打破了职务编制数有限、升薪只能靠升职的局限性,同时营造了"你追我赶"的工作氛围,增强了员工的责任感(表3)。

表 3 职业经理人岗位设置表

职业经理人序列	参考岗位	奖金系数
一级	一级班组长正职(含主持工作的副职)	1.50
二级	一级班组长副职	1.40
三级	一级班组长助理	1.35
四级	部室专职;二级班组长正职	1.30
五级	一级班组技术员;二级班组长副职	1.25
六级	一级班组安全员;二级班组技术(安全)员	1.20
七级	工程项目管理;配电运检兼城网营销;用电检查客户经理;带电作业	1.15

(三)科学的绩效考核

1.绩效工资二次分配

建立奖金二次分配机制,月度绩效考核由所在班组组织绩效和个人工分情况共同决定。个人工分则根据每月工作质量与工作数量考核情况决定,员工月度薪酬直接与月度绩效考核分数挂钩,二次分配再次拉开部门及个人薪酬差距,体现"做好做坏不一样,做多做少不一样",薪酬多劳多得,收入能增能减。公平合理的薪酬分配在激励员工提高自身专业能力的同时,也注重绩效指标的考核,有力促进部门目标任务的完成,为公司战略落地提供了有力保障。

2.增加专项激励

在年度个人绩效方面,除了上级单位下达的专项奖外,为进一步提升各方面工作的表现,激发员工工作积极性,C基层供电公司还增加了多专业多形式的专项激励。对于年度重点工作表现优异的职业经理人,在同业对标、技能竞赛、班组建设等方面公司将给予重点专项奖励。

一是实施班组建设专项奖励。对通过市公司"流动红旗"或精品班组检查的班组,实行专项奖励。班组长奖励××元/人,班组员工奖励××元/人,重点参与"红旗班组"创建的人员(不超过2人),奖励××元/人。

二是实施先进专项奖励。设立突出贡献奖,综合全年工作表现,对公司做出重大贡献的个人,给予每人××元的奖励;被推荐为市公司先进个人的,给予每人××元的奖励;被推荐为公司先进个人的,给予每人××元的奖励;被推荐为公司专项先进个人的,给予每人××元的奖励。被推荐为市公司先进班组的,给予每个班组××元的奖励;被推荐为公司先进班组的,给予每个班组××元的奖励;由班组出具奖励方案,落实到个人。

三是实施创新专项奖励。获得地市公司一、二、三等奖(或前三名)的,各项目团队奖励××、××、××元;获得省公司一、二、三等奖(或前三名)的,各项目团队奖励××、××、××元;由项目负责人制定奖励方案,在年终奖中体现。一个项目取最高荣誉进行奖励,如跨年的,在次年体现差额。

四是实施岗位专项奖励。每年实施营配工"人人过关"考核,业务通关定岗后,根据年度通关情况给予××~××元奖励,在年终奖中体现。设立各支部政工员,每月给予政工员200元工作津贴作为岗位绩效激励,每年对所属各支部的党建工作开展情况进行考评,考评工作由各支部政工员配合综合(党建)室开展,根据考核结果,给予各支部最高××元的年度激励,奖金的分配由支部自行划分。

五是实施竞赛专项奖励。设立供电可靠性专项立功劳动竞赛奖励，针对需求侧响应、供电所可靠性竞赛排名，按照《C 基层供电公司 2021 年关键指标专项立功劳动竞赛方案》对班组及个人的年度绩效进行加扣。

3.公司贯穿全年的重点工作

公司在每年年初统一制定全年的各项重点工作，分安全、生产、营销、电网建设、党建等各个方面。根据制定的重点工作，公司决策会议研究决定奖励事项。分管领导出台奖励实施方案，包括物质奖励和精神激励，提交公司决策会议讨论通过后，在年度绩效考核中一并体现。

（四）优胜劣汰的队伍

为了加强对职业经理人的管理，公司设立了"能上能下"的机制，通过降级和解聘两种方式实现。年度绩效考核评级为 C 级或年度排名在后 10％的，进行降级处理，并且在 2 年内，不得聘任高于原职级的岗位；对于受到撤职及以上行政处分的，或者被撤销党内职务及以上党内处分的，有这类触发解聘情形之一的，按解聘处理。

三、成效与改进

（一）成效分析

该机制拓宽了非全民职工的晋升空间。相较于原先只有班组长、班员两级的岗位设置，七级职业经理人体系全面拓宽了非全民职工的晋升通道，对员工的表现可以按层级进行有效评价。目前已评选三级职业经理人 1 名，四级职业经理人 2 名，五级职业经理人 2 名，六级职业经理人 4 名，七级职业经理人 2 名，占所有非全民职工人数的 17.2％，有效激发了非全民编制职工的工作动力。

（二）改进方向

未来公司将继续深化职业经理人制度，固化机制，根据实际的试运行结果，对基本条件、聘任条件、降级条件、解聘条件进行客观的调整，使之更加符合实际情况。

H基层供电公司:攻关型柔性项目团队薪酬激励机制研究与实践

摘要:为了践行新的战略目标和承诺,H基层供电公司通过盘活内部人力资源、挖潜增效、开源节流等措施,加强人力资源向市场前端业务岗位流动,积极探索柔性化的团队组织方式,跨专业、跨部门联合开展团队作业和专项课题攻关,突破传统组织模式的束缚,充分发挥人力资源的能动作用,全面助力新时期公司的转型和高质量发展。该机制的开展有以下成效:通过构建团队化的绩效考核体系,公司得以合理评价团队员工的贡献;通过建立项目制和提成制的奖金分配模型,及时兑现了员工的薪酬激励;通过建立常规运营管理团队,确保了各项工作的全面有效有序开展。最终,通过攻关型柔性项目团队薪酬激励机制的研究与实践,公司逐步形成了与个人贡献相配套的薪酬激励管理机制,充分调动了各级员工的潜能。

一、目标描述

2020年,在国网公司提出建设具有中国特色国际领先的能源互联网企业的战略目标后,省公司积极探索战略目标在省级电网的实现路径,推动电力互联网向能源互联网转型。在此大背景下,为促进大规模电网建设、数字化转型以及全面深化改革等重点工作的开展,H基层供电公司积极尝试打破专业和部门间的限制,通过灵活组建跨部门、跨专业、跨区域的专业团队,实现人力资源的优化整合,达到薪酬激励的导向效果,以激发专业团队的积极性和活力。公司主要从以下两方面开展工作:一是针对开展专项集中工作的攻关型柔性项目团队,通过科学设计评价体系,量化评价员工对团队的贡献值和业绩大小,解决如何量化评估攻关型柔性项目团队绩效成效的问题;二是以绩效量化评估结果为决策依据,通过开展攻关型柔性项目团队的薪酬方案设计研究,解决实现团队薪酬兑现的问题,不断提升公司人力资源效能。

二、主要做法

以构建攻关型柔性项目团队薪酬激励机制为目标,围绕绩效薪酬管理现状,以绩效、薪酬激励机制为核心,以运营管理机制为助力,制定攻关型项目绩效薪酬激励机制,并设计配套的运营管控机制,精简前台项目实施管理,强化中后台专业支持,有力保障薪酬激励机制的全面落地、高效运作、顺畅衔接,实现柔性项目团队的高效运作。

(一)设计柔性项目团队绩效管理方案

基于 KPI 体系构建思路,根据柔性项目特征,按照"项目—项目经理—项目成员"的绩效链,对项目团队工作投入和项目完成情况进行考核。一是在绩效考核导向上,加强服务导向,提高绩效考核过程中项目组成员的参与度,使绩效考核指标贴近业务需求。二是在绩效考核层级上,划分为项目绩效、项目经理绩效和项目成员绩效三个层次,并基于不同层次的激励导向构建绩效指标体系。三是在绩效考核内容上,根据不同项目角色的不同工作要求与工作性质,分别构建绩效考核指标。四是在绩效考核结果应用上,将绩效考核结果纳入奖金分配、项目经理任命、人才评价等激励依据。

(二)构建市场化的柔性项目团队薪酬激励机制

在现代先进行业中,项目奖金是员工薪酬必不可少的组成部分。项目奖金独立于团队人员原有的"基本工资＋绩效工资"的岗位薪酬体系之外,进行单独核算。目前,公司主要采用两种奖金发放模式,即按项目收入相对收益的某一比例发放项目奖金和按参与项目的实际天数发放项目奖金。项目制奖金分配方法和提成制奖金分配方法,既避免了项目经理"挑肥拣瘦"和项目成员"搭便车",又实现了多劳多得、能者多得,发挥了激励效果。

1. 项目制奖金分配方法

以工日奖金的模式进行项目奖金计算,项目制工资构成如图 1 所示。

项目奖金。按计算公式计算项目奖金,直接分配到人。项目奖金＝工日奖金×预算完成比例×投入天数×绩效考核系数。其中:绩效考核系数由项目管理小组对项目成员完成绩效考核评定,绩效等级 A、B、C、D 对应系数分别为 1.5、1.2、1.0、0.8。

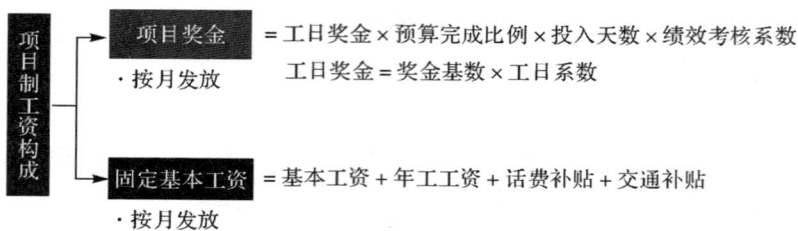

图 1　项目制工资构成

工日奖金。工日奖金即成员投入一天工作对应的奖金额。工日奖金基于成员能力等级制定，能力不同，工日系数不同，工日奖金不同。工日奖金＝奖金基数×工日系数。其中：奖金基数为固定值，采用×××元/天的标准进行计算。工日系数根据能力评估值划分项目成员能力等级，不同能力对应不同的工日系数。

预算完成比例。项目预算实施完成情况，采用以下公式计算：预算完成比例＝预算标准人天数/（投入天数×工日系数）。其中：预算标准人天数根据柔性项目的不同，给出不同的预算人天数。投入天数为项目成员参与到该项目中的实际天数。根据能力评估值划分项目成员能力等级，不同能力对应不同的工日系数。

奖金发放办法。月度项目奖金实行部分预发制，按应发项目奖金的70%进行月度发放。月度项目奖金＝工日奖金×预算完成比例×月度投入天数×绩效考核系数×70%。其中，预算完成比例以1.0计；绩效考核系数项目前3个月以0.8计，此后以上一季度绩效考核计。待完成项目后，启动结余项目奖金发放办法。若预算完成比例小于0.8，则项目奖金未发部分不给予发放；若预算完成比例大于等于0.8，结余项目奖金＝工日奖金×预算完成比例×投入天数×绩效考核系数－总月度项目奖金。

2.提成制奖金分配方法

提成制奖金由绩效奖金和项目奖金两部分构成，提成制工资构成如图2所示。

绩效奖金。绩效奖金即岗位绩效，按月发放。绩效奖金＝季度绩效奖金/3。季度绩效奖金由岗位绩效标准和季度考核结果确定，于次季兑现。季度绩效奖金＝岗位绩效标准×3×季度绩效考核系数。季度绩效考核系数由季度绩效考核得分确定。

项目奖金。项目奖金采用提成制奖金分配方法，按项目的一定比例计提项

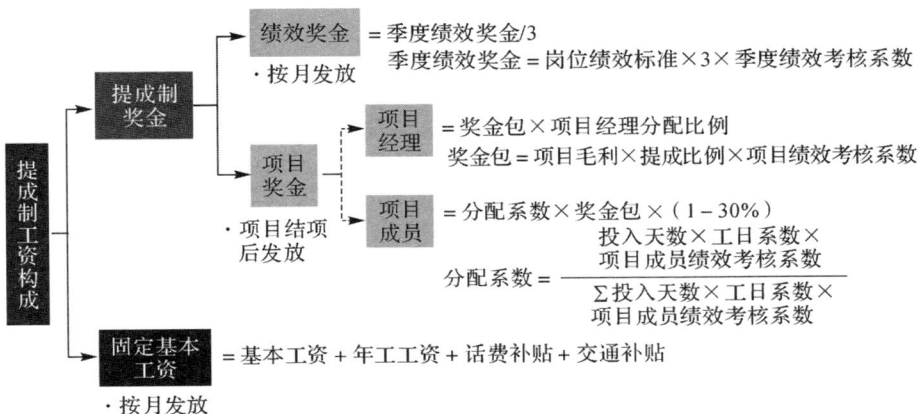

图 2　提成制工资构成

目奖金包,再进行奖金分配。项目运营管理小组对完成的项目计算出奖金总额,其中,毛利为零时,奖金包为零。奖金包=项目毛利×提成比例×项目绩效考核系数。其中,提成比例基数取 10%;项目绩效考核系数由项目管理小组对项目结果完成绩效考核评定,绩效等级 A、B、C、D 对应系数分别为 1.5、1.2、1.0、0.8;项目毛利由项目管理小组对单个项目独立核算出毛利结果。最终,根据一定的比例系数确定项目经理和项目成员的奖金分配结果。一是项目经理,计提奖金包的 30% 作为项目经理的项目奖金;二是项目成员,根据不同分配系数完成剩余奖金包的分配,其中分配系数由项目成员投入天数、绩效考核系数等多方面确定,项目成员项目奖金=分配系数×奖金包×(1−30%)。

(三)建立柔性项目团队运营管理机制

　　H 基层供电公司柔性项目团队在组织、业务上与现代市场化的项目化运作企业存在很多类似之处。为解决目前公司存在的人力资源配置与业务运作模式不适应的问题,公司建立了"人力资源部门+专业部门"相结合的柔性项目团队运营管理小组,明确了责任主体及职责,明细项目分配、预算编制、团队组建及实施等过程,为薪酬激励机制落地提供了运营管理保障。一是在管理模式上,基于构建的运营管理小组,明确各部门、人员职责。二是在项目分配上,根据项目性质与项目金额,分别制定项目分配方式,保证有效、公平。三是在成本核算上,引入标准工日,对项目工作量进行精准核定。四是在团队组建上,构建人才储备库,有效利用公司潜在人力资源。五是在项目实施上,明确团队成员的管理方法,建立完善的退出机制。

三、成效与改进

(一)成效分析

H 基层供电公司聚焦项目化工作特征,重点关注绩效薪酬激励,开展了现状诊断、绩效薪酬方案确定等工作,建立了以薪酬激励机制为核心、以运营管理机制为助力的攻关型柔性项目团队运营全过程薪酬激励机制及管控机制,以保障薪酬激励机制落地扎实、运作高效、衔接顺畅,实现柔性化项目团队的高效运作,解决了以前跨部门、跨专业柔性团队绩效薪酬激励不到位、结果运用效果不明显等相关问题。与先前的模式相比,一是薪酬分配办法更具灵活性。依据不同的项目性质,选取不同的分配办法,充分调动了员工的积极性,能将激励效果发挥到最佳。二是绩效管理模式更具激励性。充分调动了员工的积极性,更加强调员工多劳多得的原则,这尤其在项目制奖金分配方法中得到了体现。三是项目成员更注重全局性。不论对于项目制还是提成制而言,项目成员都更加注重项目全局性。因为项目未按期完成或未达到如期要求,会减少项目奖金,甚至没有奖金,这使得项目成员更加注重项目的全局性。四是运营管理过程更具整体性。项目分配、预算编制、团队组建及实施等的整个过程,均由统一的管理部门进行跟踪、管理并且及时监控项目进度,打破了原先项目无人管无人问的局面。

(二)改进方向

基于以上实际项目的测算,我们发现项目制奖金分配方法和提成制奖金分配方法在攻关型柔性项目团队应用方面具有很好的前景。但在试点推进的过程中,我们发现在项目的激励标准测算和考核指标体系设计等方面仍存在较大的改进空间。一是针对不同专业、不同等级、不同难度的项目,应逐步积累经验,建立差异化、精准化的激励标准测算体系。二是应进一步结合项目特点,设计精细化的考核指标体系,通过考核,进一步做实薪酬挂钩机制。三是在制度体系上,需要进一步完善项目化的柔性团队薪酬激励管理办法,建立常态化的运行管理机制。

图书在版编目(CIP)数据

基层供电企业薪酬激励管理案例精选 / 徐汉兵主编
—杭州:浙江大学出版社,2022.6
ISBN 978-7-308-22695-0

Ⅰ.①基… Ⅱ.①徐… Ⅲ.①供电－工业企业－工资
管理－案例－汇编－中国 Ⅳ.①F426.61

中国版本图书馆 CIP 数据核字(2022)第 096783 号

基层供电企业薪酬激励管理案例精选

主　　编　徐汉兵
副主编　王振坤　雷江平　何健强　沈海华

策　　划　董　唯　陆东海
责任编辑　董　唯
责任校对　徐　旸
封面设计　周　灵
出版发行　浙江大学出版社
　　　　　(杭州市天目山路 148 号　邮政编码 310007)
　　　　　(网址:http://www.zjupress.com)
排　　版　浙江时代出版服务有限公司
印　　刷　浙江全能工艺美术印刷有限公司
开　　本　710mm×1000mm　1/16
印　　张　16.5
字　　数　287 千
版 印 次　2022 年 6 月第 1 版　2022 年 6 月第 1 次印刷
书　　号　ISBN 978-7-308-22695-0
定　　价　65.00 元